GASTON FROMMEL

ÉTUDES MORALES

ET RELIGIEUSES

TROISIÈME ÉDITION

ATTINGER FRÈRES, ÉDITEURS

PARIS | NEUCHATEL
2, Rue Antoine Dubois | 7, Place A.-M. Piaget

1913

PARIS — LIBRAIRIE FISCHBACHER

CHEZ LES MÊMES ÉDITEURS

OEUVRES DE GASTON FROMMEL
VOLUMES IN-12

Études littéraires et morales (2e éd.)	Fr. 3 50
Études morales et religieuses (3e éd.)	» 3 50
Études religieuses et sociales (2e mille)	» 3 50
Études de théologie moderne	» 4 —
La vérité humaine. Un cours d'apologétique, 1re partie	» 4 —
Lettres et Pensées	» 3 —

Gaston Frommel, 1862-1906, par Georges GODET. Notice biographique avec un portrait (2e édition). 1 brochure in-12 . . . . Fr. 1 —

Frédéric Godet, 1812-1900, d'après sa correspondance et d'autres documents inédits, par Philippe GODET. 1 vol. in-8 avec un portrait et 32 gravures, 7 fr. 50; relié . . . . Fr. 10 —
Notre Modèle ou Que ferait Jésus ? par Ch.-M. SHELDON, trad. de Joseph AUTIER, 2e édition, 1 vol. in-12, 2 fr. 50; relié Fr. 3 75
Le Pilote du Ciel, par Ralph CONNOR. Traduction libre de Joseph AUTIER, 1 vol. in-12, 3 fr.; relié . . . . . . Fr. 4 25
Une âme vaillante. Souvenirs d'Hortense Ray, par Joseph AUTIER, 4e éd., avec portraits, 1 vol. in-12, 3 fr. 50; relié Fr. 4 75
Arnold Bovet, sa vie, son œuvre, par Pierre DIETERLEN, 2e éd., 1 vol. in-12, avec portrait, 3 fr. 50; relié . . . . . Fr. 4 50
Paraphrase de trois livres du Nouveau Testament : Corinthiens, Saint Jean, Saint Luc, par E. MONOD, pasteur, 1 fort vol. in-8 . . . . Fr. 7 50
Souviens-toi ! Prie ! Veille ! Travaille ! par Ernest MOREL, past., relié, 0 fr. 60 et . . . . Fr. 0 85
Tous chargés d'âmes ! par Charles RITTMEYER, pasteur. Etude sur la parabole des Talents, relié . . . . Fr. 2 75
Lectures bibliques pour le culte de famille, 1 vol. gr. in 8 Fr. 3 —
Recueil de prières à l'usage des familles, 1 vol. in-8, broché 2 fr. 50; cartonné 3 fr.; relié . . . . Fr. 3 75

Imp. Attinger Frères, Neuchâtel

ÉTUDES MORALES ET RELIGIEUSES

ŒUVRES DE GASTON FROMMEL

Études littéraires et morales (2ᵉ éd.) 3 50
Études morales et religieuses (3ᵉ éd.) 3 50
Études religieuses et sociales (2ᵉ mille) . . . 3 50
Études de théologie moderne. . . . . . . 4 —

La vérité humaine. Un cours d'apologétique. Volume I. . . . . 4 —

Lettres et pensées . . . . 3 —

GASTON FROMMEL

ÉTUDES MORALES ET RELIGIEUSES

TROISIÈME ÉDITION

ATTINGER FRÈRES, ÉDITEURS

PARIS
2, Rue Antoine Dubois

NEUCHATEL
7, Place A.-M. Piaget

1913

Première édition, juin 1907.
Deuxième édition, décembre 1907.
Troisième édition, mars 1913.

ÉTUDES MORALES ET RELIGIEUSES

FRANCHE EXPLICATION[1]

Messieurs,

Avant d'aborder notre cours d'hiver, permettez-moi d'avoir avec vous une brève et sérieuse explication. Relative au centre même de mon enseignement, elle servira d'introduction naturelle à notre apologétique. Elle ne sera donc superflue ni en elle-même, ni pour ceux d'entre vous que j'ai le plaisir de saluer pour la première fois dans cet auditoire et auxquels je souhaite une cordiale bienvenue.

Mais c'est surtout à vous, Messieurs, que j'ai la joie de retrouver ici et qui me connaissez un peu parce

[1] Leçon particulière donnée aux étudiants de la Faculté de théologie de Genève.

que nous avons déjà travaillé ensemble toute une année, c'est à vous surtout que je la destine et que je crois la devoir.

Nous avons étudié l'année dernière une section de l'histoire du dogme chrétien, — celle qui va du IIe au IVe siècle environ, — et une section de l'histoire de la théologie moderne, — la théologie allemande et particulièrement la théologie historique et critique. C'était au fond un seul et même sujet, pris aux deux bouts de l'histoire. Il lui appartenait d'attirer et de retenir notre attention sur les éléments humains du christianisme, sur ce qu'il a de successif, d'imparfait, de changeant, de mobile ; sur les causes secondes qui président à ses variations et qui déterminent ses changements, qui tout ensemble retardent sa marche et hâtent son progrès, qui le rendent caduc et perfectible.

Au cours de l'histoire de l'ancien dogme comme au cours de celle de la théologie moderne, nous avons constaté une évolution ; si ce n'est une évolution fatale et rectiligne, au moins une évolution continue. Cette évolution est devenue, par la nature même des choses, l'objet principal de notre examen ; il s'agissait de la connaître d'abord, de chercher à la comprendre ensuite ; et pour cela de l'analyser dans ses facteurs, dans ses tendances, dans sa direction, dans ses causes et dans ses résultats. Et vous me concéderez, je l'espère, Messieurs, que malgré de grandes imperfections et de réelles lacunes, notre recherche a été loyale. Je ne vous ai point caché la vérité. Je ne vous ai point dissimulé ce que l'évolution du christianisme, dans sa vie intérieure, avait de transitoire, de fortuit et d'accidentel; combien ses facteurs étaient proprement historiques, c'est-à-dire profondément humains. Peut-être même, et comme par imprudence, l'ai-je plutôt exagéré.

Et comme ma tâche n'était pas et ne pouvait pas être de relever en même temps un autre côté du christianisme, son côté spécifiquement religieux, c'est-à-dire immuable et fixe; comme je ne l'ai fait et n'ai pu le faire qu'incidemment et pour ainsi dire à la dérobée; comme d'ailleurs son premier aspect, celui de ses fluctuations mobiles, semblait contredire à l'autre, celui de sa permanence, et qu'en tout cas il paraissait plus considérable et plus évident; — il était naturel aussi que l'impression que vous receviez de cette étude ne correspondît pas entièrement à la mienne. Il était naturel qu'un christianisme évoluant de la sorte sous vos yeux vous apparût comme emporté tout entier dans l'évolution; qu'envisagé sous un angle purement historique, vous le tinssiez en effet pour un facteur purement historique de la vie humaine; que vous vous dissiez en un mot: le christianisme n'est pas ce pour quoi on l'a tenu longtemps, une religion, une révélation et une rédemption divine, mais seulement (et certes, c'est beaucoup encore) le point culminant de l'évolution religieuse et morale de la race, l'expression suprême des aspirations, des besoins, des efforts et des réalisations de la vie spirituelle de l'humanité.

Dès lors, cette conclusion se présentait en quelque sorte spontanément à vos esprits : qu'il y avait lieu de procéder à de larges simplifications ; que, de cet assemblage précaire de doctrines et de dogmes, toujours instables et toujours croulants, dans lesquels s'épuisaient en vain les forces vives de générations entières, il ne fallait retenir qu'une partie, la moins contestable et la moins contestée, savoir le caractère religieux de la créature humaine, la perfectibilité morale indéfinie de l'homme, capable de rejoindre un jour à travers les stades successifs d'un progrès sans fin, mais par ses propres forces, un Dieu dont l'amour surpasse la sainteté.

Cette conclusion, dis-je, était naturelle. Et comme néanmoins vous sentiez que ce n'était pas la mienne, comme il y avait de ma part des réticences qui vous paraissaient d'autant moins légitimes qu'elles étaient plus sommaires, il était naturel aussi que ma position vous parût fausse, ou du moins ambiguë. Ne disais-je pas à la fois le oui et le non? n'accordais-je pas et ne refusais-je pas tout ensemble l'évolution historique du christianisme, son caractère humain, ses causes et ses conditions terrestres? Vous pouviez donc, faisant un pas encore, estimer (sinon tous, au moins quelques-uns, et ici, Messieurs, je ne suppose plus, je *sais*) que « les positions franches, exemptes de compromis, n'étaient pas de mon côté, mais du vôtre, c'est-à-dire du côté des penseurs qui simplifient le christianisme et le ramènent à ses facteurs purement humains pour le sauver du discrédit où l'ont plongé les théologiens de tous les temps ; — tandis que les positions équivoques, les compromis étaient de mon côté, c'est-à-dire du côté des théologiens de la nouvelle école, qui, avec des méthodes renouvelées, indépendantes et libérales, finissent cependant par conserver et restituer tout le contenu du dogme traditionnel ».

C'est là, Messieurs, qu'est entre nous le malentendu. Et, comme je m'en crois en partie responsable, c'est à moi sans doute qu'il appartient de l'éclaircir.

Que la position des théologiens dits de la « nouvelle école », — parlons clairement : que la position théologique que j'ai prise et que, par la grâce et avec le secours de Dieu, je compte maintenir, — soit une position difficile et délicate, j'en sais quelque chose ; qu'elle soit une position fausse et pleine de compromis, je le nie catégoriquement. Qu'en la prenant, loin de m'assurer l'approbation générale, j'aie pris une position de combat, m'exposant aux attaques combinées de la droite et de la gauche, c'est ce que je savais d'avance et dont je m'aperçois tous les jours ; mais qu'il y ait dans cette position une ombre d'équivoque, c'est ce que je repousse énergiquement.

La position que j'ai prise, Messieurs, n'est point celle d'un sage opportunisme, encore moins celle du caprice ou du bon plaisir, mais simplement celle du devoir. Je n'étais pas libre de ne la point prendre. J'étais un captif doublement enchaîné : par ma conscience religieuse d'abord ; par ma conscience scientifique ensuite.

Ce que me prescrit ma conscience religieuse, c'est que le christianisme est une religion, une révélation, une rédemption divine, définitive, immuable ; que lui enlever ne fût-ce qu'un atome de son caractère divin, serait mentir à la vérité. Ce que me prescrit ma conscience scientifique, c'est que le christianisme est une chose humaine, la plus humaine des choses humaines, soumise comme telle aux fluctuations, aux variations, à l'évolution de l'histoire, ressortissant aux lois et aux méthodes générales de la science, et que la soustraire à ces lois et à ces méthodes serait encore mentir à la vérité.

Qu'entre les prescriptions de ma conscience religieuse et les prescriptions de ma conscience scientifique il y eût un dualisme irréductible, je ne l'ai pas cru un instant. Et si je l'eusse cru, Messieurs, je l'avoue sans phrases, j'eusse subordonné délibérément les droits de la vérité scientifique aux droits de la vérité religieuse. Car la vérité scientifique satisfait ma soif de connaître, alors que la vérité religieuse me fait vivre. Il va sans dire que, dans ce cas, j'eusse renoncé à la théologie. Je ne serais point devant vous à cette heure. Mais je n'ai pas cru à ce dualisme. Nul ne peut y croire. Il est impossible d'être chrétien et d'y croire, puisque le christianisme a précisément pour but la sanctification de l'homme, c'est-à-dire l'entière pénétration de la vie humaine par la vie divine.

Qu'il y eût, par contre, entre la vérité religieuse et la vérité scientifique des conflits temporaires ; qu'il fût difficile de concilier, par exemple, l'intégrité de la nature divine du christianisme avec l'intégrité de sa nature humaine, son caractère définitif avec son caractère évolutif, son immutabilité avec ses variations historiques ; que ces difficultés fussent réelles, sérieuses et parfois angoissantes, et que leur solution proposée ne fût pas toujours certaine, c'est ce dont je fus bientôt convaincu.

Et ce furent les raisons précisément qui me poussèrent dans les voies d'une théologie nouvelle. Ma conscience scientifique ne pouvait se satisfaire de conclusions, autrefois tenues pour valables, mais aujourd'hui dénoncées comme insuffisantes. Il fallait revoir les solutions anciennes, qu'une science mieux informée déclarait inexactes ; il fallait tenter de reconstruire une théologie conforme avant tout aux prescriptions de la conscience religieuse sans doute, mais conforme aussi à celles de la vérité scientifique et lui appliquer, pour cela, les méthodes générales et quelques-uns des résultats désormais acquis à la science moderne.

Entreprise difficile, périlleuse, téméraire, peut-être au-dessus de mes forces et de mes moyens, je l'accorde volontiers. Elle prête facilement au malentendu, elle peut revêtir de loin un faux air de compromis, je l'accorde encore. Mais qu'elle soit elle-même un malentendu ; qu'elle repose sur un compromis, c'est ce qu'il m'est impossible de reconnaître.

Encore une fois : elle m'apparaît simple et pure comme un devoir. Elle est un devoir, en effet, le devoir et la tâche de toute théologie sérieuse.

*

Toutefois, Messieurs, je sens fort bien que le malentendu subsiste et que je ne vous ai pas encore répondu. Ce n'est pas ma conscience scientifique qui est en cause auprès de vous — j'estime avoir le droit de penser qu'elle est, de votre part, au-dessus de tout soupçon, — c'est ma conscience religieuse ; c'est le bien fondé de son contenu et la possibilité même de maintenir ses affirmations en face des affirmations contraires de la science.

Eh bien, Messieurs, sur ce point encore je tâcherai de m'expliquer. Cette explication, je vous la donnerai parce qu'il me semble que je vous la dois. Peut-être n'ai-je que trop tardé à vous la donner. Je ne le ferai pas sans crainte, car je sens ma faiblesse et l'extrême gravité des intérêts en jeu ; mais je ne le ferai pas sans joie non plus, celle du témoignage rendu à mon Maître et à mon Sauveur.

A la question : comment je réussis à maintenir les

affirmations de ma conscience religieuse en face des affirmations souvent contraires de la science et pourquoi je ne cède pas des premières tout ce que j'accorde aux secondes? — la réponse est aisée. C'est que ma conscience religieuse, quant à ses origines et à son contenu, est *indépendante* de ma conscience scientifique. Et j'ajoute que, dans mon cas particulier, elle lui a été de beaucoup *antérieure*. J'étais chrétien avant d'être théologien. Je ne suis pas devenu chrétien parce que j'étais théologien ; je suis devenu théologien parce que j'étais chrétien. Et mon christianisme, mes convictions chrétiennes, je les ai reçues en dehors de toute conception scientifique, indépendamment de toute théologie. A leur base se trouve un phénomène moral qui ne relève pas de la science. Elles sont le fruit d'une certitude à laquelle la certitude scientifique n'atteint pas et qui repose, — non pas sur elle-même, car elle reposerait sur le vide, — mais sur des facteurs parfaitement étrangers à ceux de la science, d'une certitude, dis-je, qui dépend non des catégories du vrai scientifique, mais des catégories du bien moral et de la sainteté religieuse.

Il est donc clair et il est *normal* que les affirmations de ma conscience religieuse subsistent indépendamment des affirmations de ma conscience scientifique ; il est évident que les unes ne peuvent annuler les autres, puisqu'elles ne sont pas du même ordre, puisqu'elles ne se rencontrent pas sur le même terrain. Elles ne se rencontrent que dans leurs conséquences, c'est-à-dire dans les déductions générales qu'on tire de l'une et de l'autre, dans leurs applications théoriques respectives. Là, sans doute, les antithèses sont possibles ; là, sans doute, surgissent les conflits. Mais ces conflits sont secondaires parce qu'ils sont dérivés. Ils n'engagent à fond ni la certitude religieuse elle-même, ni la certitude scientifique elle-même, mais seulement les théories qui découlent de l'une et de l'autre. Ces théories à leur tour peuvent être, des deux parts, du côté de la pensée religieuse comme du côté de la pensée scientifique, justes ou fausses, exactes ou hasardées, présomptueuses, incomplètes. C'est affaire à la théologie, ce n'est pas affaire à la religion, de les contrôler, de les rectifier, de les comparer et de tenter leur accord. Il en résulte, je l'ai dit déjà, l'impérieuse nécessité d'une constante rénovation théologique ; mais il n'en résulte aucunement, ni la nécessité, ni la légitimité d'une transformation, à plus forte raison d'une abrogation de la certitude religieuse elle-même.

Voilà pour l'indépendance et l'autonomie des affirmations de la conscience religieuse en face des affirmations de la vérité scientifique.

Mais une autre question se pose aussitôt : celle du contenu de *ma* conscience religieuse personnelle et de son bien fondé. C'est entre nous la question capitale. Il s'agit de vous rendre compte des raisons qui me ont tenir le christianisme pour la religion définitive, pour une révélation divine et pour une rédemption.

Il m'est impossible, vous le comprenez, de les exposer toutes ici (nous aurons d'ailleurs l'occasion d'y revenir plus tard, au cours de notre apologétique). J'en dirai au moins quelques-unes, non peut-être les plus profondes ou les plus décisives, mais celles qui se laissent le plus facilement formuler, qui se prêtent le mieux à une exposition rapide. Je n'envisagerai donc le christianisme qu'en un seul de ses caractères ; et de toutes les raisons que j'ai de lui attribuer ce caractère, je n'en mentionnerai que trois.

Laissant de côté le christianisme comme religion définitive et comme révélation divine, je me borne à affirmer qu'il est une rédemption. Et par rédemption j'entends une action souveraine, initiatrice et salutaire de Dieu à l'égard de l'homme, de l'homme déchu, de l'homme qui, loin d'être capable de se sauver lui-même, a besoin, au contraire, d'être sauvé par Dieu ; une action, dis-je, qui fait de Dieu le Sauveur même de l'homme. De cette rédemption, je réserve la formule. Je n'entre ni dans sa définition, ni dans son explication. En mon âme et conscience, je crois qu'elle n'a pas une seule formule ni une seule explication ; je crois qu'elle en comporte plusieurs. Il n'importe. Je me contente d'affirmer la rédemption comme fait, et d'attribuer ce fait au christianisme.

Et comme j'ai ramené tout le christianisme à la rédemption, je ramène toutes les raisons que j'ai de tenir le christianisme pour une rédemption à trois principales, que je mentionnerai par ordre d'importance progressive : une raison d'histoire, une raison de témoignage, une raison d'expérience personnelle.

*

Une raison d'histoire. Elle est bien simple, Messieurs : la Bible, par laquelle seule je connais le christianisme directement et authentiquement, la Bible, qui seule contient les documents originaux du christianisme, la Bible est l'histoire d'un salut. Quelle que soit l'hypothèse critique à laquelle vous arriviez sur la valeur et la date de tel ou tel de ses livres particuliers, ou de tel fragment d'entre ses livres eux-mêmes, la Bible n'en demeure pas moins dans son ensemble un seul livre ; et son unité ne réside ni dans sa reliure, comme on l'a cru quelquefois; ni dans sa réputation canonique, comme on le croit encore; ni dans l'unité du peuple dont elle renferme les annales, puisqu'elle le dépasse en avant et en arrière ; ni dans l'unité d'auteur, puisqu'elle fut écrite par plus de soixante écrivains ; ni dans l'unité de composition, puisqu'elle s'étend sur une période de plusieurs siècles ; — toutes ces causes, au contraire, seraient de nature à rompre son unité et auraient certainement rompu l'unité de tout autre livre — or, cette unité subsiste, elle réside dans la continuité d'une histoire et cette histoire est visiblement celle d'une rédemption de l'homme, de l'homme perdu, par un Dieu sauveur. D'une rédemption promise, attendue et préparée d'abord. Je n'en veux pour preuve que les prophètes dénonçant la perdition morale de leur peuple, mais annonçant la délivrance de l'Éternel, ouvrant constamment devant lui les perspectives de l'ère messianique. D'une rédemption réalisée ensuite. Je n'en veux pour preuve que l'approbation de Jésus à la prière du péager : « Seigneur, aie pitié de moi qui suis pécheur », et la parole par laquelle il définit son ministère : « Je suis venu chercher et sauver ce qui était perdu. » D'une rédemption transmise et communiquée enfin. Et je n'en veux pour preuve que l'exclamation de l'apôtre : « Misérable que je suis, qui me délivrera de ce corps de mort ?... Grâces soient rendues à Dieu, il n'y a donc plus de condamnation pour ceux qui sont en Christ », ou encore la réponse qu'il faisait à la question du centenier : Que faut-il que je fasse pour être sauvé ? — « Crois au Seigneur Jésus et tu seras sauvé. »

Depuis les premiers récits de la Genèse jusqu'aux dernières visions de l'Apocalypse, mais surtout à son centre et à son point culminant, savoir dans la croix du Calvaire, la Bible nous présente l'histoire d'un salut. Elle se concentre sur cette seule histoire ; toute autre histoire lui est indifférente ou n'entre dans la sienne, lorsqu'elle y entre, qu'à titre complémentaire. La Bible est proprement le document de cette histoire ; elle y a sa seule raison d'être, elle y trouve sa seule unité. Qu'est-ce à dire, Messieurs, sinon que l'essence du christianisme, d'après ses sources primitives, est d'être une rédemption ?

A ce propos, permettez-moi une observation qui n'est pas sans importance. Si ce qui précède est vrai, — et il me paraît bien difficile de le contester sérieusement, — j'avoue avoir grand'peine à comprendre la position de ceux qui pensent demeurer fidèles au christianisme en lui refusant néanmoins le caractère essentiel que lui attribuent ses documents. Je conçois fort bien, remarquez-le, qu'on lui refuse ce caractère et pour toutes sortes de raisons : raisons critiques, raisons philosophiques, morales et même religieuses ; j'admets qu'on conteste au christianisme ce pourquoi il se donne, et que, le lui contestant, on brise avec lui ; cela me paraît, non pas normal assurément, mais possible et franc. Mais que l'on conteste le caractère essentiel auquel il prétend et que cependant on continue à se réclamer du christianisme, voilà, je le confesse, qui passe ma compréhension.

Car enfin, abstraction faite des données morales et religieuses qui ne sont pas en cause ici, et à ne considérer que les critères historiques, on est chrétien ou on ne l'est pas, de la même manière qu'on est platonicien ou qu'on ne l'est pas. Certes, après avoir rompu avec la pensée centrale du platonisme, on peut *platoniser* encore, je veux dire s'inspirer vaguement du platonisme ; comme aussi après avoir rompu avec la pensée centrale du christianisme, on peut *christianiser* encore, s'inspirer plus ou moins du christianisme.

Mais si, dans le premier cas, on n'est certainement plus un platonicien, est-il bien sûr que dans le second on soit encore un chrétien? Un moraliste *christianisant*, oui ; un théiste *christianisant*, oui ; capable encore de faire beaucoup de bien dans le monde, je l'accorde de tout cœur; mais un chrétien ? un chrétien au sens historique, primitif et documentaire du mot? cela est au moins discutable. Et voilà pourquoi, Messieurs, à parler de compromis et de malentendus, il faut être très prudent et très réservé. Les malentendus pourraient bien n'être pas du côté où l'on pense, et la position de ceux qui, acceptant le christianisme pour ce qu'il a voulu être d'après ses vraies sources, le présentent et le défendent comme tel, pourrait en définitive se trouver plus nette et plus sûre que toute autre position.

*

La seconde raison que j'ai de tenir le christianisme pour une rédemption, je l'ai appelée : une raison de témoignage.

Au fond, c'est encore une raison d'histoire, d'histoire passée et d'histoire contemporaine, mais prise sous un angle différent. Si, par la première, je m'étais assuré au moyen de ses documents primitifs, que le christianisme *veut* être une rédemption, *se donne* pour un salut; par la seconde, je m'assure au moyen de sa réalisation subséquente, que le christianisme *est* effectivement un salut, qu'il *opère* effectivement une rédemption, qu'il en possède en soi la puissance efficace; qu'il y a donc accord et congruence entre ce qu'il a prétendu être et ce qu'il a réalisé.

Je considère maintenant le christianisme en dehors de la Bible, indépendamment des documents qu'elle renferme et qui me l'ont fait connaître; je le considère livré à lui-même, en quelque sorte, à travers dix-huit siècles d'histoire. Que va-t-il devenir? Où va le conduire la fortune changeante qui mène toutes choses? A l'émiettement et à la ruine? ou bien à des variations si grandes, à des transformations si radicales qu'il en va devenir méconnaissable et que ses formes contemporaines auront cessé de répondre à sa forme primitive? C'est le contraire qui arrive. Le christianisme subsiste, et par un phénomène extraordinaire, non seulement il subsiste, mais il est incessamment capable de se reproduire, de se restaurer et de se rajeunir lui-même. Au cours de révolutions sans nombre, de cataclysmes épouvantables qui emportent autour de lui les choses les plus solides du monde, des empires et des civilisations séculaires, le christianisme, cette chose impalpable et fluide entre toutes, le christianisme demeure. Et il demeure à travers les âges ce qu'il était à l'origine des âges: la prédication d'un salut, la bonne nouvelle, l'Évangile d'une rédemption. Et non seulement il en demeure la nouvelle et la prédication, mais il en est la nouvelle et la prédication réalisées.

Ce qui me frappe, en effet, tout d'abord dans le christianisme, c'est qu'il *sauve* les peuples de la barbarie, de la décadence ou de la stagnation. Tous ceux qui l'ont adopté, mais ceux-là seuls qui l'ont adopté, entrent comme de droit dans l'axe vivant de l'humanité. Ceux-là, mais ceux-là seuls, ont une histoire, et cette histoire est l'histoire d'un progrès, d'un développement organique. Ceux-là, mais ceux-là seuls, font proprement l'histoire de la race. Ceci, Messieurs, est aussi considérable qu'indéniable : le christianisme est pour les peuples un principe de salut historique et de rédemption sociale.

Et cependant ce n'est là qu'un des effets éloignés, qu'une des manifestations extérieures et subséquentes du christianisme. Le christianisme ne se donne pas tout d'abord pour une rédemption historique et sociale, mais pour une rédemption individuelle et religieuse. S'il opère la première, ce n'est qu'au moyen de la seconde ; mais si la première est incontestable, il faut bien convenir aussi que la seconde est réelle.

Ce qui distingue, en effet, le christianisme entre toutes les religions, c'est qu'il est une rédemption, et une rédemption religieuse. D'autres religions ont des cultes majestueux, des hymnes magnifiques, des prières pleines d'ardentes adorations et d'invocations suprêmes, une morale parfois, bien que rarement, admirable. Mais elles n'ont point de salut. Ou bien le salut de l'homme n'entre pas en compte, ou bien l'homme se sauve par lui-même. Dieu n'intervient qu'indirectement et pour instruire. Dans le christianisme, au contraire, Dieu intervient directement, non pour instruire, avant tout, mais pour sauver. Dans le christianisme, c'est Dieu qui sauve l'homme. Pourquoi? Parce que le christianisme est essentiellement une religion rédemptrice. Et ce caractère d'être une religion rédemptrice lui est si bien essentiel, qu'il est resté commun à toutes les branches et à toutes les dénominations de la religion chrétienne qui couvrent actuellement la surface du globe.

En faut-il une preuve? Cette croix, partout dressée, partout dessinée, partout rappelée, qu'est-elle donc? Le symbole et en quelque sorte le résumé du christianisme, mais aussi, convenez-en, le symbole et le résumé de la rédemption. Le repas de la Cène partout offert et partout célébré qu'est-il donc? Il n'est rien, Messieurs, s'il n'est le souvenir et le gage d'un sacrifice rédempteur, celui de Christ pour le salut de l'homme. Mais si vous voulez avoir la preuve certaine, le témoignage en quelque sorte accablant du caractère rédempteur du christianisme, laissez là ces symboles, pénétrez plus avant, entrez au sanctuaire, — je parle du sanctuaire collectif qui rassemble les fidèles pour le culte commun, je parle surtout de ce sanctuaire intime où chaque fidèle rend au Dieu qui est esprit un culte en vérité — et là, prêtez l'oreille, écoutez ces cantiques, ces soupirs, ces prières. « O Dieu, aie pitié de moi qui suis pécheur! » « Seigneur, sauve-moi et je serai sauvé! » N'est-ce pas dans ce cri sublime que se concentre et se résume l'essence même de la supplication chrétienne? « Grâces soient rendues à Dieu, il n'y a donc plus de condamnation pour ceux qui sont en Christ. » N'est-ce pas dans cette parole que se concentre et se résume l'essence même de l'adoration chrétienne? Or quel est l'objet de l'une et de l'autre? La rédemption.

Je n'ignore pas, Messieurs, que dans certaines provinces du christianisme et à certaines périodes de son histoire, la rédemption chrétienne a cessé de paraître au premier plan, qu'elle s'est obscurcie, qu'elle s'est évanouie, qu'elle a disparu. Mais ce que je sais également, ce que rapporte invariablement l'histoire, c'est que dans la mesure où s'effaçait ainsi le caractère rédempteur du christianisme, s'effaçait aussi la ferveur des chrétiens ; les chants tout à l'heure si vibrants peu à peu s'alanguissaient, les prières tout à l'heure si ferventes s'attiédissaient, la parole des prédicateurs devenait moins puissante, les cultes étaient moins suivis, les Églises moins actives. Insensiblement le silence et la mort envahissaient les sanctuaires. Le christianisme disparaissait, parce que la rédemption avait disparu.

Et ce que je sais encore, Messieurs, ce dont témoigne encore l'histoire, en particulier celle du xvie et celle du xixe siècle, c'est que si jamais ces sanctuaires devaient se rouvrir à la foule, si ces prières languissantes et ces cantiques éteints devaient se raviver quelque jour, c'était à la voix d'un prédicateur redevenu puissant parce qu'en annonçant la rédemption chrétienne, il rendait du même coup au christianisme sa saveur, sa force et sa vie.

Or, qu'est-ce à dire? Sinon que la rédemption de l'homme par Dieu est, en effet, indissolublement liée au christianisme; qu'elle en fait, non seulement partie intégrante, mais partie essentielle; que la rédemption constitue l'essence même du christianisme, et que le christianisme en possède l'efficace, en confère la réalité, puisqu'il la donne là où elle n'est point encore et qu'il la restitue là où elle a cessé d'être.

Par dix-huit siècles de durée, semés il est vrai de vicissitudes désolantes, de troubles et de défaillances graves, mais toujours cependant accompagnés de victoires et de conquêtes nouvelles, l'histoire subséquente du christianisme confirme donc le bien fondé de ses prétentions originelles. Les premiers documents le présentent comme une rédemption; l'histoire atteste qu'il est une rédemption.

Mais sans remonter si haut, Messieurs, et sans aller si loin, il est parmi nous des âmes en grand nombre qui rendent actuellement encore le même témoignage. J'en connais, et vous en connaissez aussi, je l'espère. Ce ne sont pas les plus bruyantes, ce ne sont pas toujours les plus savantes ou les plus intelligentes, mais ce sont bien souvent les plus saintes. Il en est dans nos Églises, il en est ailleurs surtout. Dans nos stations missionnaires, dans nos sociétés de tempérance, dans nos salles d'évangélisation, c'est-à-dire là où le christianisme contemporain est actif et conquérant, là où par conséquent il faut l'aller voir pour le connaître, il y a d'anciens et d'inguérissables pécheurs, semblait-il, qui ont été sauvés de leurs vices par Jésus-Christ. S'ils le disent, c'est qu'apparemment ils le savent, comme le savent aussi ceux qui ont d'abord lutté contre eux, puis travaillé avec eux, prié pour eux, puis enfin remporté avec eux une éclatante et pénible victoire. Ou les mots n'ont plus de sens, ou ce sont là des témoins irrécusables de l'efficacité rédemptrice de l'Évangile.

*

Or, c'est à l'un de ceux-là précisément que je dois la troisième raison de croire que le christianisme est une rédemption, et cette raison est une expérience personnelle.

Ici, Messieurs, accablé d'impuissance, je me prends à trembler. Il me faudrait, non pas des mots, mais un esprit et une vie. C'est avec ma chair et mon sang, c'est en répandant devant vous mon âme entière que je voudrais vous convaincre, tant les raisons que j'ai de croire que le christianisme est une rédemption divine sont nombreuses, profondes, intimes ; tant elles font partie vivante de mon être vivant ; tant elles se confondent avec moi-même ; tant elles sont réelles et pourtant insaisissables ; tant elles échappent aux prises de la pensée, et tant le témoignage de la parole est pauvre au prix de leur certitude intérieurement et quotidiennement vécue. Puisqu'il le faut et que je l'ai promis, j'essaierai cependant. Je ne vous parle plus maintenant comme théologien, je vous parle comme chrétien, comme ami et comme frère. Je ne vous demande qu'une chose : c'est de croire que mon témoignage est celui d'un homme sincère.

C'était aux environs de ma dix-septième année. J'allais dans la vie, suivant mes propres voies. Elles ne me conduisaient point vers celles que j'ai parcourues dès lors.

Entre toutes les vocations, celle du ministère pastoral me paraissait la plus mesquine, la plus servile et la plus méprisable. Non que je fusse étranger au christianisme, je lui étais indifférent. Je le connaissais aussi bien que peut le connaître un jeune homme qui en a été soigneusement instruit et qui l'a vu sérieusement pratiqué dans la maison paternelle, par des parents pieux. J'allais régulièrement au culte public, mais par devoir et avec un ennui qui touchait parfois au dégoût. Assurément les blasphèmes de l'athéisme et les moqueries de l'incrédulité agressive, que j'avais chaque jour l'occasion d'entendre autour de moi, froissaient mon sentiment. Je tenais au christianisme, je l'eusse défendu au besoin, mais par éducation, par bon goût seulement et d'une manière tout extérieure. Au fond et dans la prise effective qu'il réclamait sur ma volonté, je le repoussais, je lui étais hostile autant que mes camarades. Les passions et les convoitises du monde, sans m'entraîner tout à fait, avaient en moi un écho complaisant. Je m'aimais moi-même par dessus tout. J'entendais rester libre ; j'avais la passion de ma propre indépendance. Je ne voulais appartenir à rien ni à personne qu'à moi seul. Tout joug m'était odieux. Le christianisme m'apparaissait comme un joug, et comme le plus odieux, parce que le plus asservissant des jougs. Peut-être aurais-je fini par le tenir en suspicion, si mon indifférence même ne m'eût préservé du doute. J'admettais tout de l'Évangile, pourvu que cela ne me conduisît à rien et que je restasse libre. Libre, voilà le mot qui résumait ma vie. A cette liberté, je rattachais mon bonheur ; par cette liberté, je conquérais l'avenir.

Déjà cependant certains troubles m'avaient assailli. A plusieurs reprises, quelque chose comme une trouée béante s'était fait dans la trame de mon existence. J'avais entrevu subitement l'envers des choses. Elles se présentaient tout à coup sous l'angle de leur vanité. J'avais alors l'impression douloureuse d'un vide impossible à combler, d'une solitude irrémédiable et navrante.

Ces impressions, d'abord fugitives et bientôt oubliées, devinrent peu à peu plus fréquentes et plus tenaces. Et plus j'appliquais mon esprit à les vaincre, plus elles augmentaient en force et en durée. Elles se doublaient d'une sourde angoisse métaphysique, qui une fois éveillée ne me quitta plus. Le problème des problèmes se posait avec une effroyable insistance : « Que suis-je ? et pourquoi suis-je ? » Et je n'y avais point de réponse. Je me souviens comme si c'était d'hier, des longues soirées que je passai à contempler le ciel étoilé, et de l'effroi dont me remplissait ce spectacle. Le vertige de l'infini me saisissait. Le temps sans limite et l'espace sans borne s'ouvraient devant moi comme un gouffre, et, de chute en chute, m'entraînaient dans leurs abîmes. Les lois éternelles qui président à l'ordre de l'univers me broyaient comme dans un étau. Ma liberté s'évanouissait comme une ombre. Je n'étais plus rien ni personne ; mais seulement l'atome d'un atome, la moisissure éphémère et fortuite d'un monde perdu dans l'océan des mondes. Je sortais de là petit, misérable, brisé. La vision terrifiante du néant universel m'accompagnerait partout. Je ne croyais plus au bonheur ; je n'attendais plus rien de l'avenir ; l'existence m'apparaissait, non plus comme une victoire, mais comme une déroute, où j'étais vaincu d'avance. Et je m'étonnais en secret que d'autres pussent encore vivre insouciants et joyeux, alors qu'ils se savaient comme moi condamnés à une mort inévitable qui serait pour eux comme pour moi la fin de tout.

Tel était mon état. Il n'était rien encore au prix de ce qu'il allait devenir, lorsqu'en effet la mort s'approcha de moi. Je tombai malade. Je souffrais à peine, seulement d'une minute à l'autre je pouvais, je devais, j'allais mourir. Je reconnus alors que la mort est la souveraine réalité de la vie ; que celui qui n'en a pas fait l'expérience et n'en a pas triomphé, n'a pas encore vécu. Dans l'attente où j'étais, d'être incessamment précipité au gouffre où tout vient aboutir et d'où rien ne ressort, des horizons nouveaux se dessinèrent devant moi. Ce qui n'était qu'angoisse et perdition métaphysique, devint angoisse et perdition morale. Dans l'immobilité silencieuse où me laissait l'absence de tout but extérieur, la conscience éleva la voix. Plus je l'écoutais, — et je ne pouvais pas ne point l'écouter, — plus elle me jugeait, plus elle me condamnait. Entendez bien : Messieurs, elle ne jugeait et ne condamnait pas l'humanité en général, dont je faisais partie, ni le péché de l'humanité en général, qui était le mien, ni même seulement mon propre péché ; mais elle me jugeait et me condamnait *moi-même*, moi proprement, *moi tout entier*, dans le mal que je confessais, comme dans le bien que je m'étais attribué. Il n'y avait plus de différence. Tout en moi était également corrompu, tout était également souillé, parce que tout était également entaché de volonté propre. J'étais *moi-même* perdu, et, sans qu'il me fût possible de me raccrocher nulle part, je roulais désespérément dans l'abîme d'une perdition mille fois plus redoutable que celle du néant. Toutes les terreurs du jugement — de ce jugement que chaque homme porte en soi, mais qui reste pour la plupart indistinct et vague — tombaient sur moi. L'absolue sainteté d'un Dieu que je connaissais à peine et que je n'osais plus même nommer, tant son nom m'épouvantait, éclatait dans ma conscience ; à la clarté de son implacable lumière, je me voyais irrévocablement jugé, condamné, perdu.

C'est alors, et lorsque je goûtais jusqu'à la lie l'horreur de ma perdition, que Dieu, par sa grâce, me fit faire l'expérience de son salut.

Déjà, aux heures les plus sombres et les plus désolées, il m'avait fait entrevoir au loin la croix du Calvaire qui se dressait, lumineuse et paisible, comme le seul refuge offert à ma détresse. Mais elle était trop loin et j'étais trop indigne. Maintenant il m'envoya l'un de ses serviteurs, l'un de ces témoins vivants de la rédemption qui est en Christ, dont j'ai parlé plus haut. Je ne saurais vous dire ce que fut sa parole. Je ne le sais plus moi-même. Je sais seulement qu'elle retentit dans mon âme, forte et douce, sévère et consolante, sainte et miséricordieuse, irrésistible surtout comme celle du Dieu dont il m'apportait le message. Elle me jeta brisé, vaincu, aux pieds du Christ, et là, sans hésitation, sans réticences, sans curiosités théologiques d'aucune sorte, simplement parce qu'il était Sauveur et que j'étais perdu, je m'abandonnai moi-même et me donnai à lui.

C'est de ce jour, Messieurs, que date ma conversion chrétienne et ma vocation pastorale. C'est de ce jour et parce que Christ était devenu mon Sauveur, parce qu'il m'avait effectivement sauvé, parce que dans le même temps où je me donnais à lui, je me sentis reçu par lui, saisi par lui, aimé par lui, — c'est de ce jour que j'ai su de toute certitude que le christianisme est une rédemption.

Ce que Christ avait déclaré vouloir être pour le monde, il l'était effectivement devenu pour moi. La vérité de son témoignage s'était confirmée, en quelque sorte scellée, dans la certitude de mon expérience. Comment en douter désormais?

Ce jour est, dans mon passé, déjà loin derrière moi. Mais il y brille comme celui d'une nouvelle naissance. Et en effet, toutes choses dès lors me sont devenues nouvelles. Sans doute, hélas! il y a eu depuis, et de ma part, bien des défaillances, bien des manquements, bien des ruptures à ma consécration, bien des lacunes à ma fidélité chrétienne, bien des fautes et des fautes très coupables. Elles n'ont pas effacé ce fait: que j'appartenais à Christ. Ce n'était qu'un premier point de départ, qui devait être suivi de beaucoup d'autres. Mais c'était un point de départ. Car ce que Christ devint alors pour moi, il l'est toujours resté. La certitude du pardon, l'assurance de son salut, le témoignage intérieur de sa grâce, il me les a fidèlement rendus jour après jour. Ils sont la force de ma vie et la seule raison de mon ministère.

J'ai achevé, Messieurs, ma confession. Il m'a été, tout ensemble, doux et pénible — vous le comprendrez — de vous ouvrir mon cœur de la sorte. Puissent les vôtres s'être ouverts aussi pour moi. Et puissiez-vous croire, en même temps qu'à la sincérité de mes convictions chrétiennes, à l'affection profonde dont je vous aime, et qui seule m'a fait vous parler ainsi.

28 octobre 1895.

LA FOI

DES CONDITIONS ACTUELLES
DE LA FOI CHRÉTIENNE

Quelles sont, à l'heure présente, les destinées du christianisme ? Quelles sont les perspectives probables et ses conditions prochaines de propagande ou de durée ? Sur quoi repose-t-il dans l'humanité moderne et qu'est-il en droit d'attendre de l'avenir ? Nous voudrions essayer de répondre à ces questions qu'une époque de crise générale pose devant plusieurs esprits. Mais, avant d'aborder notre sujet, il importe de le circonscrire, de préciser les données du problème et d'écarter celles qui ne sont pas d'une importance immédiate ou primaire.

Pour dire avec quelque sûreté ce que demeurent aujourd'hui les conditions de la foi chrétienne, il convient de considérer d'abord ce qu'elles ne sont plus, ce qu'elles furent un jour et ce qu'elles ont cessé d'être. Nous gagnerons, à cet examen, les éléments d'un aperçu génétique qui ne sera point peut-être sans utilité.

I

Il fut un temps, — je parle de cinq ou six siècles en arrière, — où l'on entrait dans la foi chrétienne, à la lettre, par toutes les portes. La chrétienté était conçue comme identique à l'humanité ; le christianisme était tout ensemble la civilisation, la culture et la science. En naissant au monde, on naissait à l'Église. La foi, ou du moins son tenant lieu et sa sœur adoptive, la croyance, gouvernait l'ensemble des activités humaines. Il était, certes, toujours possible de lui refuser l'adhésion du cœur ; il ne l'était point de lui refuser celle de l'intelligence. Le dogme chrétien constituait la forme et la substance de la pensée générale. L'idée chrétienne était la seule par laquelle on parvînt jusqu'à la sphère des idées. La science théologique dominait toutes les autres, les résumait et les faisait servir à ses propres fins. Elle était proprement *la science*, hors de laquelle on ne pouvait qu'ignorer.

Sinon de fait, du moins de droit, la même prépondérance appartenait au christianisme dans tous les domaines. Partout l'idéal chrétien était souverainement normatif. Sans doute, il ne parvenait pas toujours à s'imposer absolument, mais il était admis comme de nature à devoir s'imposer. Il flottait devant la conscience publique et devant la conscience privée comme la règle suprême sous laquelle devait plier chaque volonté particulière. Par elle étaient universellement régis les rapports des hommes entre eux et ceux de l'homme avec la nature. Implicitement accepté, explicitement formulé, le christianisme — du moins ce qu'on connaissait du christianisme — formait corps avec l'humanité. On y entrait comme on entre dans l'existence : par la force même des choses. Tout au plus la cérémonie du baptême, d'ailleurs pratiquée sans exception et d'une manière concomitante à la naissance physique, laissait-elle entrevoir un écart possible entre l'homme naturel et le croyant. La question qui nous occupe, celle des conditions de la foi, ne se posait, ni ne pouvait se poser alors: exister et croire était une seule et même chose.

Si l'on s'enquiert des causes de cette identification complète du christianisme avec l'humanité, on s'apercevra bientôt qu'elle est due, moins au triomphe du christianisme comme tel, qu'aux compromis inconscients dans lesquels il était engagé. A partir du second siècle de notre ère, par une évolution qui est l'objet propre de l'histoire des dogmes et dont le lieu n'est pas ici d'indiquer les phases successives, le monde ancien et la religion nouvelle s'étaient rapprochés et réciproquement pénétrés. Des combinaisons s'étaient formées, d'abord instables et fortuites, mais dont la stabilité s'accrut avec le temps, auxquelles le christianisme prêtait surtout sa substance, et la culture antique sa forme et les cadres de sa pensée. A mesure qu'ils se rencontraient, l'élément philosophique et l'élément religieux perdaient chacun quelque chose de leur intégrité primitive. Ils se fondirent ensemble et bientôt se confondirent à tel point qu'il fut impossible de les distinguer. Le produit nouveau de cette fusion fut le christianisme catholique.

Il ne devint homogène toutefois qu'à partir de l'invasion des barbares, c'est-à-dire du moment où, la puissance matérielle de l'empire déjà fort ébranlée, s'effondrant sous les coups d'une force incontrôlable, l'existence même du monde civilisé semblait mise en question. Pour faire face à ce péril qui les menaçait également, les deux adversaires du premier jour, — mais qui depuis longtemps pactisaient en secret, — la pensée gréco-romaine et la religion chrétienne s'unirent définitivement. Leur commune étreinte fut si forte et la lutte qu'elles soutinrent contre le monde barbare fut si chaude, qu'elles en sortirent comme deux métaux sortent de la fournaise : formant un alliage indissoluble. La matière de cet alliage, formée à parts inégales de foi chrétienne et des conceptions juridiques et dialectiques de Rome et d'Athènes, servit de base et d'assise à l'édifice de la société nouvelle L'Église, restée seule dépositaire de la culture et de la religion, apportait à des peuples nouveau-nés, non seulement la foi, mais intimement mêlés à la foi, les principes d'une philosophie, les méthodes d'une science, les catégories d'un droit social et politique qu'elle s'était incorporés, mais qui lui venaient d'ailleurs et dont son dogme était l'expression fidèle et conséquente. Ce dogme, qu'elle croyait sien et qui l'était, en effet, quoique d'une façon bâtarde, elle ne tarda point à l'imposer comme partie intégrante de son culte. Contenant en soi tous les facteurs efficients d'une civilisation, il la créa dans la mesure où il s'établissait sur des races qui n'en connaissaient point d'autres et les moula d'autant mieux sur son modèle qu'il était pour elles initiateur dans tous les domaines et qu'il se présentait au nom de l'idéal religieux.

Telle fut la source et la cause de cette identité foncière, de cette unité merveilleuse de l'homme et du croyant, de l'Église et de la société, du dogme et de la science, du monde et de la religion que rêvait le moyen âge et qu'il crut avoir atteinte. Telle est aussi la source et la cause de la dissociation que nous observons aujourd'hui.

Elle est si évidente qu'il serait oiseux d'y insister, et si radicale qu'il est à peine possible de l'imaginer davantage. Que l'on considère l'ensemble de nos sciences ou qu'on prenne à part chacune d'elles, l'impression est la même. Ici l'hostilité est voulue et l'incompatibilité haineuse; là c'est une indifférence ou méprisante ou protectrice ; partout, depuis la philosophie d'école jusqu'à la littérature populaire, une indépendance complète à l'égard de la foi et de la religion chrétienne. La séparation est fondamentale entre les deux principes et le profane a le pas sur le religieux. L'autonomie de l'homme naturel à l'endroit du croyant, de la science à l'endroit de la théologie, de la société à l'endroit de l'Église, du monde, en un mot, à l'endroit du christianisme, éclate de toutes parts. Elle est pratique et théorique ; elle est dans l'ordre de la conduite et dans l'ordre de la connaissance ; elle se fait jour en politique, en jurisprudence et en sociologie. Il n'est pas jusqu'à la sphère la plus étroitement connexe de la religion chrétienne, la morale, qui n'aille lui échappant et se constituant sur d'autres bases.

Et cela est tellement grave, la disruption est à ce point décisive et réelle, elle porte si bien sur le fond même des choses qu'elle paraît au plus grand nombre irréparable. Ceux qui ne la tiennent pas pour définitive, ceux qui tentent d'opérer la synthèse et qui prétendent néanmoins rester aussi fidèles à leur conscience scientifique qu'ils restent fidèles à leur conscience chrétienne, savent ce qu'il en coûte de luttes, d'efforts, d'angoisses et parfois de douloureux renoncements pour demeurer d'accord avec eux-mêmes. Et peut-être n'y parviennent-ils pas toujours.

Serait-ce qu'il en dût être ainsi ? Ce dualisme est-il irrémédiable ? Et faut-il conclure avec Scherer que croire et savoir sont les deux alternatives d'un dilemme entre lesquelles on doit choisir, parce que les conditions de la science excluent celles de la foi et que les conditions de la foi excluent celles de la science?

Nous ne le pensons pas absolument. Un écart, sans doute, continuera de subsister. Si intelligente que vous supposiez la foi, elle ne ressortit pas néanmoins au domaine de l'intelligence; si croyante que vous supposiez la science, elle ne ressortit pas néanmoins au domaine de la foi. Ce sont deux ordres distincts. Mais la distance qui les sépare est portée de nos jours jusqu'aux proportions d'une antinomie pour des raisons fort simples à comprendre et dont la nature temporaire n'exclut pas la possibilité d'une meilleure entente pour l'avenir. Ces raisons peuvent se ramener aux deux suivantes : une révolution radicale de la méthode scientifique, un déplacement corrélatif dans les centres directeurs du monde intellectuel; double fait dont la théologie n'a point suffisamment tenu compte et qui, dans la mesure où elle persiste à le méconnaître, ruine, avec son propre crédit, celui même de la foi chrétienne.

Une révolution radicale de la méthode scientifique, disons-nous. Inaugurée par Bacon, elle entraîne le renversement complet des procédés anciens et contient en germe cette autonomie de la science, dont nous voyons celle-ci user si pleinement aujourd'hui. Elle se résume en un petit mot: l'observation. Par l'observation la science changea de maître. Elle avait été captive du dogme ; elle devint captive de la nature. Elle cessa de se rattacher à l'enseignement formel de l'Église pour se rattacher à l'enseignement concret de l'expérience. Elle avait été déductive ; elle devint inductive. On avait soumis l'être aux catégories aprioriques de l'entendement ; on soumit l'entendement à l'obéissance souveraine des faits. On avait dit : les choses doivent être telles, donc elles sont telles ; on dit : les choses sont ce qu'elles sont, apprenons à les connaître, nous formulerons ensuite leurs rapports. Du même coup, l'harmonie de la croyance et de la connaissance, que le catholicisme du moyen âge avait atteint par la scolastique et la papauté, était rompue. La fissure, d'abord imperceptible, ne tarda point à s'élargir. Le dix-neuvième siècle, par le magnifique épanouissement qu'il donnait à la science expérimentale, acheva cette rupture et la rendit béante.

Non que la théologie restât tout à fait en dehors de ce renouvellement. On put croire un instant qu'elle en subirait l'influence, que même elle prendrait sa direction et travaillerait de la sorte à combler le gouffre qui se creusait entre la pensée religieuse et la pensée profane.

La Réformation, qui est bien autre chose avant d'être cela, peut cependant être caractérisée, au point de vue de la méthode, comme un essai de retour, pardessus des *a priori* séculaires, à l'observation directe du fait chrétien. Elle fut largement expérimentale, elle aussi, si ce n'est dans son aveu et dans sa profession, du moins par son essence. Il est vrai que, pour justifier le choix qu'ils faisaient de l'autorité spirituelle des Écritures aux dépens de l'autorité traditionnelle du dogme catholique, les réformateurs invoquaient un argument d'histoire : l'excellence et la supériorité de la révélation primitive. Mais, en fin d'analyse, où trouvaient ils la garantie de cet argument, le critère de cette excellence ? Ils ne pouvaient s'en assurer que par contrôle individuel. Et, de fait, Luther, brisant au nom de la conscience chrétienne appuyée sur le témoignage biblique les durs anneaux du système papal, faisait, dans un autre domaine, une œuvre analogue, et introduisait, dans une autre sphère, une méthode identique à celle qu'institua le philosophe anglais. Tous deux, chacun à sa place, voulurent demeurer fidèles à la réalité du fait et firent dépendre, l'un la science profane, l'autre la vérité religieuse, de l'expérience et de l'observation.

Mais ce caractère expérimental que la Réformation imprimait à la théologie eut le malheur de n'être jamais avoué, ni même conscient. Il ne fut, en aucune occasion, nettement exprimé et se perdit bientôt dans une scolastique nouvelle, d'autant plus déplorable qu'elle était protestante, c'est-à-dire en opposition flagrante avec la nature de la foi qu'elle exposait. Elle dura chez nous jusque fort avant dans la première moitié de ce siècle et c'est à peine si nous commençons d'en revenir. Nous ne faisons guère encore que de nous orienter péniblement — je parle des théologiens — vers une méthode que la science profane emploie depuis plus de cinquante années avec une maîtrise, une précision et un succès incomparables. Ce retard est immense; il n'est pas près d'être racheté. Quant à ses conséquences, elles sont irréparables. C'est l'élite de deux générations humaines à laquelle nous avons rendu l'accès du christianisme plus difficile qu'il n'était nécessaire et dont nous avons perdu gratuitement le concours et l'appui.

Mais cela n'explique pas tout. Il est, à l'infériorité temporaire de la pensée chrétienne sur la pensée profane, une autre cause, dont nous sommes — j'entends toujours les théologiens — également responsables. Cet avènement de la méthode expérimentale, qui marque le passage de la scolastique à la science, coïncide avec un autre avènement : celui des races du Nord à la direction intellectuelle de l'humanité.

L'Église qui avait allié son idéal religieux aux principes directeurs de l'ancienne civilisation gréco-romaine, en avait perpétué l'existence et la primauté durant tout le moyen âge. Faisant cause commune avec la culture antique, aux destinées de laquelle elle avait uni les siennes, elle réussit à triompher des barbares. Ceux-ci, vainqueurs par les armes, mais vaincus par un idéal à la fois intellectuel et religieux dont la grandeur et le prestige s'imposaient irrésistiblement à leurs âmes incultes, acceptèrent sa tutelle et se mirent à son école. Leur éducation fut lente ; elle dura des siècles. Après les avoir asservis, elle les émancipa. Ils reprirent peu à peu conscience du génie de leur race et l'affirmèrent en se dégageant des méthodes qui leur avaient été artificiellement inculquées. Nous assistons présentement à la seconde invasion du monde barbare ; elle menace d'être victorieuse sur toute la ligne. Tandis que l'Europe anxieuse se prépare encore à la guerre, la guerre déjà est partout déchaînée. Son lieu n'est plus comme jadis sur les champs de bataille ; il est dans les intelligences. La victoire n'est plus le prix de la valeur physique, mais de la force des idées ; son instrument n'est plus le glaive — ni même le canon, quoique là non plus le dernier mot ne soit pas dit — mais le livre.

Il serait trop long d'entrer ici dans les développements indispensables pour faire comprendre l'importance et l'extrême acuité de la lutte qui se livre actuellement entre l'esprit des peuples du Nord et celui des peuples latins, et combien l'issue en est préjugée d'avance. Je suis contraint d'en appeler au bon vouloir de ceux qui liront ces lignes, à leurs souvenirs de voyage, à leurs impressions de lecture, à cette somme de renseignements généraux qui résultent de la diffusion des lumières, même aux connaissances plus précises qui sont spéciales à la vocation particulière de chacun de nous. Et je demande quelles sont les races qui prennent aujourd'hui le plus activement possession du monde par la politique, le commerce et les colonies ? Où trouvons-nous les plus hautes facultés d'adaptation jointes aux énergies les plus intenses ? Où sont les sources créatrices de notre civilisation ? Où s'inspire notre littérature ? Où puise notre philosophie ? D'où procèdent les intuitions et les idées maîtresses de notre science ? D'où nos découvertes les plus fécondes, celles qui, en ces derniers temps, ont pour jamais tranformé notre conception de l'univers et jusqu'à notre sensibilité ? D'où provient, en un mot, la substance, la forme et la direction de notre pensée ? Je parle de la pensée dans ce qu'elle a de plus vivace ; non de celle qui appartient au passé et dont nous allons nous dépouillant, mais de celle à qui appartient l'avenir ? Est-ce du Nord ou du Sud ? D'Allemagne, d'Angleterre et même de Russie ? Ou d'Espagne, d'Italie et même de France ?

La réponse n'est pas douteuse. Je ne cite qu'un seul exemple et le choisis à dessein évident, accessible et connu. Charles Darwin est de nos jours le représentant le plus illustre de l'hégémonie que peut acquérir un homme dans le domaine scientifique. A son nom se rattache, quant à la manière de concevoir la science et de conduire la pensée, une des transformations les plus profondes et les plus durables dont l'humanité garde la mémoire. L'importance décisive et la signification de son œuvre fut d'avoir repris la notion du devenir, dont la philosophie hégélienne avait comme saturé nos esprits, sans l'asseoir pourtant sur des preuves solides, et de l'avoir fait passer, de l'idéalisme dialectique où elle se mourait, dans le réalisme ontologique où elle se confirma. En appliquant le devenir dialectique de Hegel à l'organisme vivant, en formulant les lois de la continuité organique de l'être, en plaçant les sciences naturelles — j'allais dire la science — sous le contrôle de la biologie, Darwin achevait une révolution longuement préparée et fixait le type intellectuel propre au génie des peuples du Nord.

Ce type ressemble si peu à celui du génie gréco-latin qu'il semble en impliquer négation. Pour l'un tout est stable, pour l'autre tout est mouvant; pour l'un tout est immobile, pour l'autre tout est progrès; pour l'un tout est devenu, pour l'autre (qu'on pardonne ce germanisme), tout est « devenant ». L'opposition n'est pas moins grande si l'on passe du fond même de la pensée au mode de son élaboration : il est plutôt analytique chez les Latins, il est plutôt intuitif chez les Germains, les Slaves et les Anglo-Saxons; les uns raisonnent volontiers, les autres plus volontiers contemplent; les uns croient surtout à l'enchaînement logique de l'idée, les autres surtout à l'enchaînement organique de l'être; les uns, fidèles à l'héritage romain, voient les choses davantage sous l'angle juridique, les autres sous l'aspect moral. Ce sont deux natures d'esprit antithétiques; elles ne sauraient subsister conjointement. L'hostilité naît de leur rencontre et le triomphe de l'une décide la défaite de l'autre. La revanche des barbares, longtemps différée, est éclatante : ils détruisent rapidement ce qui reste au monde de l'idéal gréco-latin.

Or, le christianisme, que sa nature universelle et divine préserve de toute assimilation définitive avec aucune forme particulière de la pensée humaine ; qui est loin, il s'en faut, d'être épuisé par les catégories de l'idéal gréco-latin ; dont les affinités profondes sont plutôt, croyons-nous, pour l'idéal contraire, s'y trouve néanmoins tellement inféodé et depuis tant de siècles, qu'il subit maintenant les conséquences désastreuses de cette inféodation. Son crédit baisse à mesure que tombe celui de son allié. Les coups qui, en bonne justice, ne devaient pas l'atteindre, l'atteignent également, il en est également ébranlé et paraît courir au-devant d'une ruine semblable.

Ceci est vrai surtout du christianisme catholique où l'identification des facteurs religieux éternels avec des facteurs légaux et philosophiques caducs est intégrale et en quelque sorte substantielle. Mais ce l'est aussi, bien qu'en une moindre mesure, du christianisme de la Réforme. Là aussi règnent encore des *a priori* arbitraires qui dérivent en droite ligne de la culture grecque et latine, mais qui ont cessé de se légitimer devant la nôtre, parce qu'ils n'ont plus en elle leurs prémisses consenties ; là aussi la substance chrétienne est mise en œuvre au moyen de catégories logiques, psychologiques et juridiques absolument étrangères, c'est-à-dire incompréhensibles à la pensée moderne ; là aussi le fond permanent est assimilé à la forme périssable et vieillie, de manière à rendre odieux et ridicule ce qu'il y a de plus sacré pour l'âme. Il en faut convenir, nos attaches sont plus fortement nouées avec un passé qui s'effondre qu'avec un présent qui reste à conquérir. Prophètes aveuglés et craintifs, nous n'avons pas su discerner les signes des temps, ni quelles allaient être les évolutions futures. Nous sommes restés en sacristie, alors qu'il eût fallu nous porter en avant et conquérir sur notre société une maîtrise intellectuelle autant que religieuse. Nous avons ainsi — nous théologiens — laissé s'ouvrir un abîme et presque un gouffre entre la vérité que nous portions au monde et le monde qui devait la recevoir.

Le mal pourtant n'est pas sans remède et nous osons croire que les théologiens de l'avenir, devenus conscients de ce déficit, s'emploieront activement à le combler. Il peut l'être puisqu'il doit l'être, et nous tenons pour certain que le christianisme, sans rien perdre d'ailleurs de sa force rédemptrice, sans qu'aucun tort soit porté à sa nature essentielle, sans qu'un seul des faits évangéliques soit négligé, sans qu'une seule parole du Christ ou des apôtres soit abandonnée, est susceptible néanmoins d'une autre orientation théologique que celle qui lui a été donnée jusqu'ici, d'une interprétation plus conforme, peut-être entièrement conforme à celle qui régit actuellement la science du fait cosmique. Il n'en résultera pas, sans doute, cette identification parfaite de la théologie et de la science qu'a tentée et partiellement réalisée le moyen âge. C'est un espoir chimérique qu'il n'est plus permis d'entretenir. Aussi près qu'on les rapproche, une distinction subsiste : la science n'est pas la foi, ni la foi la science. Mais il en résultera du moins une harmonie dans les méthodes, dans les prémisses générales et dans les points de vue, qui rendra de l'une à l'autre le passage plus aisé, qui préviendra les conflits inutiles et produira, en faveur du christianisme, les présuppositions favorables et les preuves analogiques dont il manque si cruellement aujourd'hui.

II

Des considérations précédentes, il ressort que la foi chrétienne, jadis très accessible parce qu'elle reposait sur les principes mêmes de la culture générale et de la civilisation, l'est devenue beaucoup moins et voit diminuer ces conditions favorables jusqu'à les perdre totalement. Une incompatibilité plus sourde ou plus violente, et dont l'Église est partiellement responsable, sépare la pensée chrétienne de la pensée moderne et lui aliène la sympathie des multitudes autant que la confiance des esprits cultivés.

La situation est grave ; peut-être n'a-t-elle jamais été si grave. En faut-il conclure à une situation désespérée ? Nous ne le pensons pas. Si l'on s'en tient à l'hostilité intellectuelle du monde et de l'Église — qui seule est en cause ici — on peut affirmer que la position précaire du christianisme contemporain n'est pas fondamentale, mais occasionnelle. Une certaine théologie l'y a précipité; une autre théologie peut l'en retirer. Celle-ci déjà est à l'œuvre et travaille à préparer un meilleur avenir. Je n'en veux pour preuve que l'ébranlement douloureux, nous en convenons volontiers, mais salutaire par lequel passent, à la fin de ce siècle et dans tous les pays, les Églises de la Réforme évangélique. Le levain est jeté dans la pâte; autrefois inerte et rigide, elle entre maintenant en labeur et, devenue plus malléable, se prête davantage aux transformations nécessaires.

Mais encore, faudrait-il attendre pour embrasser le christianisme, qu'il se soit transformé de la sorte? pour croire, que la foi se soit faite plus acceptable à la raison? Nous ne le pensons pas non plus. Malgré ses fortunes les plus adverses et sous ses travestissements les plus outrageux, le christianisme garde un portique éternel que discernent constamment les âmes sérieuses et les volontés droites.

Mettons les choses au pire. Supposons — ce qui n'est pas — que l'admission des données scientifiques les plus certaines soit incompatible avec l'acquiescement aux données chrétiennes les plus essentielles; accordons — ce qui n'est pas — que la théologie chrétienne ne soit qu'un long tissu d'aberrations et d'erreurs; faisons au christianisme la portion congrue ; réduisons les droits omnipotents qu'il exerçait jadis sur l'humanité à la prise médiocre qu'il exerce aujourd'hui ; diminuons-la jusqu'aux limites que la vérité oblige pourtant de lui reconnaître : j'affirme que cette prise, quelque infime qu'elle paraisse, est néanmoins souveraine ; qu'elle suffit pour maintenir ouverte la possibilité de croire ; bien mieux, pour faire de la foi chrétienne l'objet de notre plus strict et premier devoir. Qu'on m'entende. Je ne parle ni de préférence, ni de caprice ; je parle de devoir.

C'est qu'en effet, le christianisme nous touche par d'autres points que ceux que nous venons de relever. Il s'adresse en l'homme à des quantités immuables auxquelles il s'impose comme un facteur immuable : savoir à l'homme même, au nom de l'humanité. Or, dans l'ensemble des faits cosmiques, le caractère propre de l'humanité est de représenter un fait de conscience. C'est là son trait distinctif et rigoureusement unique. A travers la longue suite des générations humaines, à travers les variations et les différences des individus, à travers la diversité de leurs habitudes, de leurs préjugés, de leurs cultures, de leurs connaissances et de leurs ignorances, à travers tout ce qui passe, change, meurt et se renouvelle, subsiste un élément stable, identique, un seul, celui qui constitue l'humanité, par lequel chaque exemplaire de l'humanité rentre dans l'humanité et s'attribue la qualité d'homme : la conscience qu'il a de lui-même.

Et comme la conscience est par excellence l'élément

humain dans l'homme, elle est aussi le seul qui soit d'aperception directe. Que connaissons-nous, en effet? Je veux dire : que connaissons-nous de certitude évidente? Serait-ce l'univers dont nous faisons tant d'état? Seraient-ce les phénomènes, à l'étude desquels nous attachons une si capitale importance? Ou peut-être leurs lois que nous nous plaisons à déclarer imprescriptibles et que toutefois la simple apparition d'un fait nouveau bouleverse irrémédiablement? Il n'est au monde erreur plus vaine et plus répandue que de l'imaginer. Nous savons ces choses, je l'accorde, mais d'un savoir acquis, dérivé, secondaire : même nous les savons si peu ou si mal que leur science varie et change incessamment; nous ne les connaissons pas. Nous ne connaissons rien en dehors de nous-mêmes. La conscience directe, immédiate, péremptoire que nous avons de nous-mêmes, telle est l'indéfectible prérogative de notre humanité. Cela seul est certain, fixe et constant. Or, c'est là justement que pénètre le christianisme et c'est là qu'il s'implante.

Voici donc qui nous paraît indubitable et que nous supposons accordé : le fait humain spécifique est un fait de conscience et c'est à la conscience que se propose le christianisme. A la conscience tout entière? Oui, sans doute, en dernière instance, mais non d'abord, ni en premier lieu. Il convient de préciser. Où réside l'élément fondamental de cette conscience, celui peut-être qui la conditionne, en tout cas celui qui se fait valoir avec la plus impérieuse énergie, avec la plus continuelle évidence et qui la domine au point de l'absorber quelquefois? La langue, l'usage et l'observation désignent la conscience morale. Cela est indéniable, car la conscience morale ne se borne pas à me révéler un être ou une existence, elle me révèle un *devoir être*, c'est dire qu'elle m'engage à fond et prétend m'instruire, non seulement de ce que je suis, mais de ce que je dois.

Empiriquement néanmoins, ce que je dois varie avec les races, les individus, les lieux, les temps, les mœurs et les civilisations. La loi morale n'est pas une; les devoirs diffèrent et parfois s'opposent; d'un homme à l'autre, le même acte peut être moralement qualifié bon ou mauvais. Où est le point fixe? Précisons encore. La conscience morale ne donne ni le bien, ni le mal concrets; la nature y pourvoit [1]. Mais elle m'oblige à l'égard du bien deviné dès l'instant que je l'ai deviné, à l'égard du mal perçu dès l'instant que je l'ai perçu. Elle m'oblige surtout vis-à-vis d'elle-même et fait, de mon premier devoir, celui de croire au devoir, quelle que soit d'ailleurs la nature de celui-ci.

Au centre du fait de conscience psychologique se trouve donc le fait de conscience morale, et au centre

[1] L'appréciation plus ou moins exacte de la nature humaine rend compte de la différence des morales, car elle en fournit, sinon la forme, qui est partout obligatoire, du moins la substance. Voir sur ce sujet le *Principe de la morale*, de M. Ch. Secrétan.

du fait de conscience morale se trouve le fait d'obligation. Lui seul est partout et toujours identique à lui-même. Il ne varie ni ne change ; il est universel et permanent ; il est donc premier, initiateur et suprême. Tout ce qu'il y a en nous de conscient le suit, rien ne le précède. La certitude qui l'accompagne est absolument originale et primitive. Il est la source et la cause de la conscience que nous avons de nous-mêmes et de la conscience que nous avons du devoir. Il est emphatiquement ce que, de manière sûre, nous connaissons et constitue le fait humain dans ce qu'il offre à la fois de plus spécial et de plus étendu.

L'obligation, on n'y saurait trop insister, est un fait primordial irréductible et péremptoire, et cependant ce n'est pas un fait simple. C'est de lui qu'il faut partir, c'est par lui qu'il faut interpréter l'homme et l'univers, et cependant sa nudité même recèle un univers. On doit l'accepter, mais il demande à être compris ; on doit s'y soumettre, mais il comporte définition. Quoi qu'en jugent ceux qui estiment défendre l'obligation en s'interdisant de la définir[1], nous en tenterons ici

---

[1] M. Ch. Secrétan (*Chrétien évangélique* du 20 décembre 1891) et M. A. Glardon (*Chrétien évangélique* du 20 janvier 1892) se sont élevés tous deux contre la possibilité d'une pareille définition. Ils trouveront notre réponse dans les lignes suivantes. Nous n'y faisons d'ailleurs que reprendre et condenser ce qui a été dit ailleurs et magistralement établi par M. C. Malan. (Voir de ce dernier : *La conscience morale, Les grands traits de l'histoire religieuse de l'humanité, Le dogmatisme, Les miracles sont-ils des faits surnaturels ?* etc.)

l'essai. Nous persistons à croire que nos droits pour le faire sont légitimes et nos raisons valables.

L'obligation serait-elle, comme semble l'admettre Kant en certains endroits, une catégorie subjective de la raison pratique, une loi inhérente à la volonté et qui, semblable à celle de l'entendement, par exemple, présiderait au déploiement actif de ses énergies ? Nous ne saurions l'entendre. Car si la loi peut contraindre, comment pourrait-elle obliger ? Ce serait attendre de la cause un effet contradictoire à la nature de la cause. De plus, comment expliquer la désobéissance volontaire à l'égard d'une loi qui ferait partie intégrante du vouloir ? Le problème de la liberté se poserait dans des conditions désastreuses pour le maintien de la liberté.

Ou bien l'obligation résulterait-elle, comme semble l'admettre ailleurs le même philosophe, de l'impression produite par la volonté intelligible sur la volonté phénoménale ? Nous saisirions déjà mieux, car l'essence de l'obligation, qui est éminemment d'être un rapport de volonté à volonté, serait en ce cas respectée. Mais nous serions introduits du même coup dans un dualisme entre le monde nouménal et le monde phénoménal dont ni la philosophie postérieure, ni l'expérience ne réussissent à soutenir la notion. Puis, que faut-il entendre par une volonté intelligible ? De son vrai nom ne serait-ce pas, au contraire, inintelligible qu'il conviendrait de l'appeler ? Et ne s'interposerait-elle pas plutôt comme un intermédiaire superflu, destiné à reléguer une autre volonté, celle du Dieu souverain, dans l'espace vide d'un inaccessible infini ?

Nous pensons être plus fidèle à la nature de l'obligation en la définissant comme une expérience. Son caractère expérimental ne saurait, croyons-nous, lui être sérieusement contesté pourvu qu'on l'entende au sens scientifique du mot, c'est-à-dire comme la relation réelle de deux facteurs positifs. Ce caractère expérimental résulte en premier lieu de ceci : que l'obligation est essentiellement un fait; qu'elle n'exclut pas l'analyse, mais qu'elle lui reste supérieure et ne se résout point en idées. Elle touche l'être bien antérieurement à l'éveil de sa pensée réfléchie et s'impose à la façon d'une impression vivante, non point à la façon d'une représentation intellectuelle. Elle réalise dans l'ordre moral ce qu'opère la sensation dans l'ordre physique; elle donne au moi le contact du non-moi : ce qui est la condition même et le critère de l'expérience.

Le second critère de la nature expérimentale du fait d'obligation est dans la dualité qu'il suppose. L'obligation de conscience n'est pas un fait simple, mais un fait complexe. Il atteint l'être sans se confondre avec lui. Il domine la volonté, mais ne s'identifie point avec elle, puisque la volonté doit au préalable consentir à l'obligation et qu'il lui demeure perpétuellement loisible, sinon d'échapper à l'obligation, du moins de lui résister.

Ce double caractère d'être insoluble à l'entendement et d'impliquer dualité de facteurs, range sans contredit l'obligation parmi les faits d'expérience. Mais, demandera-t-on, expérience de qui ? expérience de quoi ?

De qui ? De moi-même assurément et de nul autre que moi. Elle me saisit dans ce que j'ai de plus intime et de plus profond, dans ce qui précède la différenciation de mes facultés, dans ce qui précède même l'acte de ma volonté. Je ne puis vouloir sans que l'obligation ne domine déjà mon vouloir et ne préside à ses délibérations. A telle enseigne, que je suis forcé de reconnaître l'obligation comme une expérience de ma volonté antérieure à la conscience que j'ai de ma volonté.

Une expérience de quoi ? d'une loi ? d'un fait ? d'une action ? D'une action, c'est-à-dire d'une volonté. Cela découle de la nature même du fait obligatoire, dont la présence sous-entend nécessairement un rapport de volontés. Par définition, rien n'oblige ni ne saurait obliger une volonté qu'une autre volonté; en fait, il n'y a phénomène d'obligation que là où il y a relations réciproques entre deux ou plusieurs êtres personnels [1]. L'obligation est donc l'expérience perma-

---

[1] L'obligation est un fait social ; elle n'affecte pas nos rapports avec la nature morte ou les êtres impersonnels. Un peu d'analyse montre que la loi, la coutume ou l'étiquette, dont nous disons couramment qu'elles nous obligent, ne le font que parce qu'elles sont soutenues par des volontés morales. Supprimez-les et vous supprimez l'obligation. Là où le rapport avec la personne morale cesse de se faire sentir, il ne reste que la contrainte ou la licence.

nente que fait ma volonté d'un acte initial exercé sur elle par une volonté dont elle se sent directement l'objet.

Cette expérience est-elle contingente ou fortuite? A-t-elle son origine dans le hasard ou dans mon libre choix? En aucune manière. Elle n'est ni fortuite, ni même facultative. Elle n'est pas accidentelle, mais essentielle. Il ne dépend pas de moi de la faire ou de ne la point faire. Je ne la cherche pas ; elle me trouve. Et lors même que je n'y acquiesce pas, je ne cesse point cependant de la subir. C'est une expérience imposée. Ceci est considérable, car je n'ai plus désormais le droit d'en ignorer. Sa réalité objective et celle de son initiateur en moi sont garanties ; il ne m'est plus permis de les mettre en doute.

Sous quel mode enfin l'expérience obligatoire m'est-elle imposée? Sous le mode de l'absolu. L'obligation de conscience ne tolère aucun compromis. L'impératif qu'elle fait entendre ne fléchit devant aucune considération d'existence concrète ; c'est un impératif catégorique. Le devoir qu'il édicte est absolu. Le bien qu'il faut pratiquer est ce qui doit être absolument ; le mal dont il faut s'abstenir est ce qui absolument ne doit pas être. Ceci est plus considérable encore. Car une expérience qui atteint ma volonté sous le mode de l'absolu, suppose un facteur absolu. Aucune relation de créature à créature ne saurait se faire valoir de la sorte. Elles sont toutes partielles, fragmentaires et relatives, impuissantes à créer l'impression de l'absolu. L'absolu seul est capable de la produire. Le rapport que je soutiens par l'obligation de conscience est donc un rapport unique et suprême avec un facteur unique et suprême : le rapport de ma volonté avec la volonté absolue.

Récapitulons : le fait d'obligation est un fait d'expérience ; il engage ma volonté à l'égard d'une autre volonté. Cette expérience est subjective puisque c'est moi qui la fais ; mais elle est objective puisqu'elle vient du dehors. Je n'en suis pas le maître ; je ne la crée pas, je la subis. Elle m'est imposée, elle est donc réelle ; elle est personnelle puisqu'elle est morale et qu'elle m'oblige sans me contraindre ; elle est transcendante enfin puisqu'elle me saisit sous le mode de l'absolu. Que dois-je conclure de tout cela? Sinon que l'obligation de conscience pose devant moi l'initiateur souverain de ma liberté, le souverain maître de ma volonté ; celui qui a droit au centre et au départ de ma vie personnelle et auquel seul j'ai droit de la remettre. En prenant conscience de l'obligation, je prends conscience de ma volonté déjà prosternée devant un Être qu'elle adore sans le connaître et qui doit devenir l'objet reconnu de son adoration consciente. En un mot : l'obligation, c'est Dieu dans la volonté, maître de la volonté par la conscience.

Mais encore quel Dieu? Je ne saurais le dire. Ma volonté le perçoit, mais elle l'ignore. Elle sent sa présence puisqu'elle sent son action, mais elle est incapable de le nommer. Il s'affirme et ne se révèle pas. Il me tient par derrière, si je puis m'exprimer ainsi. Il me dit : Fais le bien, choisis le devoir, veuille ce que je veux, cherche-moi ; mais il se dérobe à la recherche même qu'il m'impose et sa face m'est voilée. Le Dieu de l'obligation, c'est le Dieu vivant certes, puisqu'il est initiateur de l'expérience qu'il inaugure en moi, mais c'est le Dieu caché.

Plus encore. Ce Dieu caché est un Dieu contradictoire. Il y a, dans le fait absolu de l'obligation de conscience, des éléments d'inexorable sévérité et d'infinie condescendance qui semblent se contredire et s'exclure. D'une part un jugement sans appel qui déclare mal ce qui est mal, coupable celui qui fait le mal, même s'il y est entraîné, et qui le condamne avec une impitoyable rigueur ; de l'autre, une persévérance sans exemple dans l'appel au bien, une patience illimitée et qui ne se lasse jamais de présenter de nouveau le devoir, même au sein des plus lourdes chutes, même à la suite des plus honteuses capitulations de conscience. Comment unir cette rigueur avec cette longanimité ? Comment allier cette incorruptible sainteté dans le jugement avec cet inaltérable amour dans le support ? L'antinomie est irréductible et jette au sein de l'âme un trouble profond. C'est ici, sans doute, pour le dire en passant, qu'est la source de la plus poignante et de la plus noble inquiétude qui puisse agiter le cœur humain. Rien ne la surmonte ou ne l'apaise avant que l'homme ait reçu de l'Évangile la révélation du Dieu de sa conscience, de

Celui qu'il cherche et qu'il ne trouve point, qu'il adore et qu'il ne connaît point et dont il ne réussit pas à concilier en lui les inconciliables manifestations.

On voudra bien se souvenir que ce qui précède n'est pas de la théorie spéculative, mais de l'observation. Nous ne pensons pas nous être laissé séduire par une hypothèse plus ou moins plausible ; nous avons borné nos prétentions à l'étude objective du fait obligatoire scrupuleusement isolé et pris dans sa nudité la plus sévère. Nous avons simplement opéré l'analyse d'un phénomène que sa nature expérimentale rend susceptible d'analyse. Notre induction, aussi légitime en ses procédés, aussi certaine en ses résultats que toute induction quelconque, est strictement scientifique [1].

Préoccupés des nombreux obstacles que rencontre aujourd'hui l'établissement de la foi chrétienne, persuadés néanmoins de son urgence et de sa validité, nous nous sommes mis en quête de ses conditions permanentes. Elles ne pouvaient être que dans un

---

[1] Nous convenons que ses résultats sont assez considérables et d'une assez haute portée pour qu'il n'eût pas été superflu de les asseoir plus solidement en multipliant les constatations et les preuves. Le caractère général d'apologétique chrétienne que nous avons donné à ce travail nous empêchait de nous arrêter davantage à l'étude spéciale de la conscience. Nous espérons y revenir un jour, car le sujet en vaut la peine.

fait humain qui fût à la fois invariable et universel. Ce fait, nous l'avons trouvé dans le phénomène général de conscience. Dans cette conscience, nous nous sommes attachés aux éléments les plus stables, ceux de la conscience morale, et dans la conscience morale elle-même, par une régression continue, nous avons dégagé l'élément seul parfaitement stable et constamment identique, celui de l'obligation. Nous avons statué l'obligation comme le fait humain par excellence, comme celui qui fonde proprement l'identité humaine. Une analyse ultérieure, dont nous revendiquons énergiquement la légitimité scientifique, nous a conduit à concevoir le fait humain de l'obligation comme un acte permanent de causalité divine s'accomplissant, dans l'inconsciente réceptivité de la créature, par l'initiative souveraine du Créateur.

III

Procédons à l'égard du phénomène chrétien comme nous venons de le faire à l'égard du phénomène humain ; dépouillons-le de tout ce qu'il y a été mêlé d'accessoire, de variable et de superflu ; dévêtons-le de son manteau théologique et de sa soutane ecclésiastique ; prenons-le dans son centre, savoir Jésus-Christ, et plaçons la personne historique de Jésus, celle que nous présentent les documents évangéliques, en face de l'homme, de l'homme pris à sa vraie hauteur et sujet de l'obligation que nous avons décrite. Supprimons entre eux les intermédiaires inutiles ou fâcheux ; écartons tout préjugé comme tout parti pris ; supposons l'homme parfaitement droit de cœur, entièrement docile aux impulsions de sa conscience ; faisons de cette rencontre une entrevue véritable, une contemplation silencieuse, grave, prolongée, recueillie, conforme au caractère de ceux qu'elle met en présence, digne de l'homme et digne de Christ.

L'expérience personnelle et l'expérience des siècles enseignent que de cette rencontre naît en l'homme une impression d'espèce unique, mais de nature complexe : un sentiment d'irrésistible sympathie et un autre mélangé d'étonnement, presque de défiance ; un sentiment d'attraction puissante et un autre mêlé de je ne sais quelle instinctive et secrète hésitation. Si, me mettant au point de vue de la certitude morale indispensable à la formation de la foi chrétienne, — de quoi seul nous traitons ici — j'analyse ce double sentiment, j'y découvre deux phénomènes psychologiques étroitement connexes, mais logiquement distincts. Ils se produisent à la fois tous deux ensemble et sont inséparables dans le fait, mais ils peuvent être séparés dans l'idée. Pour plus de clarté, nous les aborderons selon leur succession théorique, sans oublier d'ailleurs qu'ils sont pratiquement simultanés.

Le premier de ces sentiments peut être défini comme un phénomène d'évidence morale absolue, fondée sur l'aperception d'une absolue identité[1]. L'homme vrai, c'est-à-dire l'homme soumis à l'impératif obligatoire, placé en face du vrai Christ, est frappé d'évidence morale, parce qu'il se reconnaît en Christ identique à lui-même.

Cette évidence porte sur deux points : une identité de nature, une identité d'obligation.

Je ne sais s'il est au monde une personnalité plus sympathique pour ceux qui la connaissent et qui l'ont approchée que celle de Jésus-Christ. J'en appelle au témoignage dix-huit fois séculaire des croyants. Or, cette sympathie, ce pouvoir de sentir et de souffrir, ce συμπαθεῖν de l'homme avec Jésus-Christ et de Jésus-Christ avec l'homme, provient évidemment de la similitude. On ne sympathise qu'avec ceux qui vous sont semblables. Jésus-Christ nous est semblable. Semblable par la nature de son humanité; semblable par les besoins et les énergies, les aspirations et les faiblesses de cette nature qu'il partage avec nous, Nous l'écoutons parler, nous le voyons agir, nous contemplons sa vie, et rien en lui ne nous est étranger. Ce sont nos actes, nos pensées, nos sentiments ; ce sont les émotions et les mouvements d'âme qui nous agitent nous-mêmes[2]. Il parle notre langage, il souf-

---

[1] Si l'on examine le fait d'évidence, on verra qu'il repose partout sur un rapport d'identité ou de conformité. Lorsque l'identité (ou la conformité) est parfaite, l'évidence est absolue et prend un caractère axiomatique.

[2] Je parle de leur nature, non de leur qualité.

fre notre souffrance ; nos angoisses et nos détresses, il les porte avec nous, comme nous. Os de nos os et chair de notre chair, rien dans la nature humaine n'échappe à Celui qui s'appelle le Fils de l'homme, rien dans la vie et rien dans la mort : il est notre frère jusqu'au bout.

Nous n'insistons pas davantage. Pour ceux qui possèdent l'expérience de cette entière communion de la nature humaine avec la nature humaine dans la personne de Christ, les mots ne suffiront jamais au prix de la réalité. A ceux qui l'ignoreraient encore, ils n'apprendront rien non plus. Il faut la vue directe et le regard de l'âme.

Mais si l'évidence première qui saisit l'homme en face de Jésus-Christ a sa source dans une identité de nature, elle résulte aussi d'une identité morale. A la nature humaine de Jésus correspondit une tâche humaine comme est la nôtre. Il lui sacrifia, comme nous sommes appelés à le faire, les recherches de l'égoïsme, les satisfactions de la jouissance et du propre intérêt. La même loi morale qui nous astreint l'astreignit également et de la même façon. Son existence terrestre fut, comme la nôtre, courbée sous le joug indiscutable d'un impérieux devoir, et le même impératif qui commande à notre vouloir fut aussi celui qui domina le sien.

Pas plus que tout à l'heure nous n'insistons davantage. Tous ceux qui ont une fois sérieusement étudié la carrière du Christ savent ce que nous voulons dire.

Et quant à ceux qui ne l'auraient point fait encore, les paroles sont impuissantes. Qu'ils ouvrent les évangiles, qu'ils lisent et qu'à leur tour ils comprennent.

Néanmoins cette impression d'irrésistible évidence que la contemplation de Christ produit en nous et qui repose à la fois sur l'identité de nature et sur celle d'obligation, s'augmente encore, s'il est possible, revêt en tout cas un mode unique et singulièrement impérieux par le fait que la nature humaine et l'obligation de conscience sont élevées en sa personne au plus haut degré de plénitude et de perfection. Ce dont je ne trouve chez moi, ce dont je n'observe chez les autres que le germe ou les aptitudes, les fragments ou les débris, je le découvre en Christ pleinement réalisé. Rien ne manque à cet homme de ce qui fait l'homme. Par un prodige inouï, alors que quelques siècles ou même quelques années suffisent pour éloigner de moi les plus grands personnages de l'histoire; alors que les contemporains de Christ, même les plus illustres, demeurent solidaires d'un passé mort et d'une civilisation disparue tellement que, pour les connaître et pour les comprendre en quelque mesure, je dois me livrer à une longue enquête documentaire et faire un pénible effort de restitution archéologique, Jésus de Nazareth se dégage entièrement des liens de cette solidarité: à travers les ruines entassées par dix-huit siècles d'histoire, il se dresse plus vivant, plus compréhensible, plus actuel, plus proche de moi que n'est mon propre frère. Et ce qu'il est pour moi, il est susceptible de l'être pour tous ; les missions chrétiennes répandues sur la surface du globe en sont une preuve irréfutable. Or, d'où vient cela ? sinon de ce qu'il n'est pas l'homme d'une époque et d'un peuple seulement, mais l'homme de toutes les races et de tous les temps, l'homme frère de tous les hommes et contemporain de tous les âges, l'homme de l'humanité par la plénitude de son humanité.

A cette perfection de la nature humaine s'ajoute la perfection morale. En lui le devoir est porté à une hauteur que je n'aperçois en aucun autre. C'est peu de dire que le devoir prend la première place, il prend toute la place, il remplit toute son existence. Imparfaitement connu, encore plus imparfaitement accompli par moi, il est par lui parfaitement discerné et parfaitement pratiqué. Rien en lui ne se soustrait à l'obligation de conscience. Elle couvre tous les moments, elle préside à toutes les activités de son être. Le trait distinctif de Christ, c'est la sainteté. Jésus est un homme saint, c'est-à-dire que, sur une nature entièrement humaine, il a posé l'empreinte d'une volonté entièrement obéissante à l'obligation morale. Il est devenu par là l'homme normal et normatif. Il a pris un caractère axiomatique. Sa personne et sa vie constituent l'axiome de la vie humaine.

Le rapport d'identité entre l'homme et Christ satisfait donc à toutes les conditions de l'évidence et même les surpasse. Je me ressaisis en Christ tel que je suis et plus encore tel que je devrais être. Il a droit sur moi de tout l'idéal que j'ai de moi-même et dont il incarne le type, de toutes les quantités morales qui me manquent, qui ne devraient pas me manquer, et dont il possède la perfection. L'autorité de son humanité sur la mienne est absolue. Elle me révèle à moi-même comme un membre véritable de son humanité, mais comme un membre déchu. Comme un membre véritable, puisque de lui à moi subsistent encore des relations d'identité et que le phénomène d'évidence se produit; comme un membre déchu, c'est-à-dire pécheur, puisque cette identité rencontre en moi des lacunes dont je ne puis autrement que de m'avouer responsable, et que cette évidence porte en majeure partie sur ce que ma conscience atteste que j'aurais dû être et que je n'ai point été.

Cependant, sous cette impression d'évidence morale absolue, j'éprouve tout aussitôt une autre impression qui s'en distingue, bien qu'elle lui soit concomitante. C'est encore une impression d'évidence morale mais elle est d'un ordre différent. Elle a cessé d'être absolue et n'interdit pas le doute. L'attraction pour la personne du Christ n'est plus entière, ni la sympathie complète. Un malaise étrange s'empare de moi, ma confiance, tout à l'heure si profonde, s'ébranle et j'hésite à me prononcer. Le « scandale » et la « folie » de l'Évangile, dont parle l'apôtre, sont à la porte.

Je ne tarde point, en effet, à surprendre dans l'humanité de Christ un facteur incontrôlable à la mienne, parce qu'il la dépasse et qu'il brise cette même identité qui était le seul critère de ma certitude. La position que Jésus assume à l'endroit de ses frères, le rang qu'il accepte et la place qu'il se donne, les jugements qu'il émet, les péchés qu'il remet, l'adoration qu'il accueille, les droits qu'il revendique, les paroles qu'il prononce sur sa filiation divine, sur son origine céleste et sur son abaissement, sur son unité avec le Père, sur la gloire qu'il avait auprès de lui dès avant la fondation du monde, voilà qui confond et trouble mon esprit et qui est bien près de scandaliser ma raison. L'Infini limité? Dieu en chair? Dieu-homme? Cela est-il concevable? Ce qui n'est pas concevable est-il possible? Puis-je croire encore? Et les Juifs ont-ils eu tort de condamner le Fils de l'homme comme blasphémateur et sacrilège? Ce qui est certain, c'est que l'incertitude commence. Il n'y a plus d'évidence, parce qu'il n'y a plus d'identité. Cela dépasse les horizons de ma conscience. Je ne suis qu'un homme après tout et ne puis juger de l'essence divine.

Accorderai-je ou refuserai-je l'adhésion de mon cœur?

Deux voies sont ouvertes. Le choix de l'une ou de l'autre dépend de la position préalable qu'on aura prise à l'égard de Jésus-homme. On croit ou l'on ne croit pas au Fils de Dieu suivant qu'on a cru, et la manière dont on a cru au Fils de l'homme.

Si, grâce à l'indéniable splendeur de son humanité,

il reste pour moi l'idéal — normatif, sans doute, mais idéalement normatif — de mon humanité ; si je me borne à contempler son existence historique et que je n'y voie qu'un exemple admirable ou un merveilleux modèle ; s'il surgit devant moi comme un axiome théorique auquel il serait bon de se conformer, mais que la pratique doit nécessairement et peut impunément démentir, je me heurte à des impossibilités sans nombre. Je m'achoppe en particulier à l'impénétrable mystère d'une divinité humaine ; j'essaie de la comprendre et je n'y puis parvenir ; je tente vainement de rejoindre ses données divergentes en un tout harmonieux ; j'aboutis à ces absurdités théologiques dont fourmille l'histoire des dogmes et qui démoralisent la conscience. Je ne réussis point à m'y tenir et je finis par simplifier le problème en supprimant l'un de ses termes. Je sacrifie en Christ, ou Dieu, ou l'homme, et je sors par là même du christianisme authentique [1].

Au contraire, si l'évidence morale absolue qui me frappe en présence du Fils de l'homme provoque de ma part un effort d'identification pratique ; si je cherche à baser ma vie sur l'axiome de la vie humaine

---

[1] C'est le fait de l'ancienne orthodoxie et du rationalisme de tous les temps. La première sacrifiait l'homme à Dieu et rendait ainsi l'œuvre et la personne de Christ inabordables à l'homme ; la seconde sacrifie Dieu à l'homme et ruine ainsi la réalité du salut. Tous les dogmatismes conséquents sont condamnés à ce dilemme.

que je discerne en lui; si j'accorde à Jésus-homme l'obéissance de ma volonté et l'amour de mon cœur; s'il ne me suffit pas d'avoir devant moi son image pour y applaudir, mais si je veux posséder son être pour l'aimer et pour vivre sa vie; si ma conscience pénètre jusqu'à la sienne et s'abandonne à sa direction, alors — nous n'hésitons point à l'affirmer — le problème se résoudra par une synthèse. L'unité, refusée à mon entendement, sera donnée à mon obéissance; j'accepterai le Christ-Dieu comme j'ai accepté le Christ-homme et pour les mêmes raisons.

Aussi longtemps que je m'arrêtais à l'histoire, aussi longtemps que je me tenais au dehors et que j'observais la personne et l'existence de Jésus comme on observe un spectacle, le dualisme était inconciliable. Du moment où je suis entré au sanctuaire, c'est-à-dire dans la conscience que Jésus-Christ a de lui-même, du moment où j'ai saisi dans le Jésus historique des évangiles, le Christ éternel de Dieu, le dualisme a été vaincu et l'unité s'est établie.

Le critère d'évidence, l'identité de nature et d'obligation qui m'avait fait croire à l'humanité normative du Fils de l'homme et que je ne trouvais plus en moi pour croire à sa divinité, je le retrouve en lui, savoir dans l'identité de sa conscience. Car Jésus-Christ n'a pas de lui-même deux consciences opposées; il n'en a qu'une. Son autorité humaine et son autorité divine sont une seule et même autorité. Lorsqu'il dit: « Fils de l'homme » et lorsqu'il dit: « Fils de Dieu », c'est par une seule et même affirmation. Lorsqu'il s'attribue l'un ou l'autre de ces titres, sa conscience ne change ni ne se divise : elle reste une et simple. Il n'y a point dualisme chez lui, parce qu'il n'y a point en lui solution de continuité. Tout se tient, se suit et s'enchaîne dans la pleine harmonie d'une âme candide et d'un être unique.

Et ce même phénomène d'identité qui m'a conduit, par une indiscutable évidence, du Christ Fils de l'homme au Christ Fils de Dieu, me conduit encore de sa personne à son œuvre. Là non plus il n'y a ni brèche, ni fissure. Dans tout ce qu'il sent, dans tout ce qu'il pense et dans tout ce qu'il souffre, dans tout ce qu'il dit et dans tout ce qu'il fait, Jésus, homme et Dieu, est partout tout entier. En chaque rencontre il demeure semblable à lui-même. On ne saurait remarquer chez lui la moindre dissonance, ni la plus imperceptible hésitation [1]. L'identité de sa conscience est immuable et constante. Son œuvre ne fait qu'un avec sa personne et sa personne avec son œuvre.

Mais ce qui ajoute encore à l'assurance de ma foi, ce qui lui donne un caractère définitif, ce qui achève d'établir la certitude morale du christianisme, c'est qu'il m'apporte la solution du conflit douloureux qui déchirait mon être. Entre l'implacable rigueur et l'in-

---

[1] Je n'ai pas besoin de rappeler que le trouble de Jésus devant les Grecs (Jean XII, 27) et au jardin de Gethsémané (Luc XXII, 41-44) n'infirme pas, mais confirme notre affirmation.

finie patience de l'impératif catégorique, mon âme, incapable de goûter aucune paix, passait tour à tour de l'espérance la plus vive aux craintes les plus redoutables. Je ne savais comment accorder une telle sévérité dans le jugement avec une telle longanimité dans le support ; je n'arrivais point à comprendre comment deux manifestations si contradictoires l'une de l'autre pouvaient avoir pour unique auteur Celui que, sans le connaître, je reconnaissais cependant comme le Maître souverain de ma volonté.

Or, Jésus-Christ, dans la carrière et dans la personne duquel éclatent les mêmes principes de rigueur et de support, de patience et de sévérité, les concilie devant moi. Il les définit, il leur donne un nom, et, me révélant leur source, me fait saisir l'unité de leur essence et de leur fin. Il me montre dans la sainteté de Dieu la cause du jugement inexorable que ma conscience porte sur le mal, dans l'amour de Dieu, la cause de l'inépuisable persévérance de son rappel au bien. Et, par-dessus cet amour et cette sainteté, comme pour les joindre ensemble dans l'ineffable d'où ils procèdent, Jésus prononce le mot de « Père ». Désormais la clarté jaillit, tout s'explique, je me rends à l'obscure discipline que m'imposait le Dieu caché de ma conscience, et, prosterné dans la lumière de cette révélation, j'adore en Jésus-Christ un Père dont l'amour accomplit la sainteté et dont la sainteté remplit l'amour.

La certitude indispensable à ma foi naissante est

maintenant acquise. Elle n'est point achevée, sans doute, mais elle est garantie. Entre le fait humain et le fait chrétien, entre l'obligation de conscience et la révélation divine le rapport est complet et la correspondance exacte. L'évidence morale absolue qui s'empare de l'homme en présence de Christ se justifie par l'identité de nature et d'obligation ; l'unité du Fils de l'homme et du Fils de Dieu se justifie par l'identité de la conscience de Jésus, que le croyant perçoit dans la mesure où il s'y abandonne ; l'Auteur caché du devoir, le Maître inconnu de la volonté se dévoile comme un Père, « qui fut toujours père, sans doute, mais qui me le dit en Christ pour la première fois, » et dont l'amour et la sainteté correspondent à l'inflexible rigueur et à la longue patience de la loi morale.

IV

Le portique éternel de l'Évangile éternel est donc le fait de conscience. La prise que le christianisme exerce sur l'homme est exactement équivalente à celle de l'obligation. Qu'on la mesure et qu'on dise si quelque chose lui échappe !

C'est en vertu de notre humanité même que nous devons au christianisme l'obéissance de notre cœur ; ce n'est pas pour devenir différents de ce que nous sommes par nature et par destination, mais afin de devenir et de rester des hommes au sens le plus strict du mot. Je dis : que nous devons, car, encore une fois, il ne s'agit pas de bon plaisir ou de libre préférence. mais de devoir.

Le christianisme pose d'aplomb sur l'élément spécifique, seul stable et seul permanent, de notre humanité. Dans l'homme psychique, il s'adresse à l'homme moral ; dans l'homme particulier, à l'homme universel. Il ne lui apporte pas une divinité arbitraire ou nouvelle ; il lui apporte le Dieu de l'humanité. Celui qui agit dans la conscience, il le lui montre agissant dans le monde : un seul et même Dieu, personnel, vivant, Créateur souverain de la nature physique et de la vie morale. Caché dans l'obligation, dévoilé dans l'histoire où il est descendu, c'est lui, le même, le Fidèle, qui me cherche et qui me trouve, avec cette différence, qu'Auteur inconnu de ma liberté, il me tenait par derrière, qu'Auteur révélé de mon salut, il marche devant moi et m'apprend à le suivre en m'apprenant à l'aimer.

Qu'est-ce à dire ? Sinon que les conditions actuelles de la foi chrétienne sont aussi ses conditions éternelles, pleinement humaines et pleinement accessibles ; que les difficultés de l'heure présente ont beaucoup d'apparence et peu de réalité ; que la voie reste libre, aujourd'hui comme hier, demain comme aujourd'hui ; qu'elle s'ouvre aux plus humbles et non aux plus savants ; que c'est par l'obéissance et non par la science qu'on y marche ; que cette obéissance est exigée par la conscience avant d'être exigée par le Christ ; et que, si la foi a ses origines dans l'obéissance au devoir, elle a son terme et son accomplissement dans l'obéissance au Dieu de Jésus-Christ, initiateur suprême du devoir au dedans de nous et de la révélation dans l'histoire.

« Si quelqu'un veut faire la volonté de Celui qui m'a envoyé, il connaîtra si ma doctrine est de Dieu, ou si je parle de moi-même, » disait Jésus-Christ aux foules assemblées. Cette parole, par laquelle le Fils de l'homme en appelait, il y a dix-huit siècles, de son Évangile rejeté des hommes à l'Évangile imposé dans l'homme par la conscience, demeure à jamais le fondement de toute vie et de toute certitude chrétienne.

Chrétien évangélique, septembre 1892.

CONFIANCE HUMAINE

ET FOI CHRÉTIENNE

En aucun temps, peut-être, la foi chrétienne ne fut davantage, si passionnément et si généralement attaquée que du nôtre. Et, ce qui est plus grave encore, jamais peut-être, étant supposée connue, ne fut-elle plus insolemment méconnue, plus superbement dédaignée, plus complètement passée sous silence et traitée vraiment comme si elle n'était pas.

Les raisons de ces attaques ou de ces dédains sont fort diverses. Elles se laissent classer toutefois dans les deux catégories suivantes : les raisons morales, les raisons intellectuelles.

Je n'aborderai pas aujourd'hui les raisons morales. Je m'en tiendrai aux objections intellectuelles. Il est vrai que celles-ci, à leur tour, ont parfois des causes plus profondes, qui sont, en fin d'analyse, des causes morales. Il me suffira de les sous-entendre.

Les objections intellectuelles que l'on fait à la foi

chrétienne se réduisent, me semble-t-il, à deux principales : on lui reproche d'abord *son caractère exclusif et particulier*. On dit : Croire au bien, peut-être ; croire en Dieu, peut-être encore ; mais croire au Dieu de l'Évangile, croire au Dieu de Jésus-Christ, c'est-à-dire en une divinité humaine, qui serait descendue dans l'histoire, et non d'une manière générale, dans l'histoire universelle de la race, mais dans l'histoire étroite et bornée d'un peuple infime, simple atome en regard du nombre infini des peuples ; et qui, dans ce peuple lui-même, aurait agi d'une façon plus spéciale et plus particulière encore, par des actes concrets et des paroles distinctes, tels que les racontent naïvement les récits bibliques ! Croire en une divinité qui aurait fait dépendre le salut du monde de l'apparition, de la vie et de la mort d'un homme, d'un seul homme entre des millions et des millions qui, au cours des âges, ont vécu et sont morts pareillement ; de la vie et de la mort d'un homme qui aurait été crucifié, là-bas, sur une colline, dans un coin perdu de l'ancienne Judée, en un temps si lointain qu'il échappe presque à la certitude historique ; et, pour comble, de la mort d'un innocent que Dieu se serait plu à tourmenter lui-même par d'injustes souffrances !

Croire en un Dieu pareil, croire d'une foi semblable, d'une foi qui implique des faits en même temps si étranges et si précis ; proposer cette foi singulière et presque fabuleuse aux hommes de notre temps et à tout homme ; la proposer comme un devoir — car c'est ainsi qu'on la propose — y rattacher les destinées de chaque individu et celles de l'humanité entière, en vérité c'est trop de candeur ou trop d'exigences ! Entre le Dieu que proclame la voûte étoilée du ciel, qu'à toute rigueur la raison nous fait admettre, et celui que prêchent les chrétiens, nous ne savons découvrir aucune commune mesure. Le rapport nous échappe qui doit unir l'ordre immuable des choses aux caprices d'une divinité qui se fait chair, qui souffre, ô paradoxe ! et qui meurt sur une croix.

Ou s'il existe, ce rapport, sachez que toutes les religions en invoquent d'analogues, qu'elles reposent toutes sur de soi-disant révélations particulières, que leurs annales, à toutes, sont pleines de récits semblables ; qu'il faut donc mettre le christianisme et la foi qu'il professe sur un pied d'égalité avec toutes les religions ; et, comme il est impossible qu'elles aient toutes également raison, ne tirer de toutes ensemble que ce qu'elles ont de commun et de plus général, c'est-à-dire, précisément, une certaine foi morale et la croyance plus ou moins vague en une divinité quelconque.

Telle est, ou je me trompe, l'opposition, sinon la plus radicale, au moins la plus répandue que l'on fait de nos jours à la foi chrétienne. C'est ainsi que répondraient, s'ils étaient interrogés, et s'ils en étaient intellectuellement capables, la majeure partie des non-croyants modernes.

Et voici la seconde. Plus exclusive et plus négative,

elle est par là même beaucoup moins grave. On objecte à la foi chrétienne, et d'ailleurs à toute foi religieuse, *de ne répondre, ni par son objet, ni par son essence, à rien de réel dans la vie et dans l'expérience humaine.* C'est une pure imagination. Un épiphénomène mental, ainsi que s'expriment les physiologistes, et un épiphénomène morbide, né d'un organisme malade ou fiévreux. La preuve ? C'est qu'il a pour objet Dieu, c'est-à-dire l'inconnaissable ; celui qui, s'il existe, se trouve par définition exclu du champ de l'expérience et de l'observation.

Qui a jamais vu, constaté Dieu ? Personne. Et la foi, plus spécialement la foi chrétienne, aurait la prétention de nous mettre en rapport avec ce qui ne comporte aucun rapport, de nous donner à connaître l'inconnaissable en personne ! Quelle outrecuidance et quelle chimère !

La foi, du reste, n'est pas moins étrangère aux grandes et solides réalités de la vie par son essence que par son objet. La foi chrétienne voudrait faire vivre l'homme de prière, d'adoration, d'obéissance intime, d'espérance et de confiance en d'invisibles et mystérieuses réalités. Qui vit de la sorte ? Honnêtement parlant, est-ce de ces choses et de cette façon que vit l'humanité sous nos yeux ? Où sont ces réalités et comment se rattachent-elles à l'expérience positive de l'homme ?

Vaines illusions que tout cela ! Non. L'homme vit par ses sens, c'est-à-dire par la constatation continuelle et certaine de phénomènes tangibles, et par sa pensée, c'est-à-dire par l'enchaînement logique des causes et des effets. La société vit d'intérêt et de plaisir, de poursuites égoïstes et de sympathies altruistes, lesquelles, à leur tour, ne sont que les aspects modifiés, le prolongement psychique, en quelque sorte, des grandes fonctions physiologiques de la nutrition et de la reproduction, seules irréductibles et fondamentales. Voilà la trame solide de l'existence humaine ; elle soutient tout, elle suffit à tout, elle explique tout. S'y conformer, s'y tenir, vivre le mieux et le plus longtemps possible, s'approprier constamment les biens naturels, en perfectionner les produits, c'est là vivre et satisfaire aux conditions positives de la nature humaine. Quant au reste, quant à cette foi que vous surajoutez gratuitement aux éléments de l'existence et qui d'ailleurs les contredit, nous ne saurions, il est vrai, vous empêcher de l'avoir — comment empêcher un malade d'avoir des hallucinations ? — mais, à votre tour, vous ne nous persuaderez jamais qu'elle soit utile, nécessaire ou réelle.

Telle est l'objection capitale que l'on fait à la foi. Si la précédente était celle du rationalisme religieux, celle-ci est celle du positivisme scientifique. Elle ne se formule pas toujours dans les termes que je viens d'employer ; elle n'est pas toujours pleinement consciente d'elle-même ; mais elle flotte comme un brouillard malsain dans la pensée contemporaine — j'imagine que nous l'avons tous respiré — l'empoisonnant de ses sophismes et lui inoculant cet absolu dédain pour le christianisme que j'estime plus dangereux que les plus violentes des attaques.

I

Eh bien, ce sont ces deux objections que je mets au point de départ de notre étude, et c'est en les réfutant que je tenterai de justifier devant vous la foi chrétienne.

Je n'ignore pas du reste — il convient d'en faire l'aveu — qu'en plus d'une rencontre ces objections conservent une certaine portée. Les défenseurs du christianisme ne furent pas toujours absolument judicieux dans le choix de leurs arguments, et il est telles conceptions de la foi chrétienne, jadis fort en honneur, qui prêtent le flanc aux critiques que nous venons d'entendre. Je me borne à les mentionner. Il serait trop long et peu profitable pour nous de nous y arrêter. Nous irons droit à notre sujet, nous le saisirons dans son centre ; nous dirons que l'essence de la foi, c'est la *confiance* et nous définirons la confiance : *une adhésion, un abandon de soi-même, volontaire ou spontané, à l'endroit d'un objet ou d'un être indémontrable au raisonnement et dont la certitude ne se prouve point.*

Remarquez-le, nous ne disons pas que la notion de

confiance épuise celle de la foi chrétienne ; nous affirmons simplement qu'elle en est la notion centrale. De même, nous ne déterminons pas d'emblée la nature et la qualité de cette confiance, non plus que sa raison d'être. En qui se confier ? De quelle manière se confier ? Pourquoi se confier ? Autant de questions que nous n'aborderons pas de front ; elles se résoudront d'elles-mêmes au cours de notre étude.

Mais puisqu'il faut, en toutes choses, commencer quelque part, nous prendrons notre commencement dans cette affirmation, que nul, je crois, ne pourra nous contester : *la foi, la foi chrétienne est essentiellement une confiance ; croire, c'est essentiellement se confier.*

Cette prémisse admise, la première objection qui se présente est celle du positivisme scientifique. Il exclut la foi chrétienne, sous prétexte que la foi est étrangère aux réalités du monde, aux expériences de la vie. — Est-ce bien vrai ? L'argument est-il solide ?

Examinons. Vous statuez la réalité du monde. Je la statue avec vous. Mais au nom de quoi, je vous prie ? Au nom de la confiance que vous inspire l'activité de vos sens, par laquelle seule vous êtes en relations avec le monde.

C'est donc de confiance qu'il s'agit, c'est-à-dire de foi. Et si vos sens vous trompaient ? Et si le monde ne correspondait point à l'image qu'ils vous en apportent ? Qui vous garantit la véracité de vos sens ?

Vous répondez que les sens ne sauraient tromper,

que l'expérience toujours en confirme les indications et que vous avez en leur faveur le suffrage universel et constant du genre humain.

La belle réponse, en vérité ! — L'expérience confirmant les données sensibles ! Je le crois sans peine. Cela revient à la tautologie suivante : ce que me disent mes sens confirme ce que me disent mes sens ; puisque l'expérience que vous invoquez est encore et toujours une expérience sensible. Quant à l'accord unanime du genre humain, qui m'empêche de penser qu'il soit autre chose que l'extension indéfinie de votre illusion personnelle, votre illusion partagée par tous les hommes, et parce qu'ils sont hommes, multipliée par eux tous, bref une unanimité touchante dans l'universelle illusion ?

Il y a plus. Vous opposez l'ordre immuable des choses à l'existence possible de la foi chrétienne. Vous statuez donc la réalité extérieure, l'existence objective des choses et du monde. Ici de nouveau je vous demande : De quel droit ? Ce monde réel, ce monde objectif, ce monde extérieur, qui vous le prouve ? Vos sens ? Nullement. Vos sens vous fournissent des perceptions, des perceptions qui vous appartiennent et qui n'appartiennent qu'à vous, des perceptions toutes subjectives et dont vous êtes à tout jamais incapable de vous abstraire. Vous dites : Je sens, je vois, je touche; mais ce que vous sentez, ce que vous voyez, ce que vous touchez au vrai, jamais vous ne l'avez connu, jamais vous ne le connaîtrez directement. Dites que vous avez une sensation, un contact, une vue *des choses*; ne dites pas que vous connaissez *la chose* dont vous avez la sensation, le contact et la vue; sachez surtout que ce contact, cette vue, cette sensation sont une perpétuelle création de votre sensibilité. La lumière et le son existent-ils en eux-mêmes? Ne sont-ils pas le produit de vos organes auditifs et visuels qui transforment en son et en lumière ce qui n'est en soi ni son ni lumière, mais vibrations éthériques ou aériennes? Toujours entre vous et l'objet mystérieux que vous affirmez, mais qui est infiniment plus inconnaissable que Dieu lui-même, se place votre perception, c'est-à-dire l'incessante activité de vos sens laquelle seule vous appréhendez immédiatement et qui forme autour de vous un cercle infranchissable, un cercle magique. Vous n'en pouvez pas plus sortir qu'un homme ne peut sauter hors de son ombre. Rien, absolument rien, je le répète, ne vous garantit l'existence du monde objectif. Je n'insiste pas. C'est un lieu commun en philosophie.

Si donc je crois à l'existence réelle du monde objectif et que vous y croyez avec moi, confessez aussi avec moi que vous y *croyez*; que c'est là, de votre part comme de la mienne, une *confiance*, une confiance instinctive, spontanée, nécessaire, je le veux (encore que plusieurs philosophes se refusent à la partager, au moins théoriquement), mais une confiance pourtant, c'est-à-dire une foi.

Voici donc la foi ou la confiance, cette confiance et cette foi que vous vouliez exclure du nombre des réalités humaines, installée à la source de toutes les réalités, devenue la présupposition initiale et la condition première de toutes les autres, celle en dehors de laquelle il ne reste de vous-même et du monde que le vain cortège de perceptions illusoires et fuyantes. Ce n'est pas tout. Après avoir senti et perçu, vous pensez. Par la pensée, vous mettez de l'ordre dans vos perceptions, vous les classez, vous les systématisez, vous les enchaînez de manière à comprendre ce monde dont vous avez la confiance gratuite qu'il se reflète fidèlement dans votre esprit par l'intermédiaire de vos organes sensibles. Vous édifiez ainsi le grand temple de la science, où, croyez-vous, la foi n'entre pas.

En êtes-vous bien sûr?

Nous venons de voir qu'elle seule arrête les fondements de l'édifice; que serait-ce si nous la retrouvions encore au sanctuaire? La raison qui, selon vous, est capable de démontrer toutes choses — et qui en démontre effectivement plusieurs — l'est-elle également de se démontrer elle-même? La créance qu'elle réclame et que vous lui accordez si généreusement, est-elle susceptible de vous en offrir des garanties? S'est-elle jamais prouvée devant vous autrement que par ses propres affirmations? Si elle ne l'a pas fait, c'est donc que vous l'en croyez sur parole. Il y a de sa part un *ego dixi* auquel vous vous fiez aveuglément. Je ne vous en blâme pas ; je ne dis pas que vous ayez tort ; je constate uniquement qu'ici comme tout à l'heure, la foi, c'est-à-dire la confiance, occupe la première place et joue le rôle décisif.

Vous vous récriez, vous dites que c'est là de notre part un abus de langage. La raison n'exige de nous aucun acte spécial de confiance ; elle n'est rien par elle-même, sinon le reflet en nous de la grande règle de causalité qui régit l'univers, la représentation subjective de l'enchaînement des causes et des effets constatée par l'observation des phénomènes externes. Elle ne s'impose point à nous sans garantie ; sa garantie est dans l'ordre même des choses.

C'est précisément ce que je vous conteste, et ce que vous conteste avec moi toute philosophie sérieuse. Cette règle, dont vous prétendez qu'elle régit l'univers, cet enchaînement nécessaire des causes, ne régit en effet, de toute certitude, que notre esprit, et c'est la raison qui le lui dicte. Il est possible, mais rien ne démontre qu'une loi semblable gouverne le monde. Personne n'en pourra jamais fournir la preuve, par la raison toute simple que le monde ne nous est connu qu'au travers de nos sensations, et que nos sensations se succèdent, à la vérité, mais ne s'enchaînent aucunement. Or, entre s'enchaîner et se succéder, il y a un abîme. Ou bien direz-vous que le jour est la cause de la nuit et la nuit la cause du jour, parce que le jour et la nuit se succèdent ? Ainsi en est-il de nos perceptions — c'est-à-dire, prenez-y garde, du monde, du seul monde que nous connaissions — elles se suivent, mais ne se causent pas réciproquement. Et si néanmoins elles s'enchaînent, si leur enchaînement forme l'inflexible trame de toute pensée, ce n'est point par elles-mêmes qu'elles le font, mais par une opération secrète de la raison qui, de son propre chef et sous sa propre responsabilité, introduit dans la succession des phénomènes perçus (des perceptions phénoménales ou sensibles) le lien nouveau de la causalité. Ce lien est indémontrable. Il constitue sans doute la condition première de la pensée, mais il n'offre aucune garantie et ne s'appuie que sur soi. Il réclame donc la confiance et la foi. En sorte que, par une rencontre singulièrement instructive, la causalité nécessaire, d'un seul mot : le déterminisme scientifique, au nom duquel on nie la possibilité de la foi, se trouve exiger lui-même, pour être admis, un acte initial de foi. Tant il est vrai que la foi est partout et qu'on ne persécute la foi qu'avec de la foi.

Mais il y a davantage. Non seulement vous percevez, et c'est par la foi ; non seulement vous pensez, et c'est par la foi, vous vivez surtout. Il ne me sera peut-être pas bien difficile de montrer que si l'homme vit, et vit en société, c'est encore par la foi.

Afin d'en obtenir l'évidence rapide, partez un instant de l'hypothèse contraire. Supposez qu'en rien ni personne vous ne puissiez avoir aucune sorte de confiance ; que vous soyez dans la nécessité de contrôler les paroles, et toutes les paroles, de tous ceux qui vous entourent ; de vérifier, avant de l'admettre, chacune des indications que vous recevez, depuis les plus triviales — celle du passant auquel vous demandez votre chemin — jusqu'aux plus importantes : celle de votre dictionnaire, de votre journal ou de tel ouvrage scientifique — ajoutez à cette défiance intellectuelle, la défiance pratique et morale, la défiance à l'égard de vos voisins et de leurs intentions, de vos proches et de leur caractère, de vos fournisseurs et des denrées qu'ils vous livrent ; pour prendre un exemple plus topique encore : de votre cuisinière et des aliments qu'elle vous apprête ; essayez enfin de vivre dans la défiance universelle et permanente, vous ne vivrez plus. La défiance constante, complète, absolue, ce n'est plus la vie, c'est la mort.

Comme elle était la condition de l'existence sensible et de l'existence intellectuelle, la confiance est donc la condition première de l'existence sociale. Tout arrêt dans la confiance est un arrêt dans la vie ; tout progrès dans la confiance est un progrès dans la vie.

Je conclus donc que l'objection du positivisme scientifique, selon laquelle la foi ou la confiance n'entre à aucun degré dans l'ordre des choses tel que nous le connaissons, et de la vie humaine telle que nous la vivons, est entièrement fausse et controuvée. La foi est si peu étrangère à l'ordre des choses et à l'expérience de la vie qu'elle en forme, au contraire, l'élément indispensable et premier. Elle est à la base de la perception ; elle est à la base de la pensée ; elle est à la base de la vie. Sans foi ou sans confiance, aucune sûreté dans le témoignage des sens, aucune assurance dans l'exercice de la raison, aucune sécurité dans l'expansion de la vie. Tout se construit sur elle ; là où elle manque, tout s'écroule.

Ces considérations ont peut-être paru bien longues et bien éloignées de notre sujet. J'en conviens volontiers. Elles m'ont semblé nécessaires, néanmoins, pour en fixer les assises et propres à nous y préparer un chemin large et sûr.

Si la confiance, en effet, est la racine même de la foi chrétienne, et si, loin d'être surajoutée à la constitution psychologique de l'homme, elle en fait partie intégrante ; si elle est l'irréductible et l'unique fondement de la connaissance et de la vie ; si son rôle grandit et s'étend dans la mesure exacte où grandissent et s'étendent les fonctions de la vie, n'est-il pas plausible de penser que la foi, légitime et normale dans les sphères inférieures de l'existence humaine, le deviendra à plus forte raison dans les sphères supérieures ? Pierre angulaire de toute certitude, n'en serait-elle pas aussi le faîte et le couronnement ? Origine et principe de toute vie, n'en serait-elle pas aussi la fin dernière et le suprême achèvement ?

C'est ce qu'il nous reste à établir. Et pour le faire, il nous suffira de montrer comment cette confiance instinctive se transforme — mais sans changer de nature — en une foi positive, consciente, libre et morale ; et comment cette foi elle-même trouve dans le Dieu de l'Évangile — mais en lui seul — son véritable et suprême objet.

II

Nous prenons notre nouveau point de départ à l'endroit précis où nous a laissé notre point d'arrivée : dans la confiance réciproque des hommes entre eux ; elle est tellement nécessaire à la société qu'on l'a nommée, à juste titre, la substance sociale.

Sur quoi repose-t-elle ? Sur une identité de nature qui nous fait croire — il s'agit toujours encore de confiance, remarquez-le — que nos semblables sont effectivement nos semblables, c'est-à-dire qu'ils sont doués des mêmes organes de perception sensible et des mêmes facultés intellectuelles que nous, qu'ils y suspendent la même confiance que nous y suspendons aussi et qu'ils en usent de la même manière.

Ce n'est pas tout. Non seulement nous croyons qu'il y a, de nous à eux, identité de nature physique, mais encore et surtout nous croyons qu'il y a identité de nature morale : c'est-à-dire qu'ils travaillent aux mêmes buts, qu'ils nourrissent les mêmes désirs, qu'ils ont les mêmes aspirations et les mêmes besoins, qu'ils portent en eux un même idéal du bien, du juste et du vrai auquel ils sont, comme nous, intérieurement liés. Là est le motif réel de notre confiance en eux. A telle enseigne que nous la retirons instantanément à ceux — nous fussent-ils d'ailleurs exactement semblables pour tout le reste — dont les actes et les paroles manifestent un désaccord évident avec cet idéal, ces aspirations et ces besoins. La confiance que nous accordons à notre prochain est en raison directe du caractère moral que nous discernons chez lui. Reste-t-il instable et précaire ? Elle aussi reste instable et précaire. Fait-il totalement défaut — s'il le pouvait jamais ? Elle aussi ferait totalement défaut. Et ce n'est point caprice ou fantaisie de notre part, mais juste obéissance à je ne sais quels critères intimes, auxquels nous cédons sans hésiter.

Inversement, là où le caractère moral est fortement accentué, là où il est intègre et pur, là aussi grandit notre confiance. Elle deviendrait entière en face d'un caractère moral accompli. La perfection du caractère entraîne, dans la vie sociale, une confiance correspondante. Un saint parfait aurait seul droit à notre confiance parfaite ; mais ce droit, il l'exercerait pleinement.

Je parle de droit, et non sans intention. Pas plus que tout à l'heure, il ne s'agit d'arbitraire ou de caprice. Sans doute, nous nous confions librement, comme nous nous défions librement. Nous ne sommes pas contraints, mais nous sommes *obligés.* Il nous est loisible de refuser notre confiance s'il nous plaît de le faire ; mais, d'une façon ou de l'autre, nous sentons que nous devrions l'accorder à qui la mérite. J'en appelle à l'expérience personnelle de chacun de vous ; elle vous convaincra, je l'espère, que je ne me livre ici à aucune hypothèse spéculative, mais que j'observe et que je décris simplement un fait, un fait banal et quotidien.

Ce faisant, suis-je sorti du domaine général de la confiance ? En aucune manière. Je constate seulement une forme supérieure de confiance. Celle dont nous gratifions le caractère moral de nos semblables n'est pas différente en soi de celle dont nous gratifions l'activité de nos sens ou l'exercice de notre raison. Elle implique le même abandon de nous-mêmes à quelque chose d'indémontrable et de certain qui sollicite mystérieusement notre adhésion. C'est la même confiance et c'est la même foi ; à cela près que nous l'accordons autrement. Elle ne cesse pas d'être instinctive et spontanée ; mais elle devient *obligatoire*, c'est-à-dire morale et libre. Un facteur nouveau s'y ajoute. Il n'en change pas la nature, mais il en élève le mode et la valeur.

Au lieu que précédemment nous avions quelque peine à nous distinguer de l'objet de notre confiance, tellement il se confondait avec nous-mêmes (sans pourtant s'y confondre) ; maintenant il est clair que l'objet de notre foi n'est plus nous-mêmes ; il nous est supérieur, puisqu'il nous oblige et que nous lui rendons hommage. Croire à la véracité de nos perceptions, croire à la solidité de notre pensée, se rendre à l'évidence sensible et rationnelle, c'était encore — par un détour, mais par un détour imperceptible et d'ordinaire inconscient — une façon de s'affirmer soi-même, une manière de croire en soi-même. Croire à la valeur morale du caractère humain, se rendre à l'évidence morale, c'est aussi, je le veux, s'affirmer soi-même ; mais c'est, en s'affirmant, affirmer quelque chose de plus que soi-même ; c'est croire en soi et en quelque chose d'autre encore ; c'est croire en quelque chose de supérieur à soi, de plus grand que l'homme et par quoi seul l'homme devient ce qu'il doit être ; en quelque chose que nous rejoignons sans doute, ou plutôt qui nous rejoint, mais qui nous dépasse et qui nous domine ; qui s'identifie avec nous au point de nous paraître plus intime et plus immédiat que l'activité même de nos sens ou de notre pensée, mais qui, l'instant d'après, se sépare de nous, s'élève au-dessus de nous, au point de nous laisser éperdus et tremblants sous le coup de la plus rigoureuse des condamnations.

Or, ce quelque chose, qu'est-il ? En d'autres termes : quel est l'objet réel de notre foi et de notre confiance morale ?

On l'a défini très différemment. Les uns invoquent la dignité humaine, la valeur personnelle de l'homme, la destination finale de l'humanité et le respect qui leur est dû. Tout autant de mots, légitimes sans doute, mais un peu vagues, qui auraient besoin d'être définis et dont la définition ramène invariablement à des formules plus simples et plus concrètes. D'autres parlent de la loi morale, du bien, du devoir, et cela déjà vaut beaucoup mieux. D'autres, enfin, parlent de Dieu tout simplement. Nous avouons être de ceux-là. Et si l'on raille la naïveté de notre philosophie, nous l'abriterons provisoirement derrière la sagesse populaire qui associe indissolublement et spontanément le bien à la religion, la crainte de Dieu à l'accomplissement du devoir.

Deux considérations préalables nous confirment, je crois, dans la pensée que l'objet véritable de la foi ou de la confiance morale est un objet divin. C'est d'abord que le bien et le devoir — je réduis à ces deux mots les grandes formules de tout à l'heure — n'existent pas tels quels, d'une manière identique ou commune à tous les hommes. Au cours de l'histoire d'un peuple et d'une civilisation à l'autre, le bien change avec les devoirs. Ils varient et s'opposent parfois au point de se contredire. Ils ne sauraient donc représenter l'objet propre et permanent de la foi morale. Considérés de près, le bien et le devoir ne subsistent pas indépendamment du sentiment qui les crée, je veux dire : du sentiment de l'obligation. Croire au bien et au devoir, c'est proprement croire au sentiment d'obligation. Lui seul est immuable et fixe. Il constitue le bien du bien, le devoir du devoir.

Or, le sentiment d'obligation — et c'est ici notre

second point — se décompose en deux impressions contraires, mais inséparables : une impression de dépendance inconditionnelle qu'aucune relation terrestre ou même cosmique n'est susceptible de produire ; une impression de liberté si positive qu'elle engendre pour la première fois en nous la certitude assurée de notre responsabilité morale. Cette impression de liberté dans la dépendance et cette impression de dépendance dans la liberté, irréductibles l'une à l'autre et cependant conditionnées l'une par l'autre, portées toutes deux à la hauteur de l'absolu, supposent à leur source une réalité inconditionnelle et transcendante. Elles sont de telle sorte qu'en prendre conscience, c'est prendre conscience d'une relation divine.

Une troisième définition, sans doute, est encore possible, la définition courante, d'après laquelle l'obligation exprimerait le contenu d'une loi morale, d'une loi suprême. On passerait alors de la constatation de la loi à l'existence d'un législateur divin. La loi, une loi divine, serait dans ce cas l'objet propre de la foi morale; Dieu n'y entrerait qu'indirectement et d'une façon détournée. Encore que le passage d'une loi morale à l'existence de Dieu soit peut-être hasardé — la prémisse ne nous paraissant pas de taille à porter la conclusion — nous tiendrions peut-être le syllogisme pour valide, si la conception même sur laquelle il se fonde nous semblait faire droit à la nature de l'obligation.

Mais deux alternatives également intenables se présentent aussitôt : ou bien la loi morale est immanente à la volonté, fait partie constitutive de la volonté, se confond avec la volonté, et l'on ne s'explique plus comment la volonté y faillirait encore. Elle ne devrait pas, dans l'hypothèse, pouvoir y faillir davantage que la raison ne faillit à la loi de causalité. Chaque fois que je pense, je le fais en appliquant la loi des causes et des effets, qui est inhérente à la raison.

D'où vient donc que chaque fois que je veux, je ne le fasse pas de même en appliquant la loi morale ? D'où vient que je la viole et que je la puisse violer ?

Selon la seconde alternative, la loi morale est conçue comme transcendante à la volonté, elle s'en distingue et la domine. On comprend fort bien dès lors que la volonté puisse enfreindre une loi qui ne se confond point avec elle ; mais ce qu'on ne réussit plus à comprendre, c'est qu'une loi semblable puisse encore obliger. Ce serait attendre de la cause un effet contraire à la nature de la cause. Le propre de la loi n'est pas d'obliger, mais de contraindre. La contrainte est le mode même de la loi. Plus la loi est extérieure et plus elle est transcendante, plus elle contraint et moins elle oblige.

D'un côté comme de l'autre, l'hypothèse impuissante se brise contre les faits.

Son échec nous ramène à une explication beaucoup plus simple, beaucoup plus naturelle et beaucoup plus religieuse. Car, vous le sentez, conclure de l'existence de la loi morale à celle d'un législateur divin, ce n'est arriver à Dieu qu'au travers d'un raisonnement. Il répond mal aux besoins vivants du cœur qui aspire à posséder Dieu d'une manière immédiate et vivante. Forcé d'être bref, je me bornerai à tracer sommairement l'esquisse d'une conception qui mériterait d'être moins écourtée.

J'établis d'emblée que toute obligation quelconque implique la relation de deux ou plusieurs êtres personnels. On ne comprend l'obligation, l'obligation ne se produit en fait — cela est aisément vérifiable par l'analyse de celle qui nous relie les uns aux autres, par l'analyse de l'obligation sociale — que lorsqu'il y a rapport personnel de volontés personnelles. Rien d'impersonnel ne saurait obliger. L'obligation de conscience n'échappe point à cette nécessité. Elle est donc un rapport que soutient ma volonté avec une autre volonté.

Avec laquelle? Certes, je le pressens d'instinct, mais je puis m'en rendre compte, et je m'en serai rendu compte dès que j'aurai examiné sous quel mode cette volonté se fait valoir à la mienne.

Ce mode n'est point arbitraire et n'est point facultatif. Le sentiment d'obligation ne dépend point de mon caprice ou de mon choix; il m'est imposé. Je puis renier l'obligation quant à ses conséquences; je ne puis m'empêcher de la subir en elle-même. Je ne la cherche pas; elle me trouve. Vis-à-vis d'elle, je ne suis que réceptif; vis-à-vis de moi, elle est initiatrice. Je réagis sur elle, mais elle agit sur moi. La volonté qui me l'impose est donc une volonté vivante ; elle a précédé la mienne, elle lui est antérieure et se l'est assujettie, en quelque sorte, en dehors de son propre consentement.

Il y a plus. Cette volonté initiatrice et vivante, antérieure à la mienne, est encore une volonté supérieure à la mienne, une volonté transcendante et souveraine. Elle me saisit sous la catégorie de l'absolu. Le bien et le mal qu'elle pose devant moi sont absolus. Le devoir qu'elle édicte est un devoir absolu ; rien ne l'entame et rien ne le fléchit. Tout est relatif en ce monde ; l'obligation est le seul absolu dont je prenne conscience et c'est d'elle seule que j'en tire la notion. Or, une obligation qui m'atteint sous un mode inconditionnel suppose à sa source un facteur inconditionnel. Une volonté souveraine est seule capable de la produire.

Il y a plus encore. Cette volonté souveraine est une volonté morale et spirituelle. L'obligation m'arrive sans intermédiaire. Je ne la vois pas venir, je ne la sens pas se former en moi; elle est immédiate. La volonté dont elle procède est donc extraordinairement intime à la mienne. Elle me possède directement dans le centre et le départ de ma vie personnelle. Elle y est constamment présente et constamment active, puisque l'impression de l'obligation est une impression constamment actuelle. Dans ce sanctuaire, elle me prosterne, mais elle ne me brise pas. Elle réclame mon obéissance, mais elle respecte ma liberté. Elle pourrait me réduire par la force, mais elle m'oblige par la persuasion. Elle préfère ma dignité à mon bonheur et ne veut qu'une sainteté volontaire. Elle use à mon endroit d'une insondable patience et d'une longue persévérance. Mes révoltes ne font point éclater son courroux. Elle me juge sans m'anéantir, et ne me supporte si longtemps que pour ramener sans cesse devant moi la possibilité d'un bien librement choisi.

Et maintenant rassemblez ces traits en une figure unique et dites-moi si la figure n'est pas divine? Dites, si l'obligation ne pose pas devant moi le Créateur de mon être et le Seigneur de ma liberté? Et si la soumission qu'elle exige n'est pas en réalité une adoration religieuse? J'ai donc le droit d'affirmer que la foi en l'obligation de conscience est déjà une foi en Dieu; une foi implicite, sans doute, et en un Dieu caché; mais une foi, cependant, et en un Dieu souverain, personnel et saint.

Il en résulte que la confiance au caractère moral de l'humanité, seul fondement possible de la vie sociale, est, en fin d'analyse, qu'elle le sache ou qu'elle l'ignore, une foi religieuse. Elle a pour objet la providence divine telle qu'elle se fait sentir dans l'obligation de conscience, c'est-à-dire dans une action morale, souveraine, intime, universelle, mais particulière.

Fort bien, nous dit-on; voilà ce que nous admettons de grand cœur. Seulement, pourquoi ne pas vous arrêter là, et qu'avez-vous encore besoin de la foi chrétienne? Celle-ci n'est-elle pas suffisante? Et n'est-ce pas risquer de la compromettre beaucoup en greffant sur elle un rameau coupé au tronc du fanatisme et de la superstition? Une foi si raisonnable, si plausible et si sainte n'a-t-elle pas tout à perdre de l'inopportune connexion où vous la mettez avec le christianisme et ses absurdes légendes?

Nous rencontrons ici, vous l'avez deviné, toutes les objections du rationalisme. Il en veut à la foi chrétienne de monopoliser à son profit la foi religieuse générale de l'humanité. Il lui reproche de la déformer, de la corrompre, de lui infliger en tout cas un caractère singulier, étrange, équivoque et paradoxal, peu fait pour lui gagner la confiance et l'estime de la pensée moderne.

La foi chrétienne équivoque et paradoxale! Eh! nous en convenons de bonne grâce. Qu'à nous ne tienne! Nous irons, s'il le faut, au delà même de ce qu'osent nos critiques, et nous dirons que la foi chrétienne est anormale et monstrueuse. Sont-ils satisfaits? Seulement, qu'ils y prennent garde! elle correspond à une créature équivoque et paradoxale elle-même; elle s'applique à un être lui-même anormal et monstrueux.

C'est de l'homme qu'il s'agit. Oui, l'homme est une créature équivoque et paradoxale! Ou ne serait-ce pas un paradoxe que de croire au bien et de faire le mal? d'estimer le bien et d'aimer le mal? Et n'est-ce pas une conduite singulièrement équivoque celle qui exige d'autrui les critères d'une confiance dont elle ne se soucie pas pour elle-même ? que celle qui ne pratique plus elle-même un bien qu'elle réclame des autres ? et qui se livre elle-même au mal qu'elle affecte de réprouver, et qu'elle réprouve, en effet, partout ailleurs ? Le paradoxe et l'équivoque ne sont-ils pas portés à toute extrémité, lorsque, prétendant unir le respect de la vérité à la négation de la vérité, le désir de la justice à la violation de la justice ; lorsque, vivant à la fois dans l'amour et dans la haine, dans l'égoïsme et dans l'abnégation, dans l'orgueil et dans l'humilité ; mêlant ensemble tous les vices à toutes les vertus, nous supportons ce chaos, nous tolérons ce désordre comme une chose inévitable et naturelle, au point de ne la plus même sentir ? Or, n'est-ce pas l'état habituel de l'homme ?

Et si nous pénétrons jusqu'au fond psychologique et moral que trahit un pareil état ; si nous envisageons combien il est tragique et combien il est grave, nous sommes bien obligés de convenir que l'homme est un monstre, un être anormal et contre nature.

Ce qu'il y a de redoutable dans ces incohérences et ces contradictions de conduite, c'est qu'elles manifestent une déchéance profonde autant qu'irrémédiable. L'homme n'est pas, l'homme n'est plus ce qu'il devrait être. Il semble incapable de le redevenir jamais. Je ne sais quelle énergie, quelle constance lui manque pour vouloir effectivement le bien qu'il veut. Il est sans cesse la proie de convoitises et de passions dont il connaît la culpabilité, mais auxquelles il ne peut efficacement se soustraire. Sa volonté ne lui appartient qu'à demi et par intervalles; tantôt il s'en sert et tantôt elle l'entraîne là où il ne voudrait point aller. Des désirs contraires s'allument en lui; ils le brûlent et le consument; la lutte ne cesse que par la défaite, et le remords succède instantanément à la défaite. Une voix souveraine l'instruit et le juge; il la respecte, mais il la brave, et, la bravant, ne cesse de la craindre. Il est à la fois esclave et libre; assez libre pour être coupable, assez esclave pour ne pouvoir ne pas l'être. Instable et mobile en son vouloir, constamment déchiré dans ses affections, il est incapable d'aucun équilibre comme d'aucun repos. L'harmonie de sa vraie nature et sa destinée lui échappent. Soit qu'il y tende, soit qu'il s'en écarte, elle lui demeure inaccessible et condamne ses vertus autant que ses défaillances. Un monstre, vous dis-je, incompréhensible à soi-même et aux autres, injustifiable à soi-même et aux autres, digne en même temps de toutes les rigueurs et de toutes les pitiés, et qui reste plongé dans le douloureux mystère d'un incurable désordre.

Suis-je allé trop loin? Votre expérience n'a-t-elle pas suivi et vérifié la mienne? Je sais qu'elle la vérifie, qu'elle y ajoute encore et que j'ai peu dit au prix de ce qui est à dire.

Et qu'on n'objecte pas ici que ce désordre trouve sa solution dans la religion naturelle, dans cette foi générale au Dieu de la conscience qu'on nous proposait tout à l'heure. Je dis qu'il s'y aggrave au contraire, qu'il s'y redouble, et que les conséquences de tant d'inconséquences entraînent à leur suite une contradiction nouvelle. Remarquez, en effet, qu'en face de l'obligation, l'homme — non pas l'homme idéal et tel qu'il devrait être, mais l'homme empirique et tel que nous venons de le décrire — demeure partagé entre deux sentiments qui s'excluent.

D'une part, il se sent jugé de la manière la plus inexorable, jugé dans le mal qu'il fait, jugé même, jugé surtout dans le bien qu'il tente d'accomplir ; quoi qu'il fasse, et de quoi qu'il s'abstienne, toujours et partout il est inférieur au devoir, toujours et partout il s'entend condamner, et le verdict « coupable » retentit inflexiblement dans son misérable cœur. Et d'autre part, bien que jugé de la sorte, il n'est point rejeté. A l'incorruptible sévérité de l'obligation morale, correspond un insondable support. Avec une patience illimitée, qu'aucune faute ne rebute, que ne lasse aucune ignominie, qui survit aux plus honteuses dégradations, toujours et partout le rappel au bien se fait entendre de nouveau, toujours et partout l'obligation présente à l'homme sa dignité perdue et lui offre de la reconquérir. Entre cette longanimité sans borne et cette impitoyable rigueur, entre cette tolérance absolue et cette absolue sainteté, l'homme hésite et se trouble. Comment concilier ensemble deux facteurs absolus qui se contredisent absolument? Auquel des deux donner sa confiance? Il lui est impossible de les réunir tous deux puisqu'ils s'annulent réciproquement, ou de n'écouter qu'un seul, puisqu'ils s'appellent l'un l'autre. C'est avouer que les motifs mêmes de sa foi morale s'ébranlent et chancellent. L'Auteur inconnu de l'obligation, l'obligation elle-même lui deviennent douteux et contradictoires. Après l'avoir troublé dans les sources de son être, le désordre dont il est à la fois le fauteur et la victime trouble encore ses rapports avec Dieu. Un dualisme sans issue le jette dans un scepticisme sans remède.

C'est dans ce scepticisme que l'humanité s'enfonce et meurt autour de nous. Il est un fruit direct de la religion naturelle, et rend compte de son impuissance à produire et à maintenir aucune foi religieuse salutaire et vivante. La religion naturelle, la religion de la conscience, pratiquée par une créature pécheresse, se détruit elle-même. Elle ne subsiste qu'à titre de pierre d'attente; elle ne se justifie qu'à la condition d'abdiquer; en refusant de le faire, elle se ruine et s'éteint.

III

Se scandalisera-t-on maintenant de ce que, pour relever cette ruine et remédier à ce désordre, Dieu se soit fait à lui-même et aux choses une sainte violence ? Se plaindra-t-on de ce que le Dieu qui témoignait dans l'obligation nourrir à l'égard de l'homme un dessein d'amour et de sainteté, l'ait effectivement réalisé dans l'humanité ? de ce que le Dieu caché, mais vivant, se soit effectivement révélé un Dieu rédempteur ? Se récriera-t-on de ce qu'après être descendu dans la volonté individuelle de tout homme pour solliciter sa confiance, il soit descendu encore dans l'histoire pour faire naître la foi ? de ce que, après avoir fait sentir son action personnelle à la conscience de chaque membre de la race, il en ait choisi quelques-uns pour leur faire sentir une action nouvelle et plus intense ? Donnant d'ailleurs à cette seconde manifestation les mêmes caractères et les mêmes moyens ; agissant ici comme là d'une manière intime, morale, spirituelle et sainte. Refuserait-on au Dieu vivant la possibilité d'entrer dans l'expérience collective d'un peuple comme il était entré déjà dans l'expérience subjective de l'individu ? Y a-t-il à cela quelque difficulté, quelque obstacle ou quelque contradiction ?

Et que dira-t-on, si ce Dieu, par une suprême condescendance, daigne encore se conformer davantage aux conditions de la foi humaine ! Si, pour achever de s'accréditer auprès de nous, il use encore du seul témoignage capable d'éveiller et de retenir légitimement notre confiance morale ! S'il suscite, non pas d'entre les anges, mais d'entre les hommes, afin qu'il nous soit parfaitement semblable, un être parfaitement saint, dont la parole soit la candeur et la vérité même, le seul, en effet, auquel nous ayons le droit et le devoir de nous confier pleinement !

Quoi ! Dieu agirait en chacun de nous, et il ne pourrait agir dans son Christ ! Il se révélerait à chacun de nous, mauvais et corrompus comme nous sommes, et il n'achèverait point de se révéler dans le saint parfait ! Et tandis qu'il suffirait de quelques pauvres vertus pour que nous ajoutions foi à la parole d'un homme pécheur, la perfection de toutes les vertus ne pourrait suffire à nous faire croire à la parole du Christ ?

En vérité ! voilà qui serait étrange ! Le reproche que vous adressez à la foi chrétienne, c'est vous qui le méritez. L'équivoque et le paradoxe dont vous la chargez, elle en est pure ; ils retombent sur vous.

Convenez plutôt qu'en agissant de la sorte, Dieu a merveilleusement répondu aux critères de la foi qu'il exige ; et si la foi chrétienne est une confiance au Dieu de Jésus-Christ, avouez que vous avez lieu de vous confier au Dieu de Jésus-Christ.

Oui, certes, le Dieu de l'Évangile est par excellence le Dieu digne de la confiance humaine. Il l'est plus encore que nous ne venons de le dire ; il l'est avec excès, si je puis m'exprimer ainsi, et je découvre, dans le scandale même et dans la folie qui accompagnent la prédication de la croix, des raisons nouvelles de me confier en Lui, une preuve admirable, une marque sublime du soin qu'il prend à solliciter et à légitimer notre foi. Non seulement le Dieu de la conscience se révèle en Christ d'une manière conforme et supérieure à la conscience, mais il s'y lave du caractère contradictoire dont il restait affligé.

Vous le savez, pour l'avoir éprouvé comme moi, entre l'absolue rigueur et l'infinie tolérance dont témoignait en moi l'impératif obligatoire, je restais indécis et perplexe. J'y trouvais des motifs d'espérance ineffable et des sujets d'horrible désespoir. Incessamment jugé, mais incessamment supporté par celui-là même qui me jugeait, j'attendais en tremblant une sentence de grâce ou de condamnation qui ne m'était jamais accordée. Il m'était également impossible de me fier à la miséricorde divine sans redouter sa justice, ou de m'attendre à sa justice sans espérer sa miséricorde. La sainteté de Dieu me voilait son amour ; son amour me voilait sa sainteté. Je ne pouvais ni croire, ni cesser de croire à l'un et à l'autre ; je pouvais encore moins concilier l'une avec l'autre leurs exigences contraires. Je ne sortais d'un état si misérable que pour tomber, par la dissipation, dans l'indifférence et dans l'oubli.

Or, en Christ, Dieu lui-même a levé le voile. La sentence que j'attendais vainement de l'Auteur de l'obligation, le Dieu de l'Évangile la prononce en Christ. Je ne suis point absous, mais je ne suis point rejeté : je suis pardonné. Par dessus le Dieu de l'implacable justice, par dessus le Dieu du support indéfini, Christ me révèle un Dieu qu'il nomme son Père, et dont il m'apprend à croire qu'Il est aussi le mien. Sa sainteté ne contredit plus à son amour; son amour ne contredit plus à sa sainteté; tous deux demeurent intacts et sont même portés à une hauteur devant laquelle je me prosterne confondu, car elle dépasse tout ce que je puis comprendre; mais tous deux sont réunis et comme fondus ensemble dans un acte unique de pardon qui satisfait également à l'un et à l'autre. Et cet acte, dont la sainteté accomplit l'amour et dont l'amour accomplit la sainteté, s'il m'apparaît déjà dans la personne et dans la vie du Christ, je le discerne, je le contemple surtout dans sa mort.

Où trouverez-vous, je le demande, une preuve plus manifeste de la sainteté divine, que dans la mort de Celui qui, seul capable de comprendre et de sentir l'excès de votre perdition, a sympathisé avec elle, en a voulu devenir solidaire, a concentré sur lui la condamnation de l'homme et meurt foudroyé par le déchaînement de la sainteté de Dieu? Regardez à cette foule, crucifiant le Saint et le Juste parce qu'il est saint et juste, et vous aurez la mesure de votre iniquité, car cette foule, c'est vous-même. Regardez à cet homme expirant sur la croix, et vous aurez la mesure de la justice divine, car cet homme, c'est encore vous-même, et la malédiction qui l'emporte est celle que vous avez encourue.

Mais regardez encore; regardez de plus près. Écoutez les paroles du supplicié. Il agonise, mais il prie: « Père, pardonne-leur. » Il prie; il prie pour ses propres bourreaux. Ils sont donc encore les enfants du Père! Et l'amour qui l'inspire est l'amour même du Père!

Et de nouveau je le demande, où trouverez-vous une preuve plus manifeste de la miséricorde et de la bonté divine — je me trompe: où trouverez-vous le vrai nom de cette miséricorde et de cette bonté, si ce n'est dans l'amour de Celui qui, nous ayant aimés jusqu'à la mort, s'offre désormais à la contemplation religieuse des siècles comme l'irrécusable témoin et l'éternel garant de l'amour du Père?

Et dites après cela, si vous l'osez vraiment, que le Dieu révélé de l'Évangile ne correspond pas au Dieu caché de la conscience; qu'il ne le surpasse point en amour et en sainteté, et que la croix du Calvaire, dans laquelle se combinent et s'allient parfaitement un amour et une sainteté parfaits, n'est pas la seule manifestation que vous en puissiez attendre; la seule qui fût à même, je ne dis pas de contraindre, mais de prévenir et d'évoquer votre libre confiance, de vous obliger à la foi?

IV

Je conclus et me résume dans les propositions suivantes :

Toute foi est une confiance, et toute confiance est

l'abandon de soi-même à quelque chose d'indémontrable. Cette confiance est un fait humain universel.

Toute certitude sensible repose sur une confiance. Aucune perception ne se démontre vraie ou ne prouve la réalité de son objet ; il faut y croire.

Toute certitude rationnelle repose sur une confiance. La raison ne se démontre pas, elle s'affirme ; il faut y croire.

Toute vie, et en particulier toute vie sociale, repose sur une confiance : la confiance en l'identité psychologique et morale des hommes entre eux. Cette identité ne se démontre pas ; il faut y croire.

La confiance au prochain est en raison directe de l'intégrité du caractère moral de celui-ci. Un saint parfait aurait seul entièrement droit à l'entière confiance de ses semblables.

La confiance au caractère moral du prochain est libre, mais obligatoire. Elle relève d'une obligation de conscience préalable qui se fait valoir au dedans de chaque homme.

La foi de l'obligation de conscience entraîne la confiance en son auteur, et son auteur ne saurait être que Dieu.

L'absolue tolérance et l'absolue rigueur de l'obligation de conscience se contredisent absolument. Cette contradiction jette dans l'esprit humain les germes du scepticisme moral et religieux.

La révélation de conscience, ou révélation naturelle, ruinant elle-même la foi qu'elle exige, justifie la possibilité morale d'une révélation nouvelle.

Cette nouvelle révélation s'est accréditée auprès des hommes par le seul être digne et capable de réclamer leur entière confiance : l'homme saint, Jésus.

La révélation du Dieu de l'Évangile est conforme, mais supérieure à la révélation du Dieu de la conscience.

Elle lui est conforme, parce qu'elle accuse un même Auteur, lequel emploie les mêmes moyens et poursuit les mêmes buts dans l'histoire qu'il emploie et poursuit dans la conscience.

Elle lui est supérieure, parce qu'elle résout dans un acte unique de pardon l'irréductible antinomie de la tolérance et de la rigueur divine qui démoralisait la révélation naturelle.

La foi chrétienne n'est donc pas un épiphénomène excentrique ou morbide, mais un phénomène humain, normal et légitime. Elle a ses racines premières dans la confiance sensible, intellectuelle et sociale, et ses prémisses prophétiques dans la foi morale. Elle est proprement *la foi* qui, saisissant seule son suprême objet, parvient seule aussi à sa pleine stature.

Revue chrétienne, janvier 1896.

PSYCHOLOGIE DE LA FOI

« Le juste vivra par la foi », a dit Saint Paul (Rom. I, 17, Gal. III, 11), et nous savons comment, quinze siècles après lui, et avec quelle victorieuse puissance, Luther a répété la parole apostolique. En la prononçant à mon tour, en la mettant au point de départ de cette étude, mon but n'est pas cependant de traiter ici la grande doctrine de la justification par la foi. Un autre aspect de ce texte, qui en a plusieurs, m'arrête et me frappe, et c'est l'étroite connexion statuée par l'Apôtre entre l'acte de croire et celui de vivre. Quelle est cette vie que nous sommes appelés à vivre par la foi? Quelle est cette foi qui qualifie et peut-être engendre notre vie? Et quels, enfin, sont leurs rapports mutuels? — Voilà la question — non de doctrine ou de théologie — mais de psychologie religieuse, à laquelle je voudrais tenter de répondre.

Pour le faire, nous ne commencerons point par

définir, mais par observer. Nous irons droit aux faits eux-mêmes; nous en rechercherons les premières origines ; nous les suivrons dans leur développement successif ; nous tâcherons, en un mot, de les étudier de telle sorte qu'ils se définissent d'eux-mêmes à notre esprit. Cela vaudra mieux, si nous y réussissons, que d'accumuler des formules toujours abstraites et souvent inexactes.

Les origines de la foi, *la crise* de la foi, *l'épanouissement* de la foi, ou sa *résurrection,* tel est le plan que nous nous proposons de suivre. Nous le tenons pour historique, parce qu'il nous semble se dérouler sous nos yeux dans l'histoire de la race; pour biblique, parce que les documents de la Révélation nous paraissent lui porter un constant témoignage ; pour psychologique surtout, parce que nous croyons qu'il se reproduit au dedans de chaque individu qui accède à l'Évangile.

Notre ambition serait satisfaite s'il se légitimait à la conscience du lecteur — non par des démonstrations ou des preuves : il n'y en a point dans ce domaine — mais par sa double harmonie avec ses expériences intimes, et avec les données fondamentales de l'Écriture sainte.

I

Les origines de la foi.

« Le juste vivra par la foi. » C'est là le terme, la fin normale, mais prophétique encore, de la destinée humaine. Cette destinée finale implique évidemment une détermination originelle et ce terme un commencement. Où les faut-il chercher ? Les facteurs de la foi sont-ils entrés comme de vive force dans l'existence du sujet, à quelque moment spécial, précis, ou au contraire, lui sont-ils originaux et primitifs ?

Je réponds hardiment par le second terme de l'alternative. J'estime et tiens pour évident que nous entrons dans la foi en entrant dans la vie, et qu'avant d'être un effort volontaire, la foi est une instinctive nécessité. « Le juste vivra par la foi » sans doute, mais avant d'être justifié par sa foi, l'homme déjà et par cela même qu'il est homme, vit de sa foi. Je ne dis pas de foi chrétienne ; je ne dis pas même de foi religieuse ; je dis de foi. La foi, un certain degré de foi, une certaine espèce de foi, constitue l'indispensable condition de toute existence humaine, sa condition initiale et sa condition permanente.

Qu'elle soit initiale, il suffit pour s'en convaincre, d'observer le petit enfant, dont tout le développement repose sur la foi candide et spontanée qu'il porte aux choses et aux êtres qui l'entourent. Qu'elle soit permanente, qu'en dépouillant son enfance et l'état d'esprit propre à l'enfance, l'homme soit appelé à vivre encore de foi et ne puisse vivre que de foi, c'est ce qu'un coup d'œil jeté sur la vie sociale confirme absolument. Ce qu'on nomme en termes d'affaires le « crédit », se trouve en réalité à la base de toutes les relations humaines. Or le crédit, c'est la confiance, et la confiance est la forme essentielle de la foi. Chacune de nos démarches, dans nos rapports avec le prochain, suppose un minimum de confiance. La confiance et les motifs de se confier viennent-ils à faire défaut? toutes les fonctions sociales s'en trouvent paralysées ; l'insécurité commence, amenant à sa suite le désordre et l'anarchie. Je n'insiste pas. Les exemples sont partout, et n'ont peut-être jamais été si flagrants qu'à l'heure actuelle.

Il y a plus. L'homme vit de foi et meurt de ne pas croire, non seulement dans les rapports qu'il soutient avec son semblable, mais encore dans ses rapports avec toute réalité quelconque. Trois sphères distinctes, connexes et concentriques, enferment à jamais notre existence entière : la conscience sensible, la conscience intellectuelle, la conscience morale. Par la première nous nous trouvons en présence des données et des lois de notre sensibilité ; par la seconde, nous nous trouvons en présence des données et des lois de notre intelligence ; par la troisième, nous nous trouvons en présence des données et des lois de notre volonté. Or les données et les lois de ces trois sphères d'activité, dont l'ensemble synthétise la conscience pleine du moi, sont toutes objet de foi.

Rien ne prouve, au sens démonstratif et rigoureux du terme, que nos perceptions sensibles correspondent à leur objet ni même à un objet quelconque; rien ne prouve, au sens démonstratif et rigoureux du terme, que nos idées et nos raisonnements, par l'enchaînement desquels nous classons nos perceptions, correspondent à l'enchaînement réel des objets, ni même à leur existence ; enfin, et ceci ne sera contesté par personne, rien ne prouve, au sens démonstratif et rigoureux du terme, la réalité du devoir, c'est-à-dire la correspondance de nos sentiments moraux avec une réalité du même ordre.

Dans chacune de ces sphères, entre le sujet et l'objet, se place un acte de foi par lequel le sujet s'assure de l'objet et se confie en son existence. Ceci, à vrai dire, est un lieu commun en philosophie[1]. Mais comme les vérités les moins contestables sont généralement les plus contestées, et que celle-ci me paraît d'importance, laissez-moi fournir à son appui un argument indirect et rapide.

A les prendre sérieusement, en effet, que signifient les différents systèmes philosophiques (c'est-à-dire d'explication universelle) qu'on appelle : la sensua-

---

[1] Voir notre étude : « Confiance humaine et foi chrétienne. »

lisme, l'idéalisme, le moralisme ? Ou ils ne signifient rien, ou ils signifient que chacun d'eux place la réalité, la certitude, la vérité fondamentale dans l'une des trois relations précitées que nous soutenons avec l'objet. Le sensualisme les place dans la conscience sensible ; il dit : je sens, donc il y a quelque chose, et ce réel, c'est le monde de la sensation. L'idéalisme les place dans la conscience intellectuelle ; il dit : je pense, donc il y a quelque chose, et ce réel, c'est le monde de l'idée. Le moralisme le place dans la conscience morale ; il dit : je dois, donc il y a quelque chose, et ce réel, c'est l'univers moral ou le monde du devoir.

Or, qu'est-ce à dire ? sinon que chacun de ces systèmes n'affirme la vérité qui lui est propre que parce qu'il relègue les autres au second plan, et que donc (particllement ou totalement) il en doute ; et comment en douterait-il, comment en pourrait-il douter, si les données premières de la conscience sensible, de la conscience intellectuelle et de la conscience morale n'étaient pas, en elles-mêmes et d'abord, l'objet d'un acte de foi ? La possibilité du doute entraîne la nécessité de la foi. Et comme le doute est, je ne dis pas également légitime, mais également possible sur tous les points, il s'en suit que la foi est également nécessaire sur tous.

Le pyrrhonisme ou scepticisme intégral l'a fort bien compris, et c'est parce qu'il se refuse à faire aucun des actes de foi que réclame simultanément la conscience sensible, intellectuelle et morale, qu'il est radicalement sceptique, et j'ajoute : qu'il le demeure incurablement. Car il n'y a ni argument, ni preuve, ni démonstration d'aucune sorte qui puisse ébranler le doute radical où s'enferme le pyrrhonisme conséquent. Il n'en sortira qu'à la condition préalable d'en *vouloir* sortir, d'accorder sa confiance à l'un ou à l'autre des facteurs qui la sollicitent, c'est-à-dire à condition de se résoudre à faire un acte initial de foi.

Celle-ci se trouve donc bien à la racine de toute certitude, de toute connaissance, de toute affirmation et, par conséquent, de toute vie humaine. Elle est originelle et primitive. Son avènement en l'homme coïncide avec celui de l'homme à l'humanité. Nous sommes prédestinés à croire parce que nous sommes destinés à vivre, et les origines de notre foi remontent aussi haut que la conscience que nous prenons de nous-mêmes et des choses.

Mais encore, cette foi, qu'est-elle ? Il faut en convenir, un pur instinct. L'exercice spontané d'une faculté naturelle ou native. Croire aux données sensibles, croire à celles de la raison, et même, en un certain sens, croire au devoir, n'offre rien de particulièrement glorieux ou difficile. A l'examiner de près, cette espèce de foi, qui revêt un caractère de nécessité presque fatale, consiste moins en une activité responsable et consciente, seule convenable à la personnalité morale, qu'en une acceptation passive des lois qui régissent l'existence historique de l'animal humain. Elles lui sont imposées ; il les accepte comme elles lui sont imposées. Il ne les met pas en cause. Il n'en cherche encore ni la raison suffisante, ni la sanction. C'est assez qu'il les perçoive pour qu'il les accepte et s'y soumette. Aussi cette foi générale, instinctive et nécessaire, ne conditionne-t-elle en lui qu'un état de vie très inférieur. Indispensable à la réalisation de sa destinée terrestre, elle ne le conduit point au delà. Elle ne le met en rapport qu'avec un ordre de choses auquel la vie de son cœur — unique organe de sa vie éternelle — reste encore étrangère.

Supposez néanmoins que, par l'effet même du développement que cette foi lui a permis d'atteindre, l'homme s'élève d'un degré ; supposez qu'il arrive à sentir, à pressentir au moins, ce que sera ou ce que doit être sa dignité personnelle ; qu'il se ressaisisse supérieur aux choses qui l'environnent et qui le déterminent ; immédiatement il voudra les comprendre. L'état de soumission passive, qui lui suffisait jusqu'ici, et dont il se rend compte à l'instant même où il tâche d'en sortir, ne lui suffit plus désormais. La vie consciente ou réfléchie, à laquelle il accède, ne peut être qu'une vie de liberté et donc d'examen. Il sera libre, il examinera, il réfléchira, ou il ne sera pas. Et cette liberté, à son tour, ne se réalise que de deux manières : par la licence ou par l'obéissance. Entre deux il n'y a rien ; et c'est ici que se place la première grande bifurcation dans l'histoire de la foi au sein de l'humanité. La foi sort de son berceau natal devenu trop étroit, et elle en sort pour devenir religieuse ou pour mourir.

Cette mort de la foi et de toute foi, s'il était possible, c'est précisément le scepticisme philosophique ou pyrrhonisme dont je parlais tout à l'heure. On a coutume, en certains milieux, d'en railler agréablement, ou tout au moins d'en sourire, et, sous prétexte que le doute radical est intenable en pratique, de le réfuter par des arguments pratiques sous lesquels on s'imagine qu'il succombe. C'est lui faire injure et se tromper lourdement à son endroit. On oublie que ses prétentions n'ont jamais été de la nature qu'on suppose ; que, pour être tout abstraites et théoriques et ne pas toucher au train habituel de la vie, elles n'en sont pas moins effectives : elles modifient la plus essentielle de toutes les réalités, le cœur même de l'homme, ce cœur « d'où procèdent les sources de sa vie ».

Il me paraît plus équitable et plus psychologique d'envisager le scepticisme intégral du point de vue de l'alternative précédente : comme l'une des deux assertions possibles que fait l'homme de sa dignité personnelle et de sa libre réflexion. Courbé sous le joug des lois et des faits qui le tiennent entièrement captif, et qui se ramènent, en dernière instance, aux données constitutives de sa conscience sensible, intellectuelle et morale, il cesse de les accepter sans examen, comme il avait commencé par le faire, et leur cherche une justification, une sanction, une garantie devant laquelle il puisse raisonnablement et doive moralement incliner son cœur. Il ne leur en trouve aucune, sinon celle de leur existence même et de leur instinctive nécessité. Il se révolte donc contre leur aveugle despotisme, et, comme il ne peut s'empêcher de les subir en elles-mêmes, il s'en affranchit en se refusant à reconnaître leur bon droit. En un mot, le doute radical me semble être le résultat d'un effort d'émancipation légitime en soi, mais faussé dans sa direction. La personnalité humaine qui cherche à se dégager des liens de la soumission pure au sein de laquelle s'éveille sa liberté, tombe dans la licence et par là même dans le scepticisme, faute d'avoir su ou voulu rencontrer le seul objet capable de susciter sa libre obéissance. « Plutôt être homme et m'affranchir de toutes choses en doutant de toutes choses, que de persister à subir aveuglément la contrainte servile des phénomènes et des lois qui se dérobent à toute compréhension morale ! »

Cette position est évidemment anormale et monstrueuse parce qu'elle est contre-nature ; elle stérilise celui qui l'assume et le conduit à la mort par l'isolement ; elle a néanmoins sa part de noblesse. Si le nombre est infime de ceux qui la soutiennent délibérément, c'est que le nombre est infime, hélas ! de ceux que travaille le souci de leur dignité humaine et qui ont le courage de penser jusqu'au bout leur propre pensée. Il est grand, par contre, de ceux chez lesquels on trouverait le germe inconscient de cet état d'esprit et qui, forcés dans leurs derniers retranchements, n'auraient d'autre refuge qu'un pyrrhonisme avoué. Tant il est vrai qu'entre la foi religieuse et le scepticisme absolu, il n'y a rien, parce qu'entre la liberté de l'obéissance et la soumission servile, il n'y a que l'égoïste licence du caprice et de la révolte!

Pour sortir de cette licence et du scepticisme qu'elle engendre, une seule voie se présente : celle de la foi religieuse. Elle n'est pas, comme on l'imagine généralement aujourd'hui, le fruit d'un asservissement ou d'un abêtissement, mais au contraire le moyen et l'unique moyen d'une libération véritable.

En accédant et dans la mesure où il accède à la liberté, l'homme refuse la soumission passive : c'est son droit strict et son privilège ; mais il ne refuse pas nécessairement d'obéir, si l'obéissance qu'on lui propose est de telle sorte qu'elle admette un volontaire acquiescement. Or, cet acquiescement volontaire, l'homme ne saurait le donner ni aux choses, ni aux lois, ni aux faits comme tels, parce que les choses, les lois et les faits comme tels contraignent et ne libèrent point ; il ne peut l'accorder, sans s'avilir et se renier soi-même, qu'à un être, à un être semblable à lui, c'est-à-dire libre et personnel comme lui, mais (et ceci exclut son prochain comme objet d'une semblable obéissance) à un être supérieur à lui, c'est-à-dire suprême et souverain. Dieu conçu comme être personnel souverain, est le seul terme qui concilie les postulats opposés de la dépendance et de la liberté qui sont inscrits dans la nature de l'homme. Hors de Dieu, ils se séparent, se contredisent et demeurent inexplicables ; en Dieu ils s'entre-baisent et se fondent dans le sentiment d'une libre obligation. Obéir de la sorte, obéir par obligation morale, c'est implicitement postuler Dieu ; croire en Dieu, c'est explicitement reconnaître une telle obéissance. Obéir moralement, c'est déjà croire religieusement ; croire religieusement, c'est toujours obéir moralement. Les deux activités naissent ensemble, l'une de l'autre et l'une avec l'autre.

Dès lors le scepticisme est vaincu parce que les motifs en sont tombés. Je puis accepter désormais sans déchéance les limites, les contraintes, les nécessitations contre lesquelles je m'insurgeais tout à l'heure. Ces formes de ma sensibilité, ces catégories de ma pensée, cette loi de ma volonté, en lesquelles se marquait ma sujétion et qui m'opprimaient lorsqu'elles n'étaient autre chose qu'elles-mêmes, c'est-à-dire des faits obscurs et brutaux, ne sont plus des faits maintenant, mais l'expression de la volonté du Dieu que j'adore. Elles trouvent en lui leur sanction et leur garantie ; elles ne mettent plus en péril ma dignité humaine. Pour m'en affranchir, je ne suis plus forcé de me soustraire à leur domination ; je ne suis plus même forcé de m'en affranchir. Ma liberté se réalise ailleurs et autrement que dans l'insurrection à leur joug, et je puis envisager la soumission que je leur accorde comme une part de cette obéissance volontaire que je rends à mon Dieu. La confiance renaît avec la liberté, et ma foi religieuse s'étend à tout ce qu'embrasse et contient la création divine.

Mais ici une question se pose : cette foi en Dieu, dont Descartes déjà avait entrevu qu'elle était nécessaire pour triompher du doute radical, et qui n'en triomphe, en effet, que parce qu'elle ouvre un asile à ma liberté, cette foi en Dieu est-elle possible ? La question est grave. Je pourrais répondre très simplement que la foi religieuse est possible puisqu'elle existe ; puisque pleinement épanouie et consciente d'elle-même chez quelques-uns, elle sommeille chez tous ou chez presque tous à l'état latent. La réalité d'une chose ne prouve-t-elle pas sa possibilité ? Mais cette réponse ne suffirait point. Il s'agit moins ici de fait que de droit. Et lorsqu'on demande si la foi religieuse, qui sanctionne et justifie toutes les autres, est possible, ce qu'on demande en réalité, c'est à savoir si elle est elle-même susceptible de garantie et de sanction ? En d'autres termes : si elle porte avec elle sa raison suffisante et sa justification morale ?

J'en suis persuadé pour ma part, et j'espère vous en persuader, si vous ne l'êtes déjà, en attirant quelques minutes votre attention sur le phénomène qui nous est révélé par la conscience morale. On peut l'appeler de noms très divers. Je n'en sais point de plus exact que celui d'obligation ou sentiment d'obligation morale. Or, qu'est-ce à son tour que le sentiment d'obligation ? La synthèse de deux sentiments adverses : un sentiment de contrainte et un sentiment de liberté. Le devoir que dicte la conscience morale ou qui découle de son exercice, s'impose tout ensemble et se propose à l'agent du devoir. Il s'impose, il est de contrainte, en tant qu'une volonté qui le transgresse ne réussit pourtant pas à s'en affranchir tout à fait; il se propose, il est de liberté, en tant qu'une volonté qui l'accomplit reste toutefois constamment capable de l'enfreindre. La sphère morale de notre vie est donc la sphère où la soumission passive, en laquelle l'homme s'éveille à lui même, peut se transformer en une obéissance consentie; la conscience morale est l'organe de cette transformation, et l'obligation de conscience exprimant un rapport où la dépendance humaine implique la liberté, et où la liberté humaine implique la dépendance, exprime le seul rapport qui puisse exister entre la personnalité humaine et la personnalité divine.

On nous demande, il est vrai, si la réalité du rapport entraîne la réalité de son objet? Je demande, à mon tour, comment ce rapport existerait si son objet n'existait pas? Et j'estime qu'il y a dans cette simple question de quoi faire douter de son doute plus d'un athée moral. Mais sans m'y arrêter plus longtemps, j'affirme qu'en effet, Dieu est donné dans l'obligation de conscience, et que, s'Il ne l'est point aux conclusions formelles d'un raisonnement abstrait, Il y devient cependant directement accessible et sensible à la foi, c'est-à-dire à l'effort persévérant d'une obéissance fidèle et vraiment consciencieuse. Et voici comment.

— Non que je prétende apporter ici les éléments d'une observation complète; je désire relever seulement quelques points principaux. Je ne prétends pas non plus que ce que je vais exposer ait dû être intellectuellement réfléchi par tout croyant. Le mouvement de la vie, les certitudes qu'elle fonde et les synthèses qu'elle opère dépassent de beaucoup en étendue, en rapidité et en complexité ce que l'intelligence est susceptible d'en saisir et surtout d'en exprimer.

Je remarque, en première analyse, que l'obligation commence par se présenter à la conscience comme une loi, c'est-à-dire comme un fait. Elle demeure telle aussi longtemps que la conscience reste elle-même inattentive ou révoltée; mais elle va dépouillant ce caractère au fur et à mesure qu'une acceptation plus entière et plus fidèle de ses impératifs l'engage sur la voie d'une obéissance mieux consentie. Le devoir jouit de cette prérogative extraordinaire, qu'il change de figure aux yeux de celui qui cède à ses exigences. Toujours et d'emblée il a forcé l'estime et commandé le respect. Mais aux débuts de la vie morale, il y avait, dans cette estime, plus de crainte que d'amour, et, dans ce respect, plus de contrainte que de liberté. Peu à peu néanmoins une interversion se produit: l'amour finit par l'emporter sur la crainte. Le devoir, qui n'était qu'un joug, devient un privilège ; il n'était qu'un maître, il devient un ami ; on le craignait comme un obstacle, on le recherche comme un soutien. On l'aime, oui, on l'aime. Oh !

sans doute d'un amour précaire, intermittent et fragile, tenace toutefois et vrai ; et non pas simplement pour les satisfactions qu'il procure — elles sont hélas ! bien peu nombreuses — mais pour les austérités, mais pour l'âpre saveur des sacrifices qu'il réclame.

Aimer le devoir ! Comment le pourrait-on, comment le devrait-on si le devoir n'était que la manifestation brutale d'un fait, que l'expression d'une loi impersonnelle ? — Allez au fond, analysez l'amour, vous lui découvrirez toujours un objet personnel. Aimer le devoir, c'est avoir déjà dépassé le devoir ; c'est pressentir dans le devoir et derrière le devoir l'Auteur même du devoir en nous. Aimer le devoir, c'est aimer Dieu ; un Dieu caché, un Dieu inconnu, un Dieu anonyme, mais un Dieu pourtant ; et précisément le Dieu du devoir, c'est-à-dire Celui à qui se rapportent comme à leur source tous les attributs du devoir.

Il y a davantage. Cette même obéissance de plus en plus empressée à l'impératif de conscience, ce même recours à l'obligation devenant de plus en plus cordial et soutenu, après avoir transformé l'attitude subjective de l'homme à l'égard du devoir, transforme encore le mode et l'aspect même du devoir. Ce mode, d'abord essentiellement limitatif et négatif, s'épuisait dans la restriction d'une défense : « Tu ne feras pas. » Il devient peu à peu et toujours plus affirmatif et positif. Le devoir n'ordonnait que pour interdire; il conseille, guide et suggère maintenant. Il est moins ressenti comme une barrière que comme une impulsion, subtile sans doute, mais pressante, mais constamment actuelle et constamment active. En s'y rendant, l'homme éprouve qu'il s'enrichit beaucoup plus qu'il ne se dépouille; que le devoir est en lui une force qui, sans s'identifier avec lui, le pénètre, le soutient et le porte. Il se sent l'objet, non avant tout, d'un commandement, mais d'une *action* qui remplit et sollicite mystérieusement sa volonté.

Or, cette action, c'est l'obligation même, et lorsqu'elle est ressentie de la sorte, elle l'est de la seule manière qui soit adéquate à son essence.

Car l'action suppose une volonté, et la volonté suppose une personne; et il n'y a rien qui oblige moralement une personne qu'une autre personne ou ce qui en émane. Les objets, les choses, les lois, les idées sont incapables en elles-mêmes et par elles-mêmes de produire un sentiment d'obligation morale. La seule définition qui rende compte sans reste du phénomène intime de l'obligation de conscience, est donc celle d'un rapport de volonté à volonté personnelle. Et c'est là le caractère spécifique du devoir, qu'il engage progressivement l'être humain dans une relation qui ne devient de plus en plus morale que parce qu'elle devient de plus en plus personnelle, c'est-à-dire religieuse. — L'âme le perçoit bien avant que la pensée l'ait compris, et bien souvent la pensée se refuse encore à l'admettre, que l'âme le confesse depuis longtemps.

Ajoutez maintenant à ce caractère qu'une longue, qu'une scrupuleuse obéissance fait reconnaître à l'obligation, les autres caractères que tout le monde reconnaît au devoir; faites de l'action qui nous oblige au devoir, une action souveraine (puisque le devoir est absolu); une action respectueuse de la liberté humaine et donc libre en elle-même (puisque le devoir ne s'impose qu'en se proposant); une action sainte (puisque le devoir est sacré); une action spirituelle, désintéressée, purement morale (puisque le devoir ne nous demande rien, sinon nous-même à nous-même, puisqu'il préfère notre dignité à notre bonheur et qu'il repousse tout ce qui ressemblerait de notre part à un hommage servile); ajoutez, dis-je, ces caractères à celui d'affecter au sein de l'homme l'allure d'une impulsion intime, initiatrice et vivante : vous ne vous étonnerez plus, je pense, que le nom de Dieu jaillisse spontanément de la bouche des serviteurs du devoir, que la pensée de Dieu se mêle comme d'elle-même à leur pensée, et que l'obéissance à laquelle le devoir les a exercés, se consomme naturellement en une adoration religieuse. Le Seigneur de la liberté humaine ne saurait être que le Créateur souverain de la terre et du ciel.

Dès lors la foi, la vraie foi, la foi religieuse est née. Elle n'est point née du hasard des circonstances ou des traditions; elle n'est point née d'un enthousiasme factice, ni d'un effort intellectuel, ni du caprice ou du désespoir de la volonté. Elle est née de la révélation de son objet, et cette révélation est le fruit — je n'ose dire la récompense — d'un labeur moral assidu. Dieu présent dans le devoir, mais caché par le devoir, s'est manifesté comme tel à l'homme de devoir, c'est-à-dire à l'homme qui, d'une soumission passive en laquelle il demeurait enseveli, aspirait à l'obéissance consentie, seule compatible avec le développement de sa liberté personnelle. Pour passer de cette soumission à cette obéissance, un seul chemin se présentait : celui de la vie morale. En y entrant, en y progressant, loin de déchoir, l'homme marchait à sa destination normale. Il s'est servi tour à tour de sa liberté pour obéir et de son obéissance pour s'affranchir, et c'est de la sorte qu'il a rencontré Dieu. Je dis rencontré ; je ne dis pas inventé ; je ne dis pas même trouvé ; car dès toujours Dieu l'avait trouvé et venait à sa rencontre. Son action le cherchait bien avant que l'homme y pût répondre, et l'homme ne pouvait y répondre que parce qu'elle l'avait d'abord cherché. Mais il ne pouvait y répondre qu'à la condition d'en discerner la nature, et il ne pouvait en discerner la nature qu'à la conditon de s'y livrer d'une manière toujours plus intime, attentive et cordiale. Ici comme ailleurs, ici comme partout, la révélation ou la connaissance dépendait de l'expérience, et l'expérience dépendait de l'obéissance.

Cette réponse de l'homme à l'action divine qui le cherche dans sa conscience morale, c'est proprement la foi. Croire en Dieu a toujours été et restera toujours : répondre pratiquement à l'initiative de Dieu dans la conscience. Cette foi, qui a son germe dans une dépendance imposée, qui éclôt et grandit dans une obéissance proposée, ne se distingue pas d'avec la vie qu'elle remplit tout entière. Elle est la vie même, rassemblée et tendue dans son effort constitutif, qualifiée dans sa condition première, dans son attitude fondamentale et dans sa fin suprême. Vivre, c'est croire, puisque la foi ouvre seule à la vie les possibilités d'un développement progressif ; croire, c'est vivre, puisqu'en dehors de la foi toutes les puissances de la vie s'obscurcissent et s'éteignent. Et peut-être — je le souhaite — saisissons-nous mieux maintenant la corrélation profonde que saint Paul établit entre ces deux termes lorsqu'il affirme que le « juste vivra par la foi ».

II

La crise de la foi.

Il semblerait que, pour achever notre tâche, nous n'ayons plus désormais qu'à prolonger les lignes, à montrer comment la foi religieuse, qui vient de se former sous nos yeux, se développe, se précise et se concentre en cette foi par excellence qui est la foi chrétienne proprement dite. Il semblerait que celle-ci ne puisse être que l'achèvement ou la perfection de celle-là, et qu'un progrès ininterrompu mène de l'une à l'autre. C'est de la sorte, en effet — l'évolutionnisme aidant — qu'on considère volontiers aujourd'hui leurs rapports réciproques. Je n'oserais dire qu'on ait tout à fait tort, car il y a, sans aucun doute, de l'une à l'autre, progrès et identité ; mais je crains qu'en jugeant de leurs relations mutuelles par ce seul progrès et cette seule identité, on n'en juge d'une façon singulièrement pauvre, superficielle et frivole. Il s'en faut et de beaucoup que la foi religieuse naturelle et générale corresponde à la foi chrétienne comme un enfant correspond à l'adulte, et la différence qui les sépare s'exprime tout entière par l'adjectif « chrétienne », c'est-à-dire par la nature essentiellement historique et tragique du christianisme.

A peine obtenue ou constituée, la foi religieuse, dont nous venons d'observer la genèse, subit effectivement les plus rudes assauts et fléchit sous le coup de troublantes contradictions. Ces contradictions sont innombrables ; elles surgissent de tous les points de l'horizon. Pour plus de brièveté, je n'en signalerai que trois principales.

La première de celles qui frappent le croyant, c'est la divergence, la disparité qui se manifeste entre l'action divine dans sa conscience et l'action divine dans la nature et dans l'histoire. Celle par laquelle Dieu l'oblige au bien dans sa conscience est entièrement morale et rigoureusement sainte. Elle ne tend qu'à un but, elle ne vise qu'à une fin : la foi par l'obéissance, le bonheur par la sainteté ; mais elle y tend inflexiblement. Le devoir qu'elle propose est un devoir infrangible ; il ne comporte aucune compromission, aucun accommodement. On ne se joue pas de lui ; on ne l'élude pas impunément. Sans doute, la liberté du pécheur est sauvegardée ; mais son péché est immédiatement condamné. La faute à peine commise, le remords se lève et porte au sein de la conscience coupable la douleur vengeresse de son implacable morsure. Il proclame un jugement irrévocable ; il fait peser sur le pécheur le poids d'une sentence à laquelle rien ne le soustrait, et le jette tout vivant dans les angoisses et les terreurs d'une mort anticipée. — Telle est l'absolue sainteté du devoir ; tel le caractère de l'action divine et tel, par conséquent, celui de Dieu lui-même. — Et qu'on ne s'y trompe pas, c'est parce qu'elle est sainte et qu'elle l'est de la sorte que l'obligation de conscience dénonce la présence et l'autorité de Celui aux pieds duquel seul une âme se peut prosterner sans blasphème !

Or l'histoire et la nature infligent un démenti formel à l'action du Dieu très saint dans la conscience de l'homme. Elles sont toutes deux amorales et foncièrement profanes. — Abstraitement considéré, enfermé dans de savantes formules, ce contraste aboutit à un dualisme théorique, actuellement fort à la mode et d'ailleurs légitime : celui que l'on constate entre la religion et la science comme fonctions distinctes de l'activité humaine et disciplines autonomes. Ce dualisme, qui n'explique rien, a pourtant cet avantage d'apaiser les esprits. Apaise-t-il aussi bien les consciences? J'ai lieu d'en douter fortement. Dans la vie concrète et quotidienne, lorsque la nature et l'histoire, non plus seulement étudiées, mais vécues, entrent dans l'expérience même du croyant et qu'elles y infirment le verdict de sa conscience, le trouble reparaît avec la contradiction. Comment se fait-il, comment se peut-il faire que la nature et l'histoire, qui devraient concourir à l'accomplissement du devoir, poursuivre avec lui une fin commune, l'entravent, le retardent et s'y opposent au contraire? Comment comprendre que le pécheur, condamné dans sa conscience, se puisse réfugier dans son existence historique et qu'il y puisse trouver, contre le jugement divin, un asile presque assuré? Comment admettre que la justice, qui le menaçait tout à l'heure, perde ici ses droits, et, qu'au bénéfice des lois naturelles, il puisse braver insolemment la loi morale? Comment consentir à ce que le méchant prospère en ce monde — qui est pourtant le monde du Dieu saint — par sa méchanceté même, alors que le juste y succombe victime de sa vertu? Si le Dieu de la conscience est le Dieu vivant et vrai, l'univers moral et l'univers physique ne relèvent-ils pas également de sa toute-puissance? Dès lors comment Dieu tolère-t-il d'une part ce qu'il réprouve de l'autre? Comment couvre-t-il et protège-t-il d'une main ce qu'il dénonce et châtie de l'autre? Dieu serait-il divisé contre lui-même? Mais alors de quel Dieu s'agit-il ? et de quel droit réclame-t-il encore de ses fidèles un hommage et une adoration qu'il ne paraît exiger qu'afin de mieux décevoir et tromper leur foi ?

Ce conflit, qui peut-être n'est pas distinctement perçu par toutes les consciences, les trouble toutes cependant et porte pratiquement à la foi naissante une atteinte, toujours funeste, souvent irréparable. S'il n'explique pas toutes les incroyances, il explique certainement le caractère vague, imprécis, fuyant, l'impuissance constitutive de la foi religieuse chez la plupart des hommes et l'incapacité presque radicale d'un théisme authentique en dehors de l'Évangile.

Ce premier scandale ne tarde pas à se compliquer d'un second, plus grave encore parce qu'il ne se produit que chez les âmes sérieuses et droites, que n'a pas ébranlées l'épreuve précédente. Elles s'aperçoivent bientôt, en effet, que la pratique du devoir, à laquelle Dieu les astreint, est une chose impossible. L'obligation de conscience est sainte, elle est catégorique, elle est absolue. Rien n'en dispense ; on ne saurait lui échapper ; elle ne souffre aucune excuse, aucun relâchement, aucune infraction, et... jamais elle n'est accomplie. Et non seulement elle n'est jamais accomplie, mais plus on s'efforce de l'accomplir, plus sérieusement on y travaille, plus on y peine, mieux on se convainc qu'elle ne pourra jamais l'être. Le devoir s'éloigne, monte, grandit à mesure que la volonté s'en approche. Et plus il lui devient inaccessible et lointain, plus il se fait rigoureux, impératif, astreignant. Manifestement le vouloir ne correspond pas au devoir ; il n'y a pas entre eux de commune mesure. — En sorte que, de deux choses, l'une au moins se réalise : ou bien le devoir, reconnu impraticable, perd ses droits sur l'homme qui l'a reconnu tel et ne flotte plus devant lui qu'à l'état d'idéal stérile ; ou bien le devoir, impraticable et impratiqué, conserve sur l'homme qui s'efforce vainement de lui être fidèle, sa prise entière, et le plonge alors dans le plus horrible désespoir. — Dans les deux cas, la foi religieuse est mortellement blessée. Car pour la foi, le devoir c'est la volonté de Dieu et le pouvoir humain en est la création. Et si la création divine ne répond point à la volonté divine, le dualisme précédent se reproduit, mais sous une forme infiniment plus aiguë et dans une sphère infiniment plus grave : celle de la vie morale elle-même. On n'espère, on ne se confie ni toujours, ni longtemps en un Dieu qui demande l'impossible et qui l'exige avec toute l'intransigeance d'un impératif absolu.

Je ne pense pas me tromper beaucoup en signalant ici le second écueil contre lequel se heurte et naufrage la foi religieuse de l'humanité naturelle et la seconde raison du scepticisme général qui la ronge et l'énerve.

Supposez cependant que cet obstacle soit écarté — et il ne peut l'être que sous condition d'un jugement qui relève presque déjà de la révélation chrétienne ; —

supposez que le croyant explique la disproportion entre le pouvoir qu'il tient de Dieu et le devoir auquel Dieu l'oblige, en s'accusant lui-même, et qu'il attribue, non à Dieu, mais au péché dont il est à la fois le produit et l'agent, l'incapacité morale qui lui est propre : je crains qu'il n'ait sauvé sa foi que pour la perdre plus irrémédiablement encore.

Les motifs qu'il a de croire subsistent à la vérité, puisqu'il est seul responsable d'une rupture que Dieu n'a point voulue ; mais s'il conserve les motifs de sa foi, c'est sa foi elle-même qui chancelle et s'éteint. — Pécheur et donc coupable, Dieu qu'il croyait aimer, lui devient effrayant. Corrompu au point de ne plus pouvoir obéir à sa volonté sainte ; perverti au point de ne plus même désirer le vouloir ; plein d'appétits qui sont des convoitises, de passions qui sont des révoltes, comment s'abandonnerait-il, comment se confierait-il en un Dieu qui nécessairement le condamne ? Le sentiment d'une obéissance due, mais impossible et violée, l'appréhension d'un châtiment certain dessèchent l'espérance et tarissent l'amour, hors desquels la foi s'étiole et dépérit. Frappée tout à l'heure dans ses racines, elle l'est maintenant dans sa fleur et dans son fruit.

Le dualisme atteint ici son point culminant. Il devient vraiment tragique. La foi, qui était la vie de son âme, se propose au croyant comme une mort ; car sa conscience l'atteste, « le salaire du péché c'est la mort ». Son Dieu cesserait d'être son Dieu s'il cessait d'être l'absolue sainteté ; et l'absolue sainteté cesserait d'être l'absolue sainteté si elle cessait de consumer le mal. Se livrer à son Dieu dans la confiance de la foi serait donc se livrer à la mort !

Croire pour vivre, et mourir pour croire ! Quelle contradiction ! Quel scandale ! Et pourtant quelle rigoureuse nécessité ! Comment s'y résoudre ? Le voudrait-il même, qu'encore le croyant ne le pourrait pas. Tout son être proteste. Il doit vivre puisqu'il doit croire ! et par dessus tout, il *veut* vivre. Fût-ce indépendamment de Dieu, fût-ce hors de Dieu, fût-ce contre Dieu, il veut vivre, parce qu'il s'aime soi-même et que l'égoïsme, qui est la racine de son péché, fait de l'amour de soi-même son indéracinable amour.

Dès lors s'engage une lutte décisive. La foi, qui devait les unir, met aux prises l'homme et Dieu comme d'irréconciliables adversaires. L'un des deux, dans ce duel, succombera fatalement. Et comme l'homme, qui le devrait, ne le veut, ni ne peut le vouloir, ce sera donc Dieu lui-même. Par où j'entends qu'Il sera nié dans son être et dans ses droits ; blasphémé dans son amour et dans sa sainteté, par une créature que son obéissance même précipite à la révolte et que sa foi condamne à l'incrédulité.

Ou Dieu sans l'homme, ou l'homme sans Dieu ! Tel est l'effroyable dilemme auquel vient fatalement aboutir l'évolution normale de la foi religieuse au sein de l'humanité empirique. De stade en stade, la crise qu'elle traverse se fait plus violente jusqu'à ce qu'elle s'achève dans une impasse et qu'une dernière démarche la ruine à jamais.

Que cette agonie soit intégralement soufferte par aucune âme individuelle, il serait téméraire de le soutenir; mais qu'aucune échappe tout à fait à son pressentiment prophétique et comme à son avant-goût, c'est ce que, moins encore, j'oserais affirmer. On ne saurait nier, en tout cas, qu'une fois au moins l'histoire de la race ait vu se dérouler jusqu'au bout ce drame atroce et sanglant. Une fois au moins l'humanité croyante — remarquez que je parle de l'humanité croyante — fut acculée entre les exigences absolues de la sainteté divine que lui présentait le Saint parfait et l'égoïsme d'une créature monstrueusement éprise d'elle-même. Ce jour-là les représentants attitrés de l'humanité religieuse répondirent pour tous ses membres. Le drame se termina par un crime qui n'est pas autre chose qu'une négation passionnée, haineuse, hélas! et aussi clairvoyante que possible du Dieu de la conscience. De ce jour, il reste acquis que la foi religieuse de l'humanité historique n'a point en elle-même le principe de son achèvement; qu'elle s'exténue en se développant; qu'elle ne réussit à se maintenir qu'à la condition de demeurer inféconde et puérile; qu'une crise la menace, une crise au-devant de laquelle elle se précipite par son propre mouvement; une crise qui est une mort, et dont elle ne relève qu'en devenant chrétienne et par une véritable résurrection. A le bien prendre, l'Évangile ne sauve l'homme que parce qu'il ressuscite dans son cœur une foi et les conditions d'une foi qui s'en allait mourant. Il ne devient rédempteur de l'humanité que parce qu'il devient rédempteur de la foi humaine.

III

L'épanouissement ou la résurrection de la foi.

Comment l'est-il? et pour quelles raisons le peut-il devenir? Pour des raisons exactement inverses à celles que nous venons de voir et qui agissent sur la foi défaillante comme un remède approprié agit sur le mal qu'il doit guérir. Trop nombreuses et trop complexes pour que je puisse ici les relever toutes, j'en choisis trois qui me paraissent principales.

Et tout d'abord, l'Évangile apporte au croyant le témoignage que le Dieu de la conscience est aussi le Dieu de la nature et de l'histoire. La disparate, le contraste de l'action divine dans l'une et l'autre sphère était en quelque sorte la première fissure par où s'écoulait la substance de la foi. Combler cette fissure sera le premier soin de l'Évangile. Qu'est-il, en effet? Une histoire, d'abord, et avant tout une histoire; la plus simple, la plus sublime des histoires. Quoi qu'on ait dit, l'histoire biblique ne représente ni celle d'une race, d'un peuple, ou d'une institution, ni même celle d'une religion exclusivement. Aucun de ces points de vue n'épuise sa portée. Une seule appellation la caractérise vraiment, celle d'*histoire sainte*. Qui l'a nommée de la sorte? la foi. Pourquoi l'a-t-elle nommée ainsi? parce qu'entre toutes les autres, l'histoire biblique est seule à manifester l'harmonie, la congruence de l'activité divine dans le domaine moral et physique. Ouvrez la Bible, elle contient les récits les plus variés, les plus hétérogènes par les lieux, les temps, les circonstances, les sujets et les acteurs; mais relisez-la, vous verrez bientôt que ces scènes et ces épisodes divers forment les anneaux successifs d'une seule et même histoire dont le véritable héros n'est autre que Dieu Lui-même. Dieu s'approchant de l'humanité, Dieu agissant dans l'humanité, attestant sa présence par une action persévérante, soutenue, constamment progressive, et qui est justement qualifiée de « sainte » parce que les événements qu'elle dirige n'ont d'autre but et d'autre raison d'être que de concourir ensemble à confirmer dans les faits historiques les intentions et le caractère du Dieu de la conscience [1].

Avec Jésus-Christ cette confirmation devient éclatante, cette conjonction devient parfaite. Depuis l'apparition de Jésus-Christ, il n'est plus possible, il n'est plus permis d'opposer les lois de la nature à celles de la grâce, de disjoindre la révélation de l'his-

[1] Et c'est là, pour le dire en passant, l'une des raisons morales de ce qu'on appelle les « miracles bibliques ».

toire d'avec celle de la conscience. Qu'on n'accuse plus désormais Dieu de se contredire! Qu'on ne l'accuse plus surtout d'indifférence ou de mutisme. En Jésus-Christ Il a parlé; Il a parlé définitivement; Il parle encore. Et que dit-Il? Il dit qu'Il n'est pas un Dieu mort, mais un Dieu vivant; qu'Il ne se désintéresse ni de sa créature morale, ni de sa création physique; que les réalités de l'univers spirituel sont les réalités suprêmes; que l'homme n'emploiera pas à jamais les lois naturelles pour esquiver ou braver la loi de la justice; que le vrai nom de la tolérance divine à l'égard du train de ce monde est celui d'un support et d'un amour sauveur; que Dieu ne patiente si longtemps qu'afin d'épargner le coupable; que sa patience néanmoins aura son terme; que le pécheur finalement sera jugé par son péché, et qu'à moins d'accepter un pardon qui est une grâce, il sera condamné aussi certainement que réellement Jésus-Christ est mort *par* et *pour* l'iniquité de ses frères. Et Dieu a scellé ce témoignage dans l'histoire par la croix du Calvaire. Un seul regard jeté sur cette croix enseigne tout cela, rappelle tout cela, confirme tout cela, et ressuscite la foi mourante.

La seconde fissure par laquelle s'écoulait la substance de la foi religieuse était l'incapacité radicale de l'agent du devoir à pratiquer le devoir. Elle accusait la justice d'un Dieu qui demande plus qu'Il ne donne. Courbé sous d'irréalisables exigences, le croyant passait du désespoir à la dissipation, deux formes également funestes de l'incrédulité. L'Évangile comble cette seconde fissure, car l'Évangile n'est rien s'il n'est la bonne nouvelle d'une grâce divine qui a pour effet de restituer à l'homme déchu les énergies spirituelles indispensables à la réalisation de sa vie morale. Cette grâce, que les prophètes de l'Ancienne Alliance entrevoient et saluent, que Jésus-Christ annonce et confère, mais dont ses disciples n'ont pu recevoir la complète expérience que depuis la Pentecôte (car elle dépendait de sa mort), porte deux noms et s'actualise en deux phénomènes connexes: celui de la justification et de la régénération.

Le pécheur, en face de son devoir, restait impuissant parce qu'il était affaibli dans sa capacité morale et perverti dans sa volonté. Non seulement il ne pouvait pas accomplir, mais il ne parvenait pas même à vouloir pleinement, c'est-à-dire effectivement, ce que réclamait de lui l'obligation de conscience. Par un secours mystérieux, mais réel, par une influence positive sur le principe de son être, le Dieu de l'Évangile lui rend à la fois le vouloir et le pouvoir qui lui manquaient. C'est ce que les théologiens appellent la grâce régénératrice.

Mais cette régénération elle-même fût demeurée inefficace et caduque si l'homme n'eût été placé du même coup, relativement au devoir, dans une situation nouvelle. Son incapacité morale s'aggravait d'une condamnation. La loi violée pesait sur le croyant et, l'écrasant sous un fardeau trop lourd, ne lui laissait ni force, ni paix, ni joie : elle le paralysait en le condamnant. Pour perdre cet effet, il fallait que la loi perdît son caractère ; qu'elle cessât d'être loi, qu'elle devînt privilège, c'est-à-dire liberté ; qu'elle fût, non plus au-dessus de l'homme pour l'abattre et le juger, mais sous ses pas, en quelque sorte, pour le porter et le soutenir. Et c'est ce qu'opère effectivement la grâce en tant que justifiante ou justification.

Que l'on m'entende. Je n'ai pas la prétention de discuter ici un point de doctrine et la tâche ne m'incombe pas en ce moment de l'établir dogmatiquement. Je ne m'occupe que des phénomènes de psychologie chrétienne dans leur rapport avec les conditions génétiques de la foi ; et j'affirme que, de quelque nom qu'on les nomme et quelque idée qu'on s'en fasse, les deux phénomènes que je viens d'esquisser ont leur lieu dans l'Évangile. La santification chrétienne y prend sa source et sa force. Elle constitue, après tout, un fait ; un des faits les plus considérables qu'enregistre l'histoire puisqu'il marque l'essentielle différence qui sépare le monde chrétien du monde antique. Mais avant d'être un fait que l'histoire ne contrôle qu'imparfaitement, elle fut et elle reste une expérience intime qui n'a d'autres causes et d'autre explication qu'une vie d'affranchissement offerte au croyant, et dans laquelle ses capacités morales lui sont rendues, d'où le conflit qui démoralisait sa foi disparaît, et où le devoir, toujours grandissant, devient accessible à une volonté de plus en plus capable.

— Cette situation nouvelle, principe et résultat de la foi, Dieu la promet, Dieu l'accorde par l'Évangile, et Il scelle à jamais cette promesse dans l'histoire par la résurrection de Jésus-Christ. Un seul regard jeté sur le Ressuscité enseigne tout cela, rappelle tout cela, confirme tout cela et ranime la foi mourante.

Est-ce tout? Pas encore. L'efficace de la croix et de la résurrection n'est pas encore épuisée. Il ne suffisait point que l'Évangile manifestât l'accord du Dieu de la conscience avec le Dieu de la nature et de l'histoire; il ne suffisait point qu'il révélât l'identité du Dieu de la grâce et du Dieu de la loi; il fallait que la loi, c'est-à-dire la justice et la sainteté, la justice absolue et l'intégrale sainteté, eussent une fois leur cours. Une grâce sans justice, un amour sans sainteté sont un sel sans saveur; il eût corrompu l'œuvre même du salut.

Une dernière, une redoutable antinomie attendait sa solution. La suprême démarche de la foi, qui cherchait Dieu pour vivre, aboutissait à l'irréductible antagonisme de l'homme et de Dieu : de l'homme, parce qu'il était pécheur et qu'il ne voulait ni ne pouvait mourir à son péché, c'est-à-dire à soi-même; de Dieu, parce qu'Il était saint et qu'Il ne pouvait renoncer sa sainteté sans se renoncer Lui-même. Une mort seule, la mort du coupable, pouvait réduire cette antinomie. Mais cette mort nécessaire était impossible; l'égoïsme du pécheur l'empêchait à jamais, soit de la fournir, soit même d'y consentir.

C'est alors que Jésus, le Fils de l'homme, s'est présenté. Son étroite communion, sa parfaite solidarité avec l'espèce humaine permettait au Fils de l'homme, qui avait « appris l'obéissance (de la foi) par les choses qu'il avait souffertes », qui vivait comme nous sommes appelés à le faire, « de foi, d'espérance et de charité », de nous représenter auprès de Dieu, et non par une fiction symbolique, mais par un réalisme sérieux ; sa sainteté, d'autre part, Lui permettait en même temps et de mesurer l'excès du péché de l'homme, et d'en charger les conséquences, et d'opérer ce que nous ne pouvions accomplir : cette remise totale et complète de l'être, cet abandon de tout droit et de tout mérite, de toute vie, de tout motif de vivre ; d'accepter, en un mot, ce jugement de condamnation et de mort qui était l'acte même que nous commandait notre foi, mais devant lequel nous reculions éperdus. « Fait péché pour nous », comme s'exprime énergiquement l'Apôtre, Jésus-Christ accomplit *en* nous, dans la chair de notre déchéance qu'Il avait faite sienne, et donc *pour* nous, ce que nous devions, mais ce que nous ne pouvions accomplir sans Lui ; Il nous entraîne dans une mort semblable à la sienne et nous rend possible cette chose inouïe : la séparation du pécheur d'avec son péché, par une repentance si profonde du coupable sur lui-même qu'elle entraîne un jugement d'absolue condamnation.

Mais le Crucifié est encore le Ressuscité. Nous ne

mourons avec Lui que pour revivre avec Lui. En succombant sous les coups de l'inflexible Justice, nous nous réveillons à la miséricorde de l'infinie Compassion, et le pécheur éprouve qu'en se livrant à son Juge, il est tombé dans les bras d'un Père.

Dès lors « tout est accompli ». L'abîme est comblé, le dualisme réduit, et le chemin de la foi s'ouvre à l'obéissance du croyant, libre d'obstacles et resplendissant des clartés célestes. L'homme rendu à son Dieu comme le fils à son Père, Dieu rendu à l'homme comme le Père à son fils, la foi chrétienne redevient ce qu'elle était à sa première origine et ce qu'elle n'aurait jamais dû cesser d'être : la candide et pieuse confiance du « petit enfant ».

Je termine comme j'avais commencé : par une déclaration apostolique. Si je me suis fait entendre autant que je le désire, on aura compris comment et pourquoi l'Apôtre peut prononcer cette fière parole : « Maintenant donc ces trois choses demeurent : la foi, l'espérance et la charité. » (1 Cor. XIII, 13.) La foi « demeure » grâce à Jésus-Christ et ne demeure que grâce à Lui. Il en est tout ensemble le principe, la condition et l'objet. Pour que la foi « demeurât », au sens que lui donne saint Paul, il fallait que le drame évangélique se fût préalablement déroulé dans l'histoire. Et si l'on peut affirmer que l'Évangile n'est Évangile que *pour* la foi, on ne doit pas moins affirmer que la foi n'est la foi que *par* l'Évangile.

Et l'on aura compris, du même coup, pourquoi la

foi chrétienne s'accompagne nécessairement d'espérance et d'amour. C'est qu'elle se perdait et que Dieu l'a retrouvée ; c'est qu'elle se mourait et que Dieu l'a fait revivre. Suscitée d'abord par une première initiative divine dans la conscience, ressuscitée ensuite par une seconde initiative divine dans l'histoire, elle saisit, dans la fidélité de Dieu à son dessein rédempteur, le sujet d'un indéfectible espoir, et dans l'expérience d'une si grande charité, les motifs d'un éternel amour.

Revue chrétienne, mars 1900.

LA VIE INTÉRIEURE

UNE CRISE

DANS LA VIE DE L'ESPRIT

I

Les raisons de la crise : le mal moral.

Messieurs,

Nous avons vu[1], on nous a montré qu'il existe, au sein de l'humanité et dans l'individu lui-même, une *vie de l'esprit*, ce mot pris dans sa plus haute et sé-

[1] En novembre 1900, la Section genevoise de l'*Association des étudiants chrétiens* fit donner, à l'Aula de l'Université, une série de conférences d'appel. Elles avaient pour titre : *Quelques problèmes de la vie de l'esprit*. Celle que nous reproduisons ici se rattache étroitement aux précédentes par son introduction et une disposition générale de la matière que nous n'avons pas cru devoir modifier.

rieuse acception. On nous a dit comment et sous quelle forme la vie de l'esprit se manifestait progressivement à la conscience, et la méthode qu'il faut employer pour en prendre une saine conscience. C'est la méthode psychologique et morale, celle qui nous met en face, non des faits extérieurs, — ceux-là ressortissent à la science — mais des faits intérieurs, aussi réels, aussi considérables que les autres, plus importants pour la conduite de la vie, car ils en décident, et que nous distinguons lorsque, recueillis en nous-mêmes, nous nous regardons vivre au-dedans.

Ces faits, par ordre hiérarchique, non d'existence, mais de valeur, sont ceux de l'instinct, de la raison, de la conscience morale, de la conscience religieuse, ce dernier étant absolument capital pour l'interprétation des autres et se les subordonnant tous.

Et comme les faits intérieurs finissent toujours par se manifester au dehors, on a pu nous montrer, dans l'histoire psychologique et morale de la race, une sorte de progression ou d'évolution, au cours de laquelle se reproduisait approximativement le passage normal de l'instinct à la raison, de la raison à la morale, de la morale à la religion et même de la religion au christianisme.

C'est ici, Messieurs, que je vais prendre mon point de départ pour aborder un nouveau problème.

Me plaçant au point de vue que semble indiquer l'histoire même de la vie de l'esprit, je statue, pour un instant, une hypothèse qui nous est familière à tous, celle de l'évolution : évolution universelle des êtres et des choses, évolution, loi générale des phénomènes et, par suite, de la nature dans l'homme aussi bien que de l'homme dans la nature. La question que je pose se formule dès lors de la sorte : l'humanité est-elle dans l'ordre de l'évolution universelle? et peut-on suivre dans la race et dans l'individu ses étapes normales et régulières?

On le voit, il s'agit uniquement d'un point de fait. Je ne philosopherai pas, je n'argumenterai pas, je ne remonterai ni aux causes lointaines, ni aux origines premières, je ne discuterai pas non plus les doctrines que les faits peuvent envelopper. Les faits seuls, les faits immédiatement constatables me suffiront. Je me contenterai d'y conduire, de les mettre ou de les remettre sous nos yeux, ceux-là surtout qu'une pente naturelle incline à rejeter dans l'ombre; car il y a des faits, des faits positifs et réels qu'il faudrait voir et qu'on ne voit pas, parce qu'on craint de les voir ou qu'on en a perdu l'habitude.

*

A la question : l'humanité est-elle dans l'ordre de l'évolution universelle? discerne-t-on chez elle une progression, une marche, un développement qui puissent nous faire croire qu'elle y soit en effet? Je réponds hardiment : oui, pour toute une portion de son effort et de sa vie, pour celle qui touche à sa mainmise sur l'univers physique. Il y a dans ce domaine des progrès merveilleux ; le plus merveilleux de tous, parce qu'il ouvre la porte d'un progrès illimité, se trouve être la science telle qu'on la pratique aujourd'hui, la science par laquelle nous apprenons à connaître les lois qui régissent la nature et les utilisons à notre profit. A ce point de vue, la science et l'industrie qui en découle, en un mot, la civilisation matérielle me paraît être dans l'ordre universel et constituer l'un des axes de l'évolution générale. Je lui fais généreusement crédit de l'avenir, saluant en elle un facteur incomparable de perfectionnement.

Mais il est autre chose. A côté de l'existence extérieure et de son développement, il y a la vie et le développement de la vie intérieure. A côté du bien-être matériel, auquel travaillent et qu'augmentent la science et l'industrie, il y a... disons, pour être immédiatement compris de tous, le bonheur ; le bonheur dont le bien-être n'est qu'une condition, le bonheur hors duquel l'existence ne vaut pas d'être vécue, le bonheur qui est l'épanouissement indispensable de la vie. Et nous demandons maintenant : l'homme et l'humanité marchent-ils au bonheur du même pas et de la même allure qu'ils marchent au bien-être ? Question controversée, question controversable, mais qui, de toutes manières, ne sera résolue par l'affirmative que lorsque la souffrance et la mort seront en voie de disparaître. Car il est évident que la souffrance et la mort forment le perpétuel obstacle au bonheur de l'homme.

Je demande donc : sont-ils près d'être vaincus ? Sans doute, une partie de cette souffrance et de cette mort nous vient des choses et des conditions mêmes de l'être historique. Celle-là ne nous concerne point ici ; nous la remettons aux progrès de la civilisation matérielle. Il lui appartient de la surmonter dans la mesure du possible. Mais incontestablement une autre portion de la souffrance et de la mort vient à l'homme, non des choses, mais de l'homme lui-même. Plus que les choses, en effet, l'homme fait souffrir et mourir l'homme. Le spectacle de l'histoire est instructif à cet égard ; il justifie le vieil adage : « *homo homini lupus* ». La guerre entre les peuples, la guerre entre les classes, la guerre entre les partis et les factions, la guerre dans les familles, la guerre entre les individus, voilà la grande et douloureuse réalité de tous les temps. Elle n'est pas moindre au nôtre qu'elle ne l'était aux temps passés ; elle continue de sévir sous toutes ses formes, et, à sa suite, continuent de sévir également la souffrance et la mort qu'elle engendre sans cesse.

L'obstacle au bonheur de l'homme est donc, pour une part, dans l'homme lui-même. D'où vient cela ? De ce que l'homme n'est pas ou n'est pas encore bon ; de ce qu'il est ou est encore méchant. Quelque chose s'oppose en lui à son bonheur, c'est-à-dire à la réalisation de sa destinée, quelque chose qui suspend et trouble le jeu normal de la perfectibilité et du progrès. Ce quelque chose, nous l'appelons le mal moral.

Or, qu'est-ce que le mal? Me trompé-je, Messieurs, en le définissant par l'égoïsme, en faisant culminer dans l'égoïsme toute l'essence, toute la virulence du mal moral? — A ceux d'entre vous qui en douteraient encore, laissez-moi fournir une preuve rapide et concluante. Envisageons par hypothèse, une société d'où l'égoïsme serait banni, où l'égoïsme serait inconnu et où, par conséquent, régnerait l'amour. Imaginons qu'au lieu de se déchirer, de se calomnier mutuellement, de se diviser les uns contre les autres, de se mentir les uns aux autres, de se tromper et de se voler les uns les autres, les hommes s'aiment entre eux d'une affection cordiale et que, dans cet amour, que je suppose entier, ils s'entr'aident, se supportent et se pardonnent réciproquement, chacun tendant aux autres une main loyale et fraternelle. Ne serait-ce pas la société, que dis-je, la famille idéale, réalisant toute la somme de bonheur dont l'humanité est ici-bas susceptible? Nous sommes donc forcés de conclure que la cause de la souffrance et de la mort infligées à l'homme par l'homme se trouve dans le mal moral, c'est-à-dire dans l'absence d'amour, dans le contraire de l'amour, dans l'égoïsme.

Or, qu'est-ce que l'égoïsme?

Je définis l'égoïsme : une affection excessive, désordonnée, par laquelle l'individu se chérit lui-même par-dessus les autres, se préfère aux autres, sacrifie les autres à soi et fait de sa vie propre le but, le centre de celle d'autrui.

Il ne serait pas difficile, je crois, de ramener tout le mal, toutes les forces et toutes les formes du mal qui sévit dans l'humanité à l'égoïsme de l'individu comme à sa source profonde. Mais je constate et je tiens à constater d'emblée parce que nous y reviendrons tout à l'heure, qu'avant de se produire au dehors et de manifester ses effets sociaux, l'égoïsme a deux réalisations immédiates, intimes et purement individuelles : la convoitise et l'orgueil.

L'orgueil constitue en quelque sorte la réalisation spirituelle de l'égoïsme. C'est le *moi* qui, parce qu'il se préfère aux autres, se place au-dessus des autres, et les humilie en les rabaissant.

La convoitise à son tour, manifeste la réalisation sensible ou sensuelle de l'égoïsme. C'est le moi qui, parce qu'il se préfère aux autres, désire ce qui appartient aux autres et cherche à satisfaire ses appétits aux dépens des autres. L'orgueil et la convoitise, comme l'égoïsme lui-même, sont des états d'âme, des attitudes intérieures, avant d'être des actes. Cachés au cœur de l'individu, ils ne relèvent point comme tels de la société. Contre eux, la société reste impuissante ; elle ne peut ni les supprimer, ni les punir, et, bien qu'à la racine de toutes les iniquités sociales, ils échappent entièrement aux prises de l'ordre social.

Si j'insiste sur ce point, si j'accentue et précise de la sorte la nature et les limites du mal au sein de l'individu, c'est afin de prévenir une erreur devenue courante aujourd'hui : celle dont on se rend coupable lorsqu'on remet à la société le soin de guérir le mal individuel. Je dis que c'est là une illusion et une erreur dangereuses, contre lesquelles je proteste au nom du bon sens, de la méthode et de la logique.

Qu'est-ce en effet que l'homme ou l'humanité ? Un être apparemment. Mais qu'est-ce que la société ? Certainement un fait : un fait de rapport ou de relation des individus entre eux ; un état : l'état social. Considérez maintenant qu'un être ne se guérit point par les mêmes moyens et les mêmes procédés par lesquels on réforme un fait. Considérez de plus que l'humanité, qui existe peut-être comme espèce en dehors de l'individu, n'est cependant réelle, accessible et concrète que dans l'individu ; qu'on ne peut donc l'atteindre et la saisir que chez l'individu. Considérez enfin que c'est l'invidu qui constitue, qui crée la société, et, par suite, la précède. On pourrait effectivement concevoir à toute rigueur l'individu et même l'humanité indépendamment du fait social ; on ne saurait concevoir la société indépendamment des individus qui la composent, et, encore une fois, qui la précèdent. Il n'entre dans la société — le mot l'indique — que ce que les individus socialisent, c'est-à-dire mettent en commun. Or chacun d'eux toujours se réserve quelque chose qui est à soi, qui n'est qu'à soi, et parmi les choses qu'il se réserve ainsi, se trouvent précisément celles qui le touchent de plus près, entre autres : l'égoïsme, l'orgueil et la convoitise. Voilà qui échappe définitivement et radicalement aux prises de la société. Elle peut sans doute, par une influence lointaine, modifier les formes de l'égoïsme, de la convoitise et de l'orgueil ; elle peut en restreindre les manifestations ; elle peut les raffiner, les polir, les adoucir, les civiliser en un mot, — et je conçois que l'on préfère l'égoïsme civilisé à l'égoïsme brut ou sauvage — mais elle ne peut les extirper eux-mêmes, parce qu'ils appartiennent à cette sphère où la société n'atteint pas, qui ressortit à l'individu seul, à l'individu précédant la société, à l'individu distinct de la société comme un être est distinct d'un fait.

Au mal individuel il n'y a donc et il ne peut y avoir qu'un remède individuel. Il faut dès lors quitter les chimériques espoirs de tant de sociologues contemporains qui se persuadent à tort rendre les hommes heureux et bons par le seul établissement d'une société parfaite. Il faut quitter également les espérances de ceux qui confient au progrès spontané de l'évolution la tâche de triompher du mal. Car, à moins que l'évolution soit mécanique et fatale, — ce qu'elle est peut-être en dehors de l'humanité, ce qu'elle n'est certainement pas dans son sein — c'est l'homme qui la dirige à coups d'efforts et de volonté. L'histoire et ses labeurs en sont une claire démonstration. De sorte qu'en fin d'analyse, c'est toujours sur l'individu que l'on retombe et que l'évolution dans la race ne représente qu'un terme général pour désigner l'ensemble du travail individuel.

Résumons-nous. L'obstacle au bonheur de l'homme, c'est-à-dire au progrès et à l'épanouissement normal de sa vie, réside dans la souffrance et la mort ; il réside plus particulièrement dans cette part de souffrance et de mort qui vient à l'homme de l'homme lui-même. La souffrance et la mort que l'homme inflige à l'homme ont leur cause dans le mal moral. Le mal moral se définit par l'égoïsme, par la convoitise et par l'orgueil que l'égoïsme engendre. Or l'égoïsme, la convoitise et l'orgueil sont choses individuelles, réfractaires en leur fond aux prises de la société comme à celles d'une évolution mécanique, elles dépendent de l'individu seul. Il appartient à l'individu et il n'appartient qu'à lui de les vaincre ou de les surmonter.

De cette victoire, l'individu est-il capable ? Toute la question est là. Car s'il n'en devait pas être capable, tout, en effet, serait compromis. En vain les progrès de la science et de l'industrie verseraient-ils le bien-être à flots; en vain l'ordre social, c'est-à-dire les rapports entre les hommes, seraient-ils fondés sur la justice la plus stricte et le droit le plus pur, si l'individu reste égoïste, s'il demeure dans son orgueil et s'il persiste à convoiter, le mal moral, rentrant incessamment par cette porte, produira nécessairement ses conséquences. Un grand psychologue l'a dit, l'expérience journalière le confirme : « la convoitise (l'égoïsme ou l'orgueil) ayant conçu, engendre le péché, et le péché étant consommé, produit la mort. » C'est laconique, mais c'est vrai.

*

Nous voici acculés à l'individu ; cet individu c'est nous-mêmes ; il s'agit donc d'un examen personnel.

Je vous invite, Messieurs, à regarder les choses en face, à ne pas vous leurrer de formules ou de théories, à ne pas fuir sur les idées là où la réalité vous appelle, mais à vous y rendre loyalement. Ne soumettons point les questions que je vais poser à la seule critique de l'intelligence, mettons-les plutôt à l'épreuve de notre sentiment intérieur ; laissons parler pour une fois l'organe de notre vie intime, cet incorruptible témoin de ce qui se passe au dedans de nous : la conscience.

Mon enquête portera d'abord sur la volonté même du bien au sein de l'individu. Et je demande : avons-nous en nous-mêmes la volonté du bien ? Je désigne par *bien* tout ce qu'approuve notre conscience, particulièrement ce qu'elle nous indique comme le *devoir*, et plus particulièrement encore le devoir qui consomme tous les autres, celui de l'*amour*. Et je demande : lorsque nous rentrons en nous-mêmes, trouvons-nous la volonté de faire le bien, la volonté d'accomplir le devoir, la volonté d'aimer notre prochain ? Ne répondons pas que nous estimons ces choses, que nous les respectons, que nous les approuvons. Je le sais de reste. Ce n'est pas la question. Les voulons-nous ? Autre chose est d'estimer le bien, le devoir, l'amour du prochain en eux-mêmes et de les approuver chez autrui ; autre chose est de les vouloir pour soi-même, de les vouloir d'une volonté véritable, effective et sincère. Les voulons-nous de la sorte ?

Et si nous sommes embarrassés de répondre, laissez-moi vous y aider par une hypothèse. Supposons qu'un œil perçant comme une épée, un œil humain ou divin peu importe, l'œil, si vous voulez, de notre plus intime ami, mais un œil à qui rien n'échappe, lise en ce moment même dans notre âme, dans les pensées et les imaginations de notre cœur comme on lit dans un livre ouvert. Ce regard, le soutiendrions-nous sans crainte ? sans confusion ? et ne nous hâterions-nous pas, s'il était possible, de nous dérober à sa trop redoutable omniscience ?

Si cela est vrai, — et cela est vrai de moi-même au moins — c'en est assez. Vous confessez avec moi qu'il n'y a pas en nous cette volonté du bien, du devoir et de l'amour qui devrait y être de notre propre aveu, puisque nous redoutons qu'on sache qu'elle n'y est pas. A la vérité nous voudrions le bien, le devoir, l'amour, mais dans le même temps que nous les voudrions, nous ne les voulons pas ; nous voulons autre chose encore et leur contraire ; notre volonté est incertaine, chancelante, combattue, déchirée contre elle-même, affectée d'une incurable duplicité.

Or, qu'est-ce à dire?

Sinon que la première condition du bien moral manque à l'individu: savoir la volonté pleine et entière de le réaliser.

La conclusion est grave. Elle pourrait pourtant l'être, moins qu'il ne semble. On pourrait me répondre, en effet, que ce que je ne veux pas aujourd'hui, je pourrai le vouloir demain; que je suis libre; que le progrès est la loi de la volonté aussi bien que celle de la nature, et qu'il convient de me laisser le temps de l'effectuer.

Ceci déplace la question. Déplaçons-nous avec elle. Il ne s'agit plus du vouloir, mais du pouvoir moral. On prétend que nous pouvons ce que nous voulons. En particulier que nous pouvons arriver à vouloir le bien que nous ne voulons pas naturellement. Est-ce vrai? Cela correspond-il, non au désir ou à l'imagination, remarquez-le, mais à l'humiliante réalité de la vie quotidienne? Est-ce de la sorte que parle notre expérience? Et si c'est de la sorte, d'où vient alors que ce bien, dont nous serions capables si seulement nous le voulions, nous le pratiquions si mal? Que ce devoir, auquel nous serions aptes si seulement nous le voulions, nous en transgressions les préceptes? Que cet amour, dont il ne tiendrait qu'à nous d'aimer nos frères si seulement nous le voulions, n'habite point nos cœurs? Oui, d'où vient cela? N'est-ce pas une étrange prétention que d'arguer de notre pouvoir moral et d'être à court d'en fournir aucune preuve?

Que dis-je, de fournir constamment les preuves du contraire ?

Ne serait-ce pas que, sur ce point, nous sommes davantage le jouet de nos désirs et de nos illusions, que les témoins de l'austère vérité ? La vérité n'est-elle pas, au contraire, qu'en maintes occasions, nous avons voulu et que nous n'avons pas pu ? L'idéal du bien s'était levé devant nous et, pour une fois, — je dis pour une fois, car cela même est infiniment rare — pour une fois, il avait rencontré l'assentiment de notre cœur. A notre tour nous nous étions levés pour l'accomplir. Dites maintenant, l'avons-nous accompli ? Nous avions dit : toujours, toujours je serai juste, toujours je serai vrai, toujours je serai bon. Ce toujours, qu'a-t-il duré ? Quelques minutes, quelques heures, et, subitement, ou peu à peu, nous avons cessé de vouloir ce que nous voulions ; l'effort s'est trouvé plus grand que nos forces et nous sommes retombés. N'est-ce pas l'histoire même de notre vie morale ? Ces chutes successives les appellerons-nous un progrès ? Et loin de nous rapprocher du but entrevu, ne nous ont-elles pas laissés chaque fois plus faibles et plus incapables ? Plus enchaînés au mal ? Car « quiconque fait le mal devient l'esclave du mal ».

Or, d'où vient cela ? De ce qu'il y a un ennemi dans la place. Dans le temps même de nos plus fortes résolutions et de nos meilleurs désirs, lorsqu'il nous semblait que notre vouloir s'unissait définitivement avec le bien, l'orgueil et la convoitise sommeillaient au dedans de nous. Nous les croyions morts, ils n'étaient qu'endormis. Et l'instant de leur réveil a marqué celui de notre défaite. Complices naturels du mal qui est dans le monde, tandis que nous luttions au dehors, ils trahissaient au dedans ; nous la défendions encore, que déjà la place était livrée.

Voilà la vérité, et du même coup voilà la crise ! Nous sommes moralement impuissants parce que nous ne sommes pas moralement intègres. Si le bien nous attire et nous enthousiasme, le mal aussi nous attire et nous séduit. Il n'y a pas un homme en nous ; il y en a deux, l'un qui est serviteur du bien qu'il aime et voudrait accomplir, l'autre qui est captif et complice du mal qui règne dans le monde. Encore une fois, voilà la crise !

Comment en sortirons-nous ? Pouvons-nous en sortir ? Pour que nous puissions vaincre au dehors, il faudrait d'abord que nous puissions vaincre au dedans. Cette victoire, sommes-nous en droit de l'espérer jamais ?

Examinons. Que dénonce cette incessante complicité de notre cœur avec le mal qui est dans le monde ? Elle dénonce la convoitise et l'orgueil. Et que dénoncent à leur tour la convoitise et l'orgueil ? Ils dénoncent l'égoïsme. Et qu'est-ce que l'égoïsme ? Un état du cœur dans lequel nous nous éveillons à la conscience de nous-mêmes. Il précède donc notre vie consciente. Il est en nous avant nous-mêmes. Pour le terrasser, pour le vaincre, il faudrait dès lors nous séparer d'avec nous-mêmes. Le pouvons-nous ? Et si même nous le pouvions, si cette séparation héroïque et sanglante, qu'il faudrait poursuivre jusqu'aux moelles et aux jointures, qui nous laisserait en tout cas meurtris et brisés au point d'en mourir, — si même cette séparation était possible, possible en fait, matériellement possible, le serait-elle moralement, je veux dire : serions-nous capables de la vouloir ? de la vouloir avec la fermeté, la décision, la persévérance, la plénitude de volonté nécessaires à son efficacité ? Cela est-il dans la probabilité des faits et dans l'analogie des choses ? Est-il vraisemblable qu'un être puisse devenir par lui-même assez l'ennemi de lui-même pour effectuer ce retranchement ? un être tel que nous sommes et dont l'indéracinable amour consiste précisément dans l'amour de lui-même ? Comment nous haïrions-nous de la sorte, alors que nous nous aimons éperdument ? Où en trouverions-nous la force ? où en prendrions-nous les motifs ? A-t-on jamais vu, dites-moi, un homme sortir d'une fosse en se tirant par les cheveux ? A-t-on jamais vu quelqu'un sauter hors de son ombre ? De même on n'a jamais vu, on ne verra jamais un égoïste sauter hors de son égoïsme, c'est-à-dire hors de lui-même. Ce qui lui manque, ce qui lui manquera toujours, c'est un point d'appui suffisant. Il ne le trouve pas en soi ; il ne le trouve pas chez les autres, qui plongés dans le même bourbier, participent de la même impuissance. C'est en vain qu'il lutte et c'est en vain qu'il s'efforce ;

toujours il retombe ; il retombe, dis-je, il retombe sur soi, c'est-à-dire sur son égoïsme, horrible et monstrueux fondement, dont il ne peut se déprendre qu'en tombant dans le vide, c'est-à-dire dans la mort.

Si nous sommes sincères avec nous-mêmes, si nous recueillons fidèlement les données concrètes, actuelles, pratiques de notre vie morale, nous sommes donc obligés de constater que l'humanité n'est pas dans l'ordre, et, chose plus grave, qu'elle ne peut y rentrer. Si jusqu'à l'homme, de stade en stade, l'évolution de l'être se déroulait régulièrement, elle s'arrête avec et dans l'humanité. Un obstacle, un obstacle subtil mais *invincible* s'oppose à son progrès, et cet obstacle c'est l'incapacité morale de l'homme. Son pouvoir ne correspond pas à son devoir. L'homme reste en dessous de sa destination, qu'il laisse inachevée.

De l'égoïsme, son point de départ, à l'amour qui est son terme, il n'y a pas d'évolution possible, parce que ce serait une évolution de l'autre à l'autre, du contraire au contraire, alors qu'il n'existe d'évolution (le mot l'indique) que du même au même, du semblable au semblable. Le mal moral, concentré dans l'égoïsme individuel, n'est donc pas un vain mot. C'est une réalité redoutable et tragique, une réalité dont la répercussion va s'élargissant de cercle en cercle et frappe de stérilité les efforts mêmes de la race.

Car l'homme, arrêté sur ce point, a beau se développer sur tous les autres ; il ne réussit qu'à se déformer davantage ; il devient un monstre, oui, un monstre dans l'ordre de l'esprit.

*

Je demande maintenant : cela devait-il être ? Est-ce ainsi que nous devons concevoir la vie ? Ce désordre est-il dans l'ordre des choses ?

C'est un nouvel aspect de la question. Nous avions jusqu'ici constaté le fait : je vous invite maintenant à juger du droit. Le fait est là, indiscutable et flagrant ; mais est-il normal ?

Devons-nous, pouvons-nous accepter le mal comme tel, et, du mieux possible, nous en accommoder ? Encore un coup, le mal devait-il être ?

Pour en juger, je me place d'abord au point de vue le plus large et le plus désintéressé, à un point de vue que j'appellerai scientifique, et je considère ce que la nature semble avoir voulu produire et poursuivre en l'homme, et c'est assurément la plus haute expression d'elle-même, la perfection de l'être vivant. Que vois-je ? Un désaccord formel entre ses desseins les plus manifestes et les réalités humaines.

Jusqu'à l'homme, la nature marchait majestueusement, et sûrement de progrès en progrès ; avec l'homme le progrès s'arrête, non sur tous les points, il est vrai, mais sur celui qui importe le plus à tous les autres. Partout ailleurs la grande loi de l'évolution universelle se réalisait normalement; ici elle est mise en question et reçoit son premier, peut-être son unique démenti. Tous les obstacles avaient été, dans sa marche ascendante, de nouveaux points de départ; ici seulement l'obstacle demeure insurmontable et stérile. N'est-ce pas une dérogation flagrante à l'harmonie générale? Et la nature ne nous semble-t-elle pas comme frustrée de ses fins?

Ou bien il faut légitimer cette contradiction, mais renoncer alors à comprendre l'ensemble des choses, ou bien c'est l'ensemble des choses qui nous apparaît légitime, mais c'est alors le mal qui ne l'est plus.

Pour moi, Messieurs, mon choix est fait. Entre l'admirable spectacle du développement progressif que présente la nature et celui du mal moral qui l'entrave et lui fait échec, c'est à la nature que je donne raison contre le mal. Si quelque chose devait être, ce n'était pas lui, c'était elle.

Et j'ai pour juger de la sorte d'autres raisons encore, moins objectives et moins impersonnelles peut-être, mais non moins vives et solides. Je me place à un second point de vue, non plus à celui du but que la nature poursuit dans l'homme, mais à celui du but que l'homme poursuit dans la nature. Ce but, c'est le bonheur. Le bonheur doit être. Un impérieux instinct nous l'annonce. Nous sommes destinés au bonheur; nous devons être heureux. Nous le sentons avant de le savoir, et nous le savons avant d'en comprendre les moyens et les conditions. C'est une sorte d'impératif catégorique de notre sensibilité, et tout notre être acquiesce spontanément à sa loi.

Or le mal, c'est le malheur. Non pas toujours immédiatement, mais à coup sûr. Nul ne pèche sans conséquence pour son propre bonheur ou pour le bonheur d'autrui. Les suites malheureuses du mal peuvent tarder, elles viennent certainement. Prétendre guérir la souffrance sans extirper le mal, serait vouloir tarir un fleuve sans tarir sa source.

De deux choses l'une : ou le bonheur doit être, — c'est le cri de notre cœur — mais alors le mal ne doit pas être; ou le mal doit être, mais alors c'est le bonheur qui ne doit plus être. Le dilemme est précis autant qu'inévitable. Il faut choisir. Pour ma part, je ne saurais me résoudre aux perspectives désolantes d'un malheur éternel, et je conclus hardiment, que le mal, qui supprime le bonheur, n'a pas droit à l'existence.

La nature me l'avait dit; mon cœur me le répète. Cet accord est considérable. Il se renforce d'un troisième témoignage, et non du moins décisif: l'impératif de conscience ou la loi du devoir. Selon la conscience, le bien doit être et le mal ne doit pas être. Quelque chose ou quelqu'un nous l'affirme et d'une voix si pure, si forte, si parfaitement souveraine, qu'en douter seulement serait sacrilège.

Si vous hésitiez toutefois à me suivre dans cette affirmation, je vous l'arracherai donc par un détour. En voyant le mal qui s'accomplit autour de vous, est-ce de pitié, dites-moi, ou de commisération pure que votre cœur se remplit? Ne s'y mêle-t-il pas un sentiment légitime de réprobation, d'indignation? En déplorant, ne condamnez-vous pas aussi? Je suppose que quelqu'un vous a fait tort; le plaindrez-vous sans le juger aucunement, sans éprouver au moins qu'il a tort?

Or, qu'est-ce à dire?

Le mal que vous trouvez coupable lorsqu'autrui le commet, le mal serait-il moins coupable lorsque vous le commettez vous-même? S'il ne doit pas être chez le prochain, n'est-ce point qu'il ne doit pas être chez vous?

De votre propre aveu, le mal donc ne doit pas être. Il ne doit pas être au point de vue de l'ordre naturel, dont il suspend le cours et trouble l'harmonie; il ne doit pas être au point de vue du bonheur dont il détruit et ruine les conditions essentielles; il ne doit pas être au point de vue du bien, dont il est la contradiction directe et formelle.

Trois témoins successifs se lèvent: la raison, le cœur et la conscience. Ils nous disent ensemble: le mal ne doit pas être. Il ne doit pas être parce qu'il est le désordre, parce qu'il est le malheur, parce qu'il est le péché. Or, le désordre, le malheur et le péché ne doivent pas être.

Ils ne doivent pas être, mais ils sont. Hélas! ils sont aussi certainement, aussi douloureusement, aussi cruellement qu'il serait à souhaiter qu'ils ne fussent pas. Ils sont si bien, qu'en l'état actuel, ils ne peuvent pas ne pas être ; qu'avant d'en mourir nous en vivons, et qu'en toute rencontre nous en sommes les captifs, les victimes, les esclaves, aussi bien que les fauteurs. Vaincus avant même d'avoir lutté, de chute en chute, de défaite en défaite, nous avançons dans l'expérience lamentable de notre impuissance, de notre culpabilité, de notre état de perdition. Car manquer sa destinée, n'est-ce pas être perdu ? Un être qui transgresse les lois de son existence sous le triple aspect de l'ordre universel, du bonheur et du bien, n'est-ce pas un être qui va se perdant ?

*

En douteriez-vous encore ? Douteriez-vous, soit de la culpabilité, soit de la gravité du mal moral ? Auriez-vous encore quelque illusion à cet égard ? Quelque espoir que j'exagère et qu'il en faut rabattre ?

Laissez-moi, pour terminer, dérouler devant vous un spectacle singulièrement éloquent. Ce spectacle, je le prends dans l'histoire évangélique. Comprenez-moi, Messieurs, et rassurez-vous ; non dans l'Évangile en tant qu'autorité religieuse et livre sacré des chrétiens, mais dans l'Évangile en tant qu'histoire, comme simple document historique, portant avec lui ses témoignages et ses preuves, comme tel accessible à chacun.

Or, qu'y vois-je? un homme, le plus doux et le plus humble des hommes, le plus aimant, le plus dévoué, le plus saint, le plus tendre, le bienfaiteur de son peuple s'il en fut, la conscience fraternelle et filiale par excellence, celui en qui se réalisait, comme il ne s'est jamais réalisé depuis, l'amour de Dieu et du prochain, celui que l'humanité dès lors n'a pu s'empêcher de saluer comme le plus juste et le plus pur des êtres, Jésus-Christ, en un mot. Jésus-Christ reçu, aimé, acclamé, glorifié comme il méritait de l'être? Non, Messieurs, vous le savez, Jésus-Christ trahi, trahi par les siens, abandonné par ceux qu'il avait choisis, frappé par son peuple dont il voulait le bonheur, environné de haines, d'opprobres et d'outrages, injustement livré, injustement condamné, mourant injustement, innocente et sainte victime, sur qui s'acharne, sans autre motif que son innocence même, la rage furieuse des pécheurs.

Vous cherchiez ce qu'est le mal dans l'humanité ; vous en vouliez mesurer l'étendue, savoir la vraie nature, connaître le vrai nom? Ne cherchez pas plus loin ; il est là, vous dis-je, là dans sa culpabilité, là dans son déploiement, là dans son horreur, et c'est le même qui dort en chacun de nous ; oui, le même, non plus latent, caché, bridé, secret, mais éclatant au grand jour, déchaînant ses effets en se déchaînant lui-même. Car, allez au fond de ce drame sanglant. Qu'y trouvez-vous ? Le même antagonisme qui déchire nos consciences, qui déchire la société, qui cause dans l'univers le désordre, la souffrance et la mort ; l'antagonisme enfin dévoilé de l'égoïsme et de l'amour. Il n'a pas changé de nature, il est resté pareil ; mais pour une fois, il se révèle et paraît au grand jour. Et dans ce drame singulier qui ramasse et concentre en chaque adversaire toutes les forces antagonistes du mal et du bien, lequel triomphe? C'est le mal et non le bien.

Honteuse et détestable victoire, mais victoire avérée ! Elle prouve, hélas ! ce dont vous doutiez encore, que le mal au sein de l'humanité, que le mal en chacun de nous est plus fort que le bien et l'égoïsme vainqueur de l'amour. Car enfin, le fait est là : l'humanité a rejeté Jésus-Christ ; elle a crié : « ôte, ôte, crucifie, crucifie ». Elle a « préféré les ténèbres à la lumière ». Elle n'a point eu de cesse que la plus haute conscience religieuse et morale ayant paru sur son chemin, elle ne l'ait jetée dans la boue, elle ne l'ait éteinte dans le sang.

Que l'on parle tant qu'on voudra d'évolution, de progrès, de perfectibilité ; que l'on relève avec joie les étapes successives de la race en voie de perfectionnement ; que l'on constate, comme on le fait aujourd'hui, le développement graduel de la morale et de la religion venant aboutir et se parfaire dans l'expérience morale et religieuse par excellence : celle de Jésus-Christ, le Fils de l'homme. On aura raison. Cela est très beau, très noble, très encourageant, très vrai peut-être à certains égards. Mais il ne faut point oublier ceci : l'humanité a méconnu, l'humanité a rejeté, l'humanité a crucifié Jésus-Christ ; celui-là même dont il lui plaît aujourd'hui de se glorifier comme de son plus noble représentant, c'est celui-là du sang duquel elle a souillé la terre.

Mais on ne l'oubliera pas toujours. Le crime est inscrit dans l'histoire. Rien jamais ne pourra l'effacer. Jusqu'à la fin des âges, il témoigne contre l'humanité. Car vous le sentez, Messieurs, il ne s'agit pas d'un crime ordinaire ; le crime est absolu et l'humanité entière y reste engagée.

En vain me montrerez-vous d'autres supplices et d'autres gibets ; en vain me dénoncerez-vous d'autres scandales et d'autres injustices. Je le reconnais : l'histoire entière en est pleine. Mais d'abord, diminuent-ils en rien celui dont Jésus-Christ fut l'objet ? Ne l'aggravent-ils pas au contraire en montrant que la croix de Jésus-Christ, qui les domine tous, n'est pas seulement un accident malheureux de la liberté humaine, mais un anneau, mais l'anneau suprême d'une longue chaîne d'iniquité ? En quoi, je vous le demande, l'accumulation des preuves de la méchanceté humaine, disculperait-elle les hommes d'avoir commis le crime par excellence ? Car, ce qui fait du meurtre de Jésus-Christ le crime absolu, le crime humain, c'est la qualité de la victime, qui, pour une seule fois, réunissait en elle tout ce que l'homme doit aimer, qui, pour une seule fois, ne donnait aucune prise comme aucune excuse à la haine dont elle était l'objet, et qui cependant fut haïe comme le mal seul peut haïr le bien.

En vain me direz-vous que le crime est un crime juif, le triste fruit du fanatisme religieux de quelques sectaires hypocrites; que l'humanité, dans son corps, n'y a point participé; qu'elle n'en est point solidaire et n'en saurait être responsable.

Il est bien vrai que le drame de Golgotha, comme tout fait historique, se réalise en un certain lieu, date d'une certaine époque et que les acteurs en sont singuliers et restreints. Mais parce qu'il est historique, parce qu'il subit comme tel les conditions de l'histoire, en est-il moins humain, pour cela? Pour qu'il soit humain, pour que nous soyons complices des meurtriers du Christ et donc participants à sa mort, ne suffit-il pas, je vous le demande, que nous soyons capables d'avoir perpétré le même crime? Et pour que nous en soyons capables, ne suffit-il pas que vivent et s'agitent en nous les mêmes mobiles, les mêmes penchants, les mêmes passions dont le prolongement a cloué Jésus-Christ sur la croix du Calvaire? Or, lequel d'entre vous oserait prétendre que jamais l'ingratitude des foules, la lâcheté des disciples, la trahison de Judas, le scepticisme de Pilate, l'orgueil des pharisiens, la ruse des partisans d'Hérode, la mondanité des sadducéens, la propre justice des scribes, le légalisme des doctrines, n'ont pas, une fois ou l'autre, traversé son cœur et souillé son âme? Fruits de l'égoïsme et de la convoitise qui sommeillent en chacun de nous, tous les péchés se sont en quelque sorte donné rendez-vous là, rencontrés là, réunis là, unis et mêlés dans leurs effets comme ils sont un dans leur source. Or, leur source profonde et permanente est dans le cœur de l'homme, dans le mien, dans le vôtre, Messieurs, dans le cœur de l'humanité !

Oui, le crime est humain comme il est absolu. Il n'appartient à personne de le répudier. De siècle en siècle il juge et dénonce l'humanité.

Or, que signifie cela ? Sinon que la preuve est faite. Une humanité qui a crucifié le Saint et le Juste parce qu'il était le Saint et le Juste et qui serait capable, les circonstances se renouvelant, de le crucifier encore, est une humanité mauvaise, pervertie, condamnée, puisque le mal y triomphe du bien et que l'égoïsme y tue l'amour. Une humanité semblable ne se relèvera point d'elle-même ni dans son corps, ni dans ses membres. La crise où elle se débat est une crise sans issue. En face de cette perversion compliquée d'impuissance, tout espoir s'évanouit, tout effort demeure vain. Si haut qu'on croie s'élever, le moment arrive où l'édifice, caduc par quelque endroit, chancelle et s'abat. Ruines sociales et ruines individuelles, le champ de l'histoire en est semé. Et chaque tentative nouvelle prépare une ruine nouvelle. Non, le désordre, la souffrance et la mort ne seront pas vaincus par l'homme, parce que le mal est invincible aux forces humaines.

S'il en est ainsi, que ferons-nous, Messieurs ? Ah ! ce que je souhaite que nous fassions, c'est que, prolongeant les lignes que je n'ai fait qu'indiquer, méditant les problèmes que je n'ai pu qu'effleurer, entrant dans les perspectives que je n'ai su qu'entr'ouvrir, interprétant, tour à tour la croix de Jésus-Christ par notre expérience individuelle et notre expérience individuelle par la croix de Jésus-Christ, vaincus par l'évidence et terrassés d'horreur, commençant à nous haïr nous-mêmes, abandonnant toute confiance en nos forces propres, quittant toute justice et tout mérite personnels, nous nous prosternions au pied de la croix que nous avons nous-mêmes dressée, et contemplant face à face celui qu'a meurtri notre convoitise, qu'a flagellé notre orgueil, et que notre égoïsme a fait mourir, nous nous écriions : « J'ai péché contre toi, contre toi proprement. »

Peut-être alors, dans le silence de notre prosternement, dans l'angoisse de notre repentance, entendrons-nous une voix, verrons-nous une lumière, aurons-nous une révélation qui nous parleront de choses meilleures que celles dont je viens de vous entretenir.

II

L'issue de la crise : la foi rédemptrice[1].

Où en sommes-nous, Messieurs, dans l'examen de la vie de l'esprit? Nous avons vu que si, dans un sens, la vie de l'esprit a son histoire, une histoire dont le développement régulier va de l'instinct à la raison, de la raison à la conscience, du fait moral au fait religieux et du fait religieux au fait chrétien, dans un autre sens et sous un autre aspect, il y a perturbation, trouble, désordre, c'est-à-dire crise, et que la crise devient d'autant plus sensible et d'autant plus grave que précisément la vie de l'esprit progresse davantage. En sorte que celle-ci retombe à mesure qu'elle s'élève, qu'elle se ruine à mesure qu'elle se développe et qu'au moment de se consommer en l'homme et de couronner par son avènement l'effort général de l'évolution, la vie de l'esprit demeure en suspens, rongée par un dualisme interne qui se déclare entre le pouvoir moral et le devoir moral de l'homme, entre le devoir que lui commande une partie de sa conscience et l'incapacité que lui dé-

[1] Ce discours forme la contre-partie du précédent et se rattache à la série entière comme l'une des solutions proposées à *Quelques problèmes de la vie de l'esprit*.

nonce une autre partie de cette même conscience ; dualisme douloureux par où les destinées de l'humanité, comme celles de l'individu, se trouvent dangereusement compromises. L'homme ne veut pas ce qu'il doit, et il ne peut pas ce qu'il voudrait. Le devoir, qui devrait être son bonheur et son privilège, puisqu'il implique la plus haute réalisation de lui-même, le devoir lui est à charge, le devoir l'incommode, le devoir le blesse, le devoir l'opprime. Et, dans le même temps qu'il se révolte contre la loi du devoir, il se juge, il se condamne, ou plutôt, il est jugé, il est condamné dans sa conscience, et son malheur s'aggrave d'une culpabilité.

Dans cet état, qu'on a l'audace d'appeler « naturel », alors qu'il est le désordre et la confusion même, tout en lui se heurte et s'entrechoque. Tout lui échappe à la fois, et lui-même et le monde et le but qu'il poursuit dans le monde. Créé pour le bonheur, il le pourchasse âprement et ne l'atteint jamais ; créé pour le bien, qu'il estime en soi et qu'il applaudit chez le prochain, il lui préfère le mal dont il est l'esclave. De cet esclavage veut-il rompre les liens? ils se resserrent à mesure qu'il les brise, et la lutte, que tantôt il abandonne et tantôt il reprend, s'achève toujours sur une défaite. Car le mal contre lequel il lutte, le mal auquel il voudrait échapper, c'est encore et toujours lui-même, son égoïsme, son orgueil, sa convoitise, qu'il transporte partout avec lui, qu'il projette partout autour de lui, et qui, après avoir souillé le fond de sa conscience, va souillant ses pensées, ses paroles, ses actes et dont il ne pourrait éteindre la flamme impure qu'en éteignant celle même de sa vie.

Que si, désespéré par ce conflit et par son impuissance à le résoudre, il se tourne vers le dehors, cherchant un motif d'espoir et l'appui d'un secours, il ne trouve dans l'humanité entière que l'horrible répétition de lui-même.

Il écoute, et voici le cri de l'humanité, coupable et malheureuse qui souffre et qui blasphème, le cri de l'humanité monte jour et nuit dans les cieux muets. Il regarde, et voici la méchanceté règne, l'injustice triomphe, les passions se déchaînent, et le sang coule avec les larmes. Et, comme pour couronner cet affreux spectacle, plus haut que les gibets, les bûchers, les potences où d'innombrables martyrs ont laissé leur vie, à l'horizon des âges, sur le ciel ténébreux, se dresse la croix; la croix où le Saint et le Juste expira par la main des méchants; la croix où, pour la première fois, le martyr était pur et la victime innocente; la croix où, dans un hurlement de rage sanguinaire et d'aveugle folie, toutes les formes et toutes les forces exaspérées du mal éclatent à l'envi; la croix où l'orgueil engendre la haine, où la convoitise se change en fureur, où l'égoïsme aboutit au meurtre. — Devant cette croix, toute illusion se dissipe, tout espoir se flétrit. Crime suprême de l'homme contre l'homme, de l'homme contre le bien, de l'homme contre Dieu, le mal a révélé sa nature en condamnant la nôtre.

*

Avais-je tort de parler d'une crise dans la vie de l'esprit? D'une crise dans son développement psychologique, puisque l'antagonisme du mal et du bien déchire notre conscience dans son fond le plus intime; d'une crise dans son développement historique, puisque le même antagonisme, extérieurement révélé dans la croix de Jésus-Christ, déchire et trouble également l'histoire de la race? Une crise, dis-je, et ce mot lui-même n'est-il pas trop faible encore au prix de la réalité!

Car c'est une réalité. Je ne dis pas qu'elle soit visible à tous ni que tous s'en aperçoivent également. Mais ceux-là commencent de l'entrevoir qui ont commencé d'être attentifs à la lumière que la conscience morale jette dans l'obscurité de leur cœur; ceux-là accèdent à sa vision totale qui, fidèles à cette lumière, l'auront suivie de clarté plus grande en clarté plus grande, jusqu'à la croix d'où elle rayonne, terrifiante et sinistre, comme un soleil.

Il y a eu des hommes, Messieurs, il y en a aujourd'hui, il y en aura toujours, pour qui, comparé à ce qu'ils éprouvent et connaissent, ce que je viens de dire n'est qu'un balbutiement. Ils sont entrés plus profond que nous ne l'avons fait dans le drame du péché, de la souffrance et de la mort, et ils en ont savouré la douloureuse amertume. De ces hommes, la plupart sont demeurés muets, comme terrassés sous le poids de leur découverte; mais lorsqu'ils ont parlé, si frivole qu'elle soit, l'humanité a dû prêter l'oreille. La Vérité parlait en eux. Écoutez Saint Paul, écoutez Augustin, écoutez Luther, écoutez Pascal. Par-dessus les bruits de la terre, leurs voix demeurent, éternels témoins d'un drame éternel.

Or, ce drame ou cette crise, lorsqu'ils s'engagent, comment finissent-ils? Quelle en est l'issue? Il n'y en a qu'une, hélas! qui soit la grande, l'ordinaire issue.

C'est cette dissipation par laquelle l'homme, se fuyant soi-même, se distrait et s'oublie. Une dissipation d'autant plus facile qu'elle a mille formes diverses et que tout y concourt; une dissipation d'autant plus funeste qu'elle peut revêtir l'aspect même du devoir : devoir de savant, devoir d'artiste, devoir d'affaires, devoir social, devoir politique, et pour les mondains, devoirs mondains. Dans toutes les directions l'homme, en fuite de lui-même, part et s'élance. Tout lui est bienvenu, les plaisirs et les peines, les travaux et les dangers; il parcourt le globe, il soulèverait le monde s'il lui était possible, pourvu qu'il échappe au gémissement secret de son âme en détresse, pourvu qu'il endorme l'inquiétude qui le ronge, pourvu qu'il impose silence au murmure accusateur qui l'instruit de son état et qui gronderait bientôt comme un tonnerre s'il ne prenait soin de l'étouffer à mesure. Tout lui est bon; il n'est pas jusqu'aux résolutions de la vertu, jusqu'au travail de la propre justice qui ne serve à quelques-uns, aux meilleurs parfois, d'écran contre la vérité. On reste stupéfait, lorsqu'on y songe, de voir l'homme s'occuper de toutes choses, se passionner pour toutes choses, courir indifféremment des plus profondes recherches de la science aux futilités de la mode, et toujours invariablement, obstinément, négliger l'essentiel.

Cette distraction n'est-elle pas monstrueuse? Elle serait incompréhensible, en tout cas, si précisément elle n'était le signe et l'aveu de cet incessant besoin de dissipation, par laquelle seule l'homme peut échapper à la vue de son état véritable et se dérober aux souffrances de la crise où il se débat.

Mais cette issue, qui est celle de l'immense majorité, n'est pas une solution. Elle fait oublier, elle distrait, elle amortit, elle endort, elle ne résout rien. La vérité nous cherche, Messieurs, elle nous trouvera quelque jour. Au lieu de la fuir éperdument, ne serait-il pas plus viril et plus noble de marcher enfin à sa rencontre? La vérité, après tout, c'est la vérité. S'il y a une solution à la crise que traverse l'esprit humain, soyons sûrs qu'elle ne se trouvera que dans la vérité.

Or, précisément, il y a une autre issue, une issue favorable, une issue qui est une solution et, par suite, une délivrance : celle de la foi chrétienne.

Ceci vous étonne peut-être et presque vous scandalise. Je n'en suis pas surpris. Il a toujours fallu du courage pour attacher le salut du monde, c'est-à-dire la sanctification de l'individu, le bonheur de la société, la consommation de l'ordre universel, à cette chose impalpable et comme évanescente : la foi chrétienne ; il faut aujourd'hui presque de la témérité. Audacieuse affirmation qui de tout temps affronta le scepticisme et l'ironie, elle affronte aujourd'hui, ce qui est pire, l'indifférence et le dédain. Plusieurs n'y voient déjà plus qu'un enfantillage puéril, le dernier vestige d'une superstition surannée ; elle a perdu sa place aux conseils des savants ; elle a perdu son crédit sur les foules, et l'Église elle-même semble avoir perdu la force d'en convaincre le monde. « Cause perdue », « chose jugée » ! nous crie-t-on de toutes parts.

Et si cependant l'affirmation restait vraie ? Si cependant le salut du monde demeurait lié à la foi chrétienne ? J'en suis, pour ma part, entièrement convaincu, et c'est à ranimer cette conviction, à la rendre vive et solide, peut-être à l'établir en quelques-uns d'entre nous, ébranlés par les clameurs du dehors, que je voudrais m'efforcer maintenant.

Je prétends donc que, quoi qu'il en soit de l'opinion courante, l'issue favorable de la crise que traverse l'esprit humain lorsqu'il prend conscience du mal moral, se trouve dans la foi chrétienne. Et je vais droit à mon sujet. Il se décompose en deux facteurs : la foi et l'objet de la foi. Voyons d'abord quel est cet objet ; nous verrons ensuite quelle est cette foi.

*

L'objet de la foi chrétienne, le mot l'indique, c'est Jésus-Christ. Qui est Jésus-Christ ? Nous l'avions laissé sur la croix où éclatait dans son paroxysme le péché de l'homme ; sur cette croix nous avions salué le plus noble des martyrs et la plus innocente des victimes. Mais Jésus-Christ, Messieurs, est plus qu'une victime et plus qu'un martyr ; c'est encore un vainqueur.

Un vainqueur, demandez-vous, et de quoi donc ? Dans l'ignominie du Crucifié vous distinguez mal la gloire et l'éclat du triomphe. N'est-ce pas vaincu plutôt qu'il faudrait dire, puisque son ministère se brise avec sa vie, puisque son œuvre avorte en pleine carrière et que le scepticisme romain, au service de la haine juive, délivre l'humanité d'une conscience trop pure ?

Je prétends que si vous avez l'apparence pour vous, j'ai la réalité pour moi. Vainqueur de quoi, dites-vous ? Je réponds : vainqueur du péché. Comprenez-vous ? vainqueur du péché, c'est-à dire vainqueur du seul adversaire que l'homme jusqu'à lui n'avait pu vaincre ; vainqueur à l'endroit vital, décisif ; vainqueur sur le point duquel dépend la destinée totale de l'individu et de la race. Le péché demeurait invincible à l'homme. Jésus en a triomphé, et la croix où il expire est l'appareil même de son triomphe.

Examinez, je vous prie, pour quelles raisons les hommes ont crucifié le Fils de l'homme. Ne les demandez pas au catéchisme de votre enfance ou au dogme de votre Église ; ils vous renseigneraient mal ; demandez-les au récit même des Évangiles, à cette quadruple et merveilleuse biographie du Nazaréen que nous ont laissée quelques-uns de ses premiers disciples. Ouvrez donc les Évangiles et dites, si vous l'osez, qu'il n'y a point de relation entre la mort de Jésus-Christ et sa sainteté. Pur de motifs et pur de pensées, pur dans ses actes et pur dans ses paroles, il se refuse constamment aux complicités du mal. Il dit *non* aux séductions de l'orgueil, *non* aux entraînements populaires, *non* aux enthousiasmes d'un faux patriotisme, *non* à l'hypocrisie des chefs de son peuple, *non* aux menaces de la violence, *non* et *non* toujours, imperturbablement, invariablement *non* aux iniquités de toutes sortes, intimes et publiques, avouées et secrètes, qui se commettaient autour de lui et qui sollicitaient, si ce n'est son approbation, au moins sa tolérance. C'est dans cette négation persistante du mal, dans cette inflexible condamnation du mal que les Juifs ont trouvé les motifs de leur haine.

— A n'en pas douter, Jésus est mort parce qu'il était intolérablement saint.

Examinez maintenant, non plus pourquoi il est mort, mais comment il est mort, je veux dire, dans quelle attitude et dans quel état d'esprit. Contemplez les scènes successives de ce que l'Église appelle sa passion ; suivez-le de Gethsémané au Sanhédrin, du Sanhédrin au Prétoire, du Prétoire à Golgotha.

Est-ce ainsi, je vous le demande, qu'expire et souffre un coupable ? Les paroles qu'il prononce, les dispositions qu'il manifeste, sont-elles celles d'un pécheur ? Écoutez la foule : elle raille et blasphème ; écoutez la victime : elle prie et pardonne. Ah ! croyez-en le contraste. Si jamais homme est mort saintement, sans un repentir, sans un retour sur lui-même, le cœur débordant d'amour et de filiale soumission, avouez-le, c'est Jésus-Christ. Et si cette mort, tout injuste et toute soumise, tout ignominieuse et toute désintéressée, toute cruelle et tout aimante, si cette mort vous confond, si vous avez peine à la comprendre, regardez à la vie qu'elle consomme.

Ici de nouveau, lisez, relisez les Évangiles, les Évangiles eux-mêmes. Dans ces pages si fraîches, si naïves, si parfumées, étudiez le caractère et la vie de Jésus de Nazareth. De cette vie remontez à cette mort ; de cette mort redescendez à cette vie, peu à peu vous comprendrez, vous verrez, vous vous convaincrez que vous êtes en présence du grand prodige, du grand miracle, et qu'une fois au moins un être parfaitement saint a vécu dans notre race pécheresse.

Vous demeurez surpris et perplexe. Vous dites : Comment cela fut-il possible ? Comment cela fut-il possible ? je l'ignore autant que vous ; je me le demande avec vous. Peut-être ne le saurons-nous jamais entièrement. Il n'importe : cela fut. Et si vous hésitez encore, reconnaissez au moins ce que signifient vos hésitations. Elles signifient que le mal est donc bien grave, bien universel, bien profondément entré dans la nature humaine, pour qu'il vous semble si difficile d'admettre qu'un seul homme, une seule fois, ait pu se soustraire à sa contagion. Et puisque le mal est cette chose universelle et grave, puisqu'il n'est à vos yeux pas un être humain qui n'en souffre et n'en meure, puisque vous en souffrez et que vous en mourez vous-même, n'est-ce pas dès lors avec une immense espérance, avec un tressaillement de joie que vous devriez accueillir le message qui vous annonce l'exception glorieuse à l'universelle souillure ? Et si ce message devait vous annoncer un miracle, avouez au moins que ce serait le plus urgent des miracles.

Mais est-ce vraiment un miracle ? Oui, sans doute, du côté de la nature ; non pas du côté du devoir.

Croyez-vous qu'il se pût faire que l'appel prophétique de Dieu dans la conscience humaine restât toujours sans réponse ? Du fond des âges Dieu criait à l'homme : « Sois saint ! » Et voici, porté par les efforts, les labeurs, les larmes et les angoisses de la race en travail d'obéissance, Jésus-Christ est paru. En lui l'appel a reçu sa réponse, et la prophétie son accomplissement. Or qu'a-t-il été ? ce que l'homme devait être : l'homme vrai, l'homme tel que Dieu l'a voulu, le Fils de l'homme.

Et prenez-y garde, Messieurs, cette victoire qu'a remportée Jésus sur le mal est également celle par laquelle il règne aujourd'hui sur le monde.

Chose étrange, depuis dix-neuf siècles écoulés, l'humanité, qui laisse tomber dans l'oubli la mémoire de tant de conquérants illustres et d'immortels génies, ne peut se distraire de la personne du charpentier nazaréen. La vision qu'elle en a domine l'histoire, grandit avec l'histoire, dirige et gouverne l'histoire. Il n'y a pas de figure sous les cieux qui ait tant préoccupé l'esprit humain, qui l'ait si fortement impressionné, que l'on ait davantage contemplée, étudiée, scrutée, que celle de Jésus, le Fils de l'homme.

Et s'il n'est encore, pour plusieurs, que le merveilleux emblème d'un inaccessible idéal, pour d'autres cependant, pour une multitude croissante, dont les rangs pressés enceignent le globe, le nom de Jésus devient celui que l'on révère, que l'on bénit, que l'on chante, que l'on adore, comme celui d'un vainqueur et d'un roi. D'où vient cela ? D'où vient que le plus humble des enfants du plus infime des peuples qu'ait subjugués les aigles romaines, que ce juif méprisé, condamné par les siens et qu'une mort infamante semblait vouer à l'éternel oubli, occupe dans le monde la place qu'il y occupe ? ait pris rang de souverain des consciences et des cœurs ? soit devenu pour des milliers et des milliers de disciples l'objet d'un amour, d'un dévouement, d'une obéissance toujours les mêmes et toujours renouvelés ? une source à jamais intarissable de force, de consolation, d'espérance ? un moyen, le seul efficace, de relèvement moral, de régénération, de sanctification individuelle et collective ? Oui, d'où vient cela ? Vous doutiez de la sainteté de Jésus-Christ, mais douterez-vous des fonctions royales qu'il exerce aujourd'hui sur des âmes en multitudes ? Régner sur les âmes ! Gouverner les consciences ! Leur arracher l'hommage volontaire d'une absolue soumission ! Quel pouvoir est comparable à celui-là ?

Vous hésitiez devant la sainteté de Jésus de Nazareth comme on hésite devant un miracle ; mais le miracle manifeste, le miracle incontestable, n'était pas là, il est ici. En acceptant l'un, et il le faut bien puisque l'histoire l'atteste, vous acceptez l'autre. Jésus-Christ, roi des consciences, ne saurait l'être que s'il est aussi le Saint de Dieu.

*

Mais voici venir une objection. « Soit, dites-vous, admettons pour un instant que, seul parmi les enfants des hommes, Jésus ait été saint et que la royauté morale, dont il exerce aujourd'hui les prérogatives souveraines, remonte à la victoire qu'il gagna jadis sur le péché. D'où vient cependant que, triomphant du mal, il n'échappe ni à la souffrance, ni à la mort qui en sont le salaire ? D'où vient qu'il les subisse précisément sous leur forme la plus odieuse, la plus dégradante et la plus aiguë ? Ceci n'infirme-t-il pas cela ? »

Certes vous auriez raison ; certes ceci infirmerait cela ; certes les souffrances et la mort auxquelles Jésus n'aurait pu se soustraire contrediraient à sa parfaite sainteté, si précisément Jésus n'avait pu s'y dérober. Mais qui vous a dit qu'il ne l'aurait pas pu ? Tout l'Évangile est témoin du contraire. Il aurait pu, s'il l'avait voulu, échapper au supplice, échapper aux persécutions, échapper déjà et tout d'abord aux calomnies, aux jalousies, aux haines qui les ont engendrés. Il lui aurait suffi pour cela de se tenir à l'écart, de se retirer au désert comme il le fit quelquefois. Il ne l'a pas fait ; c'est donc qu'il ne l'a pas voulu ; et s'il ne l'a pas voulu, c'est donc qu'il voulait souffrir et mourir. « Le Fils de l'homme, dit-il à ses disciples, est venu pour donner sa vie. » Et désormais, vous le sentez, ses souffrances et sa mort changent de caractère et d'aspect. Elles ne sont pas subies seulement, elles sont libres, elles sont acceptées, elles sont voulues, elles sont offertes. Elles n'infirment donc plus sa sainteté, elles en découlent, elles la consacrent.

Et si vous me demandez pourquoi ? Pourquoi Jésus à l'inverse de tous les hommes qui fuient la souffrance et la mort, a-t-il voulu souffrir et mourir ? L'Évangile répond encore et voici sa réponse : Jésus vainqueur du mal, n'a pas voulu demeurer seul dans sa victoire, mais s'unissant à ses frères, les y entraîner avec lui. Ce n'était point assez qu'il fût saint personnellement ; il voulait encore devenir pour tous un moyen de sanctification. En d'autres termes, et si le péché c'est la perdition, il a voulu devenir le sauveur des hommes en les sauvant du péché. Or, l'une des conditions de ce salut était qu'il ne leur fût point inaccessible ; qu'il ne trônât point au-dessus d'eux dans la gloire d'une sainteté solitaire ; qu'il ne fût pas un météore glorieux, traversant l'horizon de l'histoire et le laissant plus sombre de sa gloire disparue ; mais qu'il entrât dans cette histoire pour y demeurer à jamais, et pour cela, qu'il s'unît à l'humanité par les plus profonds, les plus intimes des liens : ceux de la souffrance et de la mort. Cette sainteté, par laquelle Jésus s'éloignait de nous, il a voulu nous la rendre désirable par une communauté touchante de dépendance et de faiblesse ; nous la rendre sympathique, abordable, l'humaniser en quelque sorte, l'approcher autant que possible de notre misère et de notre infirmité, en devenant semblable à nous par tout le reste, en portant avec nous le joug commun d'une commune souffrance et d'une mort commune. C'est à ce prix seulement que le Saint parfait pouvait s'abaisser à notre niveau, rester malgré tout notre frère et notre ami, et ce prix il l'a payé joyeusement, librement payé de ses souffrances et de sa mort. C'est de la sorte, en tout cas, que l'Évangile nous le présente est c'est de la sorte encore qu'un peu de réflexion nous le fait entrevoir.

Ne dites pas, en effet, que la souffrance et la mort d'un saint sont choses impossibles ni surtout choses injustes. — Impossibles! Mais cet abaissement volontaire, c'est le résultat, le devoir même de la sainteté. Qu'est-ce, encore une fois, que la sainteté ? L'absence d'égoïsme, le contraire de l'égoïsme. Et qu'est-ce que le contraire de l'égoïsme, sinon l'amour ? Et qu'est-ce que l'amour, sinon le pouvoir de se donner, de se dévouer, de se sacrifier, et donc de souffrir et de mourir avec et pour l'objet que l'on aime ? En sorte que loin de contredire à sa sainteté, l'abaissement volontaire de Jésus-Christ au rang des pécheurs forme la conséquence même de sa sainteté.

Et si vous criez à l'injustice, à l'injustice d'une souffrance non méritée, prenez garde, Messieurs, que vous ne calomniiez l'amour ! Et depuis quand, je vous le demande, l'amour a-t-il reculé devant la mort sous prétexte de justice ? Depuis quand conteste-t-on à la mère le droit de souffrir et même de mourir pour son enfant ? Depuis quand conteste-t-on à la piété filiale le droit de payer les dettes paternelles ? ou à l'ami de se dévouer pour son ami ? Qu'est-ce à dire ? sinon que l'amour est libre, souverainement libre ; que la liberté c'est le privilège de l'amour, et que l'amour a le droit d'aimer.

Or aimer, c'est essentiellement se donner, se dévouer, se sacrifier ; il n'y a point d'amour qui ne soit un sacrifice ; il n'y a point de sacrifice qui ne soit une mort. Et si l'amour d'êtres égoïstes, le pauvre et misérable amour dont nos cœurs sont susceptibles est capable de ces choses, pourquoi l'amour d'un saint, c'est-à-dire un amour pur de tout égoïsme, serait-il privé de ce droit ? et si l'amour imparfait, que seul nos cœurs connaissent, se donne, se dévoue, se sacrifie, souffre et meurt au besoin, laissez donc à l'amour parfait, laissez à celui qui fut tout amour parce qu'il fut tout sainteté, le privilège de produire un dévouement, un sacrifice parfaits comme lui-même, et puisqu'il aime tous les hommes, de se donner à tous les hommes, et puisqu'il aime sans limites, de se donner sans limites, et puisqu'il n'y a point d'amour qui n'entraîne une mort, de mourir enfin à force d'aimer.

*

« Soit, m'objecterez-vous peut-être, mais à quoi me sert tout cela ? Je vois bien de quelle sainteté rayonne la personne de Jésus-Christ ; j'entrevois quelque chose de son amour et je veux croire que ses souffrances et sa mort sont le moyen dont il se sert pour en témoigner. Mais quel avantage m'en revient-il ? Jésus-Christ a vaincu le mal, je le veux ; Jésus-Christ s'est uni à l'humanité par les liens profonds d'un amour qui va jusqu'à la mort, je le veux encore ; j'en suis même touché, ému, mais cette émotion, cette admiration, à quoi me servent-elles ? Après comme avant, je reste seul, seul dans mon péché, seul dans mon égoïsme, seul dans ma misère et je ne saisis pas en quoi la victoire de Jésus sur le mal, l'effort de charité qu'il accomplit en ma faveur, transforme ma situation. Quoi qu'il ait fait ou désiré faire, dix-neuf siècles nous séparent, et, de son œuvre, je ne reçois aucun bénéfice. »

A quoi Jésus nous sert ? A croire en Dieu. Comment vous mettre au bénéfice de son œuvre ? Par la foi en sa personne. Ces deux choses vont ensemble. D'une part la personne de Jésus-Christ est le principe de la foi religieuse, de l'autre la foi en Jésus-Christ est le principe du salut moral. Pour plus de clarté, examinons séparément chacune de ces deux affirmations.

Je dis d'abord que la personne de Jésus est le principe de la foi religieuse ; en d'autres termes, que Jésus-Christ nous sert à croire en Dieu.

Cela est considérable, car vous le sentez, il y a dans la plus simple, la plus rudimentaire des fois religieuses, un trésor de forces, d'espérances, une possibilité, une perspective de bonheur et de rédemption qui sont le nécessaire viatique de toute existence morale. Quiconque a le privilège de croire en Dieu a le droit de croire que « tout finira par bien finir ».

Non certes que je conteste l'existence de la foi religieuse en dehors ou à côté de l'Evangile, ni que je veuille en rien diminuer sa valeur. Je la respecte et je l'aime partout où je la rencontre. Mais je constate qu'en dehors de Jésus-Christ elle reste et elle a des raisons de rester incertaine, intermittente et trop faible ou trop confuse pour agir avec efficacité sur la vie spirituelle du croyant.

Hors de Jésus-Christ la foi religieuse, en effet, ne sait exactement où se prendre ni en quelle divinité croire.

Serait-ce celle que montre la nature ? Toute puissante, il est vrai, mais impersonnelle, impassible et muette, elle engendre et détruit, fait naître et fait mourir avec une égale indifférence, et n'a point de réponse pour les soupirs angoissés de sa créature malheureuse. Serait-ce plutôt celle dont témoigne l'histoire ? Mais immorale et multiforme comme l'histoire elle-même, participant de ses crimes, de ses larmes et de son sang, elle consterne l'imagination et se dérobe à jamais aux aspirations du cœur. Serait-ce, au contraire, le Dieu qui se révèle à la conscience ? Juge inflexible et rigoureusement saint, il ne lui parle cependant que pour la condamner, il ne l'éclaire qu'afin de la mieux convaincre de son impuissance et de sa faute et la précipite dans l'abîme sans fond d'un horrible désespoir. Serait-ce enfin et tout ensemble le Dieu de la nature, celui de l'histoire et celui de la conscience ? Mais la synthèse n'est pas possible et les attributs contradictoires d'une telle divinité s'annulent ou s'excluent l'un l'autre. Ni l'un ni l'autre, en tout cas, ne contiennent les facteurs suffisants d'une révélation définitive. Et dès lors ce sont les bases mêmes de la foi religieuse, au moment où l'on voudrait s'y appuyer, qui s'ébranlent et chancellent. De là vient, Messieurs, qu'aucune des religions humaines ne supporte victorieusement l'épreuve du temps ou celle de la critique. Elles finissent toutes par s'épuiser à la longue ou par s'évanouir devant les clartés du savoir. Elles manquent de solidité parce qu'elles manquent de la révélation précise et nette du Dieu qu'il faut croire.

Mais on aurait tort, comme on le fait souvent, de rendre le christianisme solidaire de cette caducité et de lui prédire un sort identique.

Car, en Jésus-Christ, le Dieu que l'humanité cherchait sans le trouver s'est manifesté. Par Jésus-Christ, depuis Jésus-Christ, en contemplant Jésus-Christ, nous savons ce qu'Il veut, nous apprenons à discerner son caractère et à connaître ses intentions. Il est le Dieu saint que réclamait notre conscience ; Il est le Dieu d'amour que réclamait notre cœur. Il condamne le mal comme notre conscience le condamne et plus sévèrement encore ; mais Il aime le pécheur de cet amour même, infini, miséricordieux, compatissant dont Jésus nous a aimés, et dont notre cœur a besoin. Et les intentions de Dieu, sa volonté, son œuvre sont conformes à son caractère. Il condamne en aimant, comme Il aime en condamnant. Et la synthèse de cette apparente contradiction constitue le salut. Le Dieu de Jésus-Christ sauve l'homme, Il le sauve moralement, en sauvant le pécheur de son péché, c'est-à-dire qu'Il répond au désir de notre cœur de la seule manière qu'approuve notre conscience. En Jésus-Christ, Dieu, celui qui créa la nature, qui est entré dans l'histoire, qui gouverne les consciences, Dieu, le Dieu vivant et vrai, a parlé ; Il a prononcé le saint, le tendre, l'émouvant, le miséricordieux appel dont la réponse constitue précisément la foi. — Et c'est pourquoi la foi chrétienne devient désormais la seule possible, la seule viable, la seule victorieuse, la seule qui ait encore devant elle l'avenir, tout l'avenir de l'humanité.

★

« Mais encore, me demanderez-vous peut-être, qu'est-ce que croire de la sorte ? Pourquoi et comment la foi au Dieu de Jésus-Christ me sauve-t-elle du mal ? En quoi constitue-t-elle une victoire, bien plus, ma victoire, ma victoire *personnelle*, ma victoire *actuelle* sur le péché ? Car vous conviendrez que tout est là, et qu'une foi qui n'aurait pas cet effet serait une foi vaine et donc superflue. »

Je réponds très simplement : parce que notre foi comble la distance qui nous sépare de Jésus-Christ ; parce qu'elle nous unit à la personne de Jésus-Christ ; parce qu'elle nous rend participants de son œuvre et donc de sa victoire.

Il règne, Messieurs, sur l'essence de la foi chrétienne bien des préjugés, bien des malentendus, bien des ignorances que j'aurais voulu signaler et détruire. J'y renonce faute de temps.

Je me borne à vous prier de faire une chose : en prêtant au sujet que nous abordons toute l'attention qu'il réclame, comparez ce que je vais dire à ce qu'on va répétant d'ordinaire au sujet de la foi chrétienne, et voyez si ce ne sont pas là de purs travestissements, de pures caricatures, de pures calomnies. Caricatures et calomnies auxquelles j'avoue que les chrétiens quelquefois ont largement prêté, mais qu'une attention sincère aurait dû rectifier.

La question est donc celle-ci : qu'est-ce que la foi qui, nous unissant à la personne de Jésus-Christ, nous fait participants de sa sainteté, c'est-à-dire de sa victoire sur le mal ?

Et j'affirme d'abord que cette foi n'est pas, ne saurait pas être la simple croyance, c'est-à-dire la certitude intellectuelle qu'une idée est vraie ou qu'un fait a eu lieu, et, par exemple, que Jésus a réellement existé ou qu'il a saintement vécu. Croire de croyance, c'est autre chose et c'est moins que croire de foi. Je ne condamne ni n'exclus cette forme de la foi. La croyance est utile, elle est indispensable. Je constate simplement qu'elle n'est pas suffisante. Il est précieux, sans doute, de savoir que Jésus a vaincu le mal ; infiniment précieux de savoir qu'il l'a vaincu à notre intention et par amour pour nous. Mais cette connaissance ou cette foi reste stérile. Elle laisse Jésus seul dans sa victoire, et nous laisse seuls dans notre impuissance. Il a triomphé sans nous, et nous luttons sans lui.

Ce qui manque à la foi-croyance, c'est d'établir entre la victoire de Jésus-Christ et nous-mêmes un lien organique, une solidarité substantielle. Ce lien ne saurait être une idée, ne saurait être une certitude historique, ne saurait être un dogme, quelque admirable ou plausible qu'il soit d'ailleurs et de quelque ferveur que nous l'embrassions.

Ce lien, c'est Jésus-Christ lui-même. L'œuvre de Jésus-Christ n'a pour nous de valeur, ne nous est fructueusement accessible qu'à travers sa personne. Pourquoi ? Parce que son œuvre n'est rien, sinon *son* œuvre, *sa* pensée, *sa* volonté, *ses* actes, *sa* sainteté, *son* amour, c'est-à-dire lui-même, et lui-même à chaque fois tout entier, vivant, agissant, aimant, mourant, triomphant. Il est donc de toute nécessité que la foi soit plus que la croyance en un fait, qu'elle soit la réception d'une personne.

« La foi, la réception d'une personne ! » Et vous demandez : « Comment recevoir de la sorte Jésus-Christ ? » Messieurs, on reçoit Jésus-Christ en se confiant et en obéissant à Jésus-Christ. La confiance et l'obéissance personnelles, c'est-à-dire la confiance de notre personne à la personne de Jésus-Christ, l'obéissance de notre personne à la personne de Jésus-Christ, voilà le secret de la foi chrétienne, son essence et toute sa définition, et c'est en même temps l'essence et la définition de toute communion qu'une personne puisse soutenir avec une autre personne.

Que représente, en effet, l'acte de se confier, si ce n'est l'acte d'abandonner la direction de sa vie à celui en qui l'on se confie? Et qu'est-ce qu'abandonner à quelqu'un la direction de sa vie? Certes, on peut le faire de bien des manières et à bien des degrés, mais à la manière, au degré et dans le domaine où Jésus l'exige, dites-moi, qu'est-ce que se confier? sinon lui remettre, pour qu'il les dirige, le fond même et le point de départ de notre existence personnelle, la vie de notre conscience et celle de notre cœur, nous-mêmes dans ce que nous avons de plus central et de plus intime? Et dites maintenant si une telle confiance ne réalise pas en fait, par son jeu naturel, la plus réelle, la plus solide des communions?

Et si nous ajoutons à la confiance, l'obéissance, qui en découle, à vrai dire, mais qui n'en découle pas si manifestement qu'il ne convienne de le rappeler, ne devient-il pas évident que nous resserrons encore davantage les nœuds de cette communion? Je demande, effectivement, en quoi consiste l'obéissance au point de vue psychologique? Je conviens qu'on peut l'accorder de bien des manières, à bien des degrés et dans bien des sphères différentes. Mais l'obéissance de l'être pécheur et souillé que nous sommes à celui qui fut et qui reste le Saint de Dieu? N'opère-t-elle pas spontanément une renonciation, la renonciation à ce qu'il y a de plus vital en nous, l'abdication de notre volonté propre, c'est-à-dire de notre égoïsme naturel, au profit de la volonté sainte de Jésus-Christ? Car enfin, qu'est-ce qu'obéir, sinon livrer notre vouloir personnel — et notre vouloir personnel, c'est notre personne, c'est nous-mêmes, — au vouloir personnel, et donc à la personne à laquelle nous obéissons.

Obéir à Jésus-Christ, lui obéir de la sorte, et lui obéir véritablement, c'est donc nous livrer personnellement à Jésus-Christ, pour qu'implantant sa volonté dans la nôtre, il réalise sa personne dans notre personne.

Et qu'implique tout cela? Sinon l'entrée avec lui dans une communion effective et vivante qui nous fait réellement participer à sa personne et donc à son œuvre, car, encore une fois, son œuvre, c'est sa personne, sa personne en action. Désormais Jésus-Christ n'est plus seul et nous ne sommes plus seuls. Il est en nous et nous sommes en lui. Lui en nous, par l'obéissance de notre foi; nous en lui, par la confiance de notre foi.

Voilà, Messieurs, en quoi consiste la foi chrétienne, et voilà ce que c'est que de vivre par la foi. Il n'y a pas de plus grand mystère dans le christianisme, et ce mystère n'a rien de magique, de factice ou d'arbitraire. C'est l'application simple et normale de la confiance et de l'obéissance humaine au seul objet qui en soit absolument digne. Étant donné la personne de Jésus-Christ d'une part, celle du fidèle de l'autre, la psychologie de la foi chrétienne n'est pas autre chose que la psychologie de la confiance et de l'obéissance entièrement réalisées.

*

Et cette psychologie implique la solution du problème. Jésus-Christ principe de la foi religieuse, qu'il rend seul viable, parce qu'en lui seul l'homme peut croire au Dieu de sa conscience ; Jésus-Christ principe du salut moral, parce qu'en lui seul l'homme peut vaincre son égoïsme naturel, Jésus-Christ donne à la crise dans laquelle se débattait la vie de l'esprit son issue favorable.

Cette issue, d'abord strictement individuelle, s'élargit peu à peu jusqu'à produire des conséquences extérieures et sociales. Réelle pour chaque croyant et selon le degré de sa foi, elle devient réelle pour l'humanité en proportion du nombre de croyants personnels qu'elle renferme et de l'influence qu'ils exercent. Car il est inévitable et d'évidence mathématique en quelque sorte, que la source du mal tarisse au sein de la société dans la mesure exacte où elle tarit au sein de l'individu, et que la source du bien jaillisse au sein de la société dans la mesure exacte où elle jaillit au sein de l'individu. La possibilité d'une reprise de la marche générale du développement et du progrès pour l'espèce entière s'ouvre ainsi de nouveau.

Ai-je tort, Messieurs, de penser pour ma part, que cette possibilité est en voie de réalisation? Se sont-ils trompés, les historiens qui ont salué dans l'Évangile l'immortelle semence de tous les affranchissements? N'est-ce pas un fait attesté par l'histoire que le christianisme, en pénétrant les peuples, y a suscité des énergies, des certitudes, des libertés et des espérances inconnues jusque-là ? N'est-ce pas un fait avéré que les seules nations historiques, celles qui, depuis dix-neuf siècles, ont pris la tête du développement humain, président à ses progrès et dirigent sa marche, sont exclusivement les nations dites chrétiennes? N'est-ce pas un fait encore que les sociétés christianisées sont les seules que travaillent efficacement les aspirations de la justice et de l'amour, les seules au sein desquelles bouillonnent les ferments irrésistibles des révolutions salutaires, les seules qui aient conquis et qui aillent conquérant sans cesse les droits sacrés et les prérogatives de la personnalité spirituelle ?

Cette coïncidence est-elle fortuite? Il semble difficile de le croire. Et si elle n'est pas fortuite, que prouve-t-elle ? Elle prouve, d'une manière trop faible et trop intermittente encore, j'en conviens, mais sensible et réelle cependant, que la psychologie de la foi chrétienne, qui se confirme dans la conscience, se confirme aussi dans l'histoire ; qu'en triomphant de l'égoïsme individuel, la foi chrétienne libère partout les énergies entravées de la vie de l'esprit;

qu'elle rend son cours à l'évolution suspendue, et que, par elle, l'humanité reçoit les gages d'un meilleur avenir.

Cet avenir meilleur n'est pas un chimérique idéal, mais une glorieuse réalité. L'Évangile qui le prépare et l'annonce, lui donne un nom : le royaume de Dieu sur la terre. Épanouissement suprême de l'évolution dans la vie de la nature et de l'évolution dans celle de l'esprit, synthèse merveilleuse de l'une et de l'autre, c'est pour son avènement que « la création tout entière soupire, gémit et souffre comme les douleurs de l'enfantement », et c'est pour son avènement encore qu'intercède le fidèle chaque fois qu'il prie : « Que ton règne vienne. »

A ce royaume, voulons-nous accéder ? A son établissement, voulons-nous travailler ? Nous ferons l'un et l'autre, nous nous sauverons nous-mêmes et nous contribuerons au salut du monde en faisant une seule chose ; nous résoudrons tous les conflits, nous dénouerons toutes les crises, nous hâterons tous les progrès, nous rendrons à toute vie sa signification, sa splendeur et son but, dans l'unité d'un seul acte : celui qui consiste à croire, c'est-à-dire à livrer notre personne à la personne de Jésus-Christ pour lui obéir sans réserve dans la confiance véritable d'une foi vivante et vraie.

1900.

LA VICTOIRE DE LA FOI[1]

Deux besoins se disputent notre être : celui de la lutte et celui du repos. Les jeunes hommes aspirent surtout à la lutte, les vieillards aspirent surtout au repos ; en sorte que ces deux tendances ne s'affirment point en même temps avec une intensité égale. Mais que l'on ne s'imagine pas que nous puissions jamais nous réduire à l'une sans l'autre. Déchirés et doubles à tant d'égards, nous sommes, ici encore, une vivante contradiction.

Or l'Évangile, qui nous connaît, répond à cette contradiction par un double appel : au repos, à la lutte. Et il se trouve qu'en lui les deux termes opposés ne se contrarient plus, parce que le repos qu'il offre est une lutte, parce que la lutte à laquelle il convie est un repos. Ils ne se contrarient plus parce

---

[1] Allocution prononcée à Sainte-Croix dans la conférence de l'Association chrétienne suisse d'étudiants.

Ces pages, écrites au courant de la plume, n'ont point été rédigées pour l'impression. *(Éd.)*

qu'il y a victoire, victoire après la lutte, certitude de victoire pendant la lutte, et que le moyen même de la victoire, c'est le repos en Dieu. « La victoire par laquelle le monde est vaincu, c'est notre foi. »

La lutte est la nécessité fondamentale de toute existence. Il n'y a pas dans l'univers un seul être qui ne subsiste par l'effort et donc par la lutte ; et dans ce même univers, tout être qui meurt est un être parvenu au terme de son effort : il ne cesse d'exister que parce qu'il cesse de pouvoir ou de vouloir lutter. Et de même qu'il faut lutter pour vivre, il faut vaincre pour survivre.

La vie, le progrès de la vie, l'épanouissement de la vie et sa perpétuation sont à ce prix. Je n'insiste pas. On nous l'a suffisamment enseigné pour qu'il soit superflu de le rappeler ici, et vous en êtes trop convaincus pour qu'il soit opportun de vous en persuader davantage. Mais si la lutte est une nécessité aux lois de laquelle nous sommes durement astreints, elle est autre chose encore : une aspiration, un besoin, une joie. Cette lutte qui nous est imposée du dehors, un intime et secret instinct nous la fait aimer au dedans. Condition de l'existence, elle en est en même temps la fleur, l'espérance et le fruit. Tellement qu'il suffit d'y faire appel, pour que quelque chose tressaille et se relève en nous ; pour que je ne sais quelle vaillance s'éveille au fond de nos âmes qui fait de nous, pour un instant au moins, des lutteurs et peut-être des héros. Or d'où vient cela ? De ce que toute lutte contient l'espoir et la possibilité d'un triomphe; condition de toute vie, elle est également la destination de tout être. Nous ne sommes voués à la lutte que parce que nous sommes destinés à la victoire. Ici, non plus, je n'insiste pas. Votre cœur, je l'espère, parle assez haut, pour faire écho à mes paroles ; que dis-je, pour les couvrir de leurs joyeuses et viriles clameurs. Vous êtes nés pour vaincre ! Quelque chose ou quelqu'un vous l'a dit avant moi. Et cette voix que l'on entend surtout dans la jeunesse, à laquelle votre jeunesse a déjà répondu, mais qui ne se confond pas pourtant avec celle de votre jeunesse, qui la dépasse et qui la domine infiniment, dont l'ordre se fait entendre à tous, c'est la voix impérieuse, éternelle, souveraine de Celui qui nous ayant faits à son image, a voulu que, par la lutte, nous parvinssions à la gloire, et par la victoire au règne. C'est cet ordre encore que répète l'Évangile : « La victoire par laquelle le monde est vaincu, c'est notre foi. » Je m'appuie maintenant sur ce texte pour interpréter à votre conscience l'instinct profond de votre cœur, et vous engager dans la lutte qui seule peut conduire à la victoire véritable. Car l'erreur est possible. On peut se tromper sur l'obstacle à vaincre, sur la nature du combat à soutenir et sur les armes qu'il faut employer. On peut, croyant marcher à la victoire, courir au devant de la défaite. L'exemple de ces erreurs funestes qui se terminent en de lamentables banqueroutes est constamment sous nos yeux. L'instinct, ni même la raison ne suffisent pas à nous guider ; ils ne suffisent pas surtout à nous conférer la force indispensable. De cette double tâche, l'Évangile seul est capable.

*

Et d'abord, où est l'obstacle et quel est l'adversaire ? Car tout effort suppose un obstacle et toute lutte un adversaire ? L'Évangile le désigne d'un seul mot : « le monde ». C'est sur le monde que doit s'exercer notre effort, c'est contre le monde que nous devons soutenir la lutte suprême et tragique qui décidera de notre avenir et fera de nous pour jamais des vainqueurs ou des vaincus. Mais encore qu'est-ce que « le monde » d'après l'Évangile et qu'entend-il par là ?

Faudrait-il le prendre au sens qu'on lui donne quelquefois et qui paraît à première vue le plus naturel : la nature physique, l'univers des lois et des forces matérielles, l'ensemble des réalités terrestres ou cosmiques d'où dépend directement notre existence ? L'apôtre sans doute ne l'entendait pas ainsi. Et néanmoins on n'aurait peut-être pas absolument tort. A considérer l'histoire de l'humanité, son laborieux développement et son établissement graduel à la surface du globe, c'est bien là que se trouve, sinon l'adversaire, au moins l'obstacle. Car la nature par laquelle et de laquelle nous vivons est aussi celle par laquelle nous mourons. Les mêmes lois et les mêmes forces qui nous soutiennent dans l'existence, nous précipitent dans la mort. Il y a un danger jusque dans les richesses que nous livre la nature. Et si bien que nous réussissions à capter ses énergies, nous n'y réussissons pas tellement qu'elles ne nous échappent parfois, qu'elles ne se tournent contre nous, et que leur déchaînement subit ne nous laisse impuissants et terrifiés en face d'un pouvoir incoercible, mystérieux, au sein duquel semble s'agiter on ne sait quoi d'irrévocablement étranger, d'hostile et de méchamment cruel. Et nous sentons alors que la nature ne nous est qu'imparfaitement soumise ; qu'elle demeure perpétuellement un obstacle à vaincre ; qu'il s'en faut de beaucoup qu'elle serve tout entière à notre bonheur, et que peut-être en son dernier fond, elle résistera toujours. Encore que « le monde » entendu de la sorte soit un obstacle réel et sérieux à nos efforts, et que la lutte séculaire que l'homme soutien avec lui ne soit pas un vain jeu, vous l'avez pressenti, nous n'avons fait qu'effleurer le sujet. Il nous faut pénétrer plus avant. Qu'y a-t-il dans l'univers qui constitue « le monde » au sens adverse que lui donne l'apôtre, c'est-à-dire qui nous soit plus immédiatement, plus foncièrement hostile encore, et dans une sphère qui nous touche de plus près ? — Je ne pense pas me tromper beaucoup en disant que c'est la souffrance et la mort. Je ne pense pas me tromper beaucoup en affirmant qu'il n'y a rien que nous redoutions davantage ; rien que nous fuyions avec plus d'obstination ni d'un mouvement plus spontané, plus irrésistible et plus constant ; rien qui nous menace et nous morde d'une plus cuisante morsure que la souffrance et la mort.

Supprimez, par hypothèse, la souffrance et la mort du sein de l'univers et de l'humanité ; supposez qu'elles soient désormais vaincues ou bannies de nos sentiers ; que nous n'ayons plus à souffrir de leur atteinte, vous le sentez, la lutte demeure mais elle a perdu son amertume et son effroi ; l'effort n'est plus un combat, il n'est plus qu'un travail, et ce travail devient facile, heureux, fécond. Car ce qui fait la nature si redoutable, ce qui nous la rend hostile et contraire, ce qui empêche que nous la réduisions jamais, ce sont précisément ces éléments de souffrance et de mort qu'elle contient et déchaîne. Le monde que nous avons à vaincre, c'est le monde de la souffrance et de la mort.

Est-ce tout ? Pas encore. Le dernier mot n'est pas dit, et ce dernier mot qui renferme en soi tous les autres, c'est celui de mal ou de péché. Lorsque l'Évangile parle du monde, il parle non seulement de la nature telle qu'elle existe, non seulement d'un ensemble de choses où règnent la souffrance et la mort, mais d'un ensemble de choses où règne le péché et qui est misérablement soumis à l'empire du mal. A-t-il tort? A-t-il raison? Reconnaissez au moins qu'il est d'accord avec lui-même puisqu'il se présente à nous comme une rédemption morale, et avec l'ensemble de la révélation biblique qui fait dater la souffrance et la mort de l'entrée du mal dans le monde. Serait-il moins d'accord avec la nature des choses et avec l'expérience que nous en faisons? Je ne le pense pas. Si même — ce que je me refuse à croire, mais ce qui serait après tout possible — une part de souffrance était primitivement attachée à toute vie, si même une part de douleur et d'épreuve restait inhérente à l'existence terrestre comme l'indispensable moyen de son développement spirituel, ne voyez-vous pas, ne sentez-vous pas que le péché l'a désespérément agrandie, qu'il y a pénétré comme un venin dans une plaie qui empoisonne désormais le corps entier; que cette plaie par lui est devenue inguérissable et mortelle, qu'il a ajouté à la souffrance une amertume qu'elle ne devait point avoir, et à la mort un aiguillon qui lui eût été autrement inconnu? Envisagez non plus la nature, comme tout à l'heure, mais la société, jetez sur elle un regard attentif et pénétrant, et dites ce que vous y voyez? La douleur et la mort sans doute; mais une douleur qu'aggrave et qu'empire le péché, une souffrance dont il est parfois la cause directe et la cause unique, une souffrance qui diminuerait jusqu'à disparaître, s'il n'était là toujours pour l'attiser et l'entretenir. Supposez, par contre, que le mal cesse de sévir dans la société des hommes, supprimez les haines, les jalousies, les médisances, le mensonge, le vol qui troublent incessamment les rapports sociaux;

faites de la société humaine, une société que l'amour seul inspirerait, cet amour qui accomplit la loi, faites-en une famille de frères qu'unirait le lien d'une profonde et sainte affection, et dites si cette famille ne serait pas une heureuse, la plus heureuse des sociétés ? Il est donc vrai que le mal et le malheur sont unis, comme la cause et l'effet, il est donc vrai que le péché aboutit à la souffrance comme les sources aboutissent à la mer, et que la souffrance qui est une mort anticipée, s'achève et se consomme en elle. Quoi qu'il en soit et quoi qu'il faille penser des origines, elle est donc également vraie cette affirmation de l'histoire : « le salaire du péché, c'est la mort ». L'expérience l'atteste et la conscience le confirme. Un monde soumis comme le nôtre à la souffrance et à la mort, est un monde soumis au péché. Le monde que nous avions envisagé jusqu'ici comme un obstacle sur lequel devait s'exercer notre effort, comme un adversaire contre lequel nous devions entrer en lutte, devient un ennemi parce qu'il est le théâtre où s'agitent et règnent les puissances du mal ; parce que le mal, c'est la souffrance ; si nous voulons vivre, il faut triompher du mal, il le faut absolument, parce que le mal c'est la mort.

Mes chers amis, triompherons-nous ? Monde de souffrance, de mort et de péché, voilà l'obstacle, voilà l'adversaire, voilà l'ennemi ; ils sont gigantesques et terrifiants ; connaissons-nous les bornes de leur puissance ? avons-nous mesuré les limites de leur empire ?

ils nous entourent, ils nous enveloppent, ils nous écrasent, et pour leur échapper, nous ne savons où fuir. Il faut vaincre ou mourir, et le champ de la bataille, c'est le terrain même où ils sont tout puissants. Mes chers amis, les vaincrons-nous ? La question est sérieuse. Il ne s'agit pas d'entreprendre la lutte au hasard, un combat sans victoire serait une défaite, et notre destinée est engagée. Encore une fois, vaincrons-nous ?

*

Peut-être, à la rigueur, pourrions-nous tenter l'entreprise et croire au succès final, sinon des individus, du moins de l'humanité, — c'est l'espérance dont l'humanité s'enchante aujourd'hui, — si le monde qui nous entoure nous entourait seulement. Mais il fait plus que de nous entourer, il fait plus que de nous envelopper, il fait plus que de nous écraser : il nous séduit et nous pénètre. Et c'est ici que s'ouvre une vue vraiment tragique sur notre situation. Ce monde que nous croyons avoir à combattre hors de nous, il est en nous-mêmes. Comment y est-il entré ? Je puis, sur ce point, m'en remettre à la Bible, ou me livrer à mes propres spéculations ; il n'importe ; le fait est là : le monde que je devrais haïr et combattre, le monde qui est mon plus mortel ennemi, le monde est en moi, il habite dans mon être, il forme une partie de moi-même, et je l'aime hélas ! je l'aime comme s'il était moi-même. Me trompé-je ?

Me trompé-je en pensant que nous sommes tous sujets à la convoitise, que la convoitise, c'est-à-dire cette complicité intérieure avec le mal et par laquelle il est rendu capable de nous séduire, est le lien subtil mais tenace, qui nous relie au monde ; la porte intérieure et secrète par laquelle le monde et le mal qui est dans le monde pénètre en nous, nous domine et nous possède, tellement qu'avant même que nous le rencontrions au dehors il se dresse et nous terrasse au dedans ? En sorte qu'en réalité nous ne faisons qu'un avec le monde et que son histoire est aussi la nôtre. Et cette histoire, cette triste et lamentable histoire, la voulez-vous en trois mots : « La convoitise ayant conçu, engendre le péché ; et le péché étant consommé, produit la mort. » C'est laconique, mais c'est vrai, terriblement, épouvantablement vrai. De la convoitise au péché, du péché à la mort, telle est la pente, la pente fatale sur laquelle nous glissons sans cesse ; telle est l'horrible progression dans laquelle nous sommes constamment entraînés, l'inflexible engrenage qui, nous ayant une fois saisis, ne nous lâche plus, et de stade en stade, de conséquence en conséquence, nous précipite à la ruine.

Avons-nous désormais quelque raison d'espérer encore ? La lutte maintenant n'est-elle pas sans espoir, je dis sans espoir de vaincre, car c'est de vaincre qu'il s'agit ? Au combat du dehors s'ajoute celui du dedans ; et si l'issue du premier déjà paraissait incertaine, quelles chances reste-t-il au second ?

Comment lutter contre nous-mêmes ? Il faudrait d'abord nous séparer d'avec nous-mêmes. Le pouvons-nous ? Et si nous le pouvions, si même cette séparation héroïque et sanglante, qui nous laisserait sans doute affaiblis et brisés, était possible, possible en fait, matériellement possible, le serait-elle moralement ? Je veux dire : serions-nous capables de la vouloir ? de la vouloir avec la fermeté, la décision, la persévérance, la plénitude d'intention nécessaires à son efficacité ? Cela est-il dans l'analogie des choses et dans la probabilité des faits ? A-t-on jamais vu un être devenir assez l'ennemi de lui-même pour effectuer ce suicide ? un être tel que nous sommes et dont l'indéracinable et coupable amour est l'amour de lui-même ? Comment nous haïrons-nous de la sorte alors que nous nous aimons éperdument ? Où en prendrions-nous les motifs ? Et si ce n'est ni dans la probabilité des faits, ni dans l'analogie des choses, avouez que c'est moins encore dans les données de l'expérience. On n'a jamais vu, on ne verra jamais un homme, par sa seule force et par sa seule volonté, se séparer, à ce point, du mal qui est en lui, de tout le mal qui est en lui, c'est-à-dire se renoncer absolument soi-même. On ne l'a jamais vu, on ne le verra jamais, parce que c'est impossible. Il nous manque pour opérer ce miracle, le vouloir, le pouvoir et le point d'appui nécessaires, c'est-à-dire précisément les choses indispensables à son accomplissement.

Et ainsi nous demeurons divisés au dedans, impuissants au dehors. Nous faisons le mal que nous réprouvons, sans pratiquer le bien que nous approuvons. En vain prenons-nous parfois des engagements généreux et nous levons-nous pour de nobles tâches... Car je ne méconnais ni les désirs, ni les intentions, ni les résolutions que nous pouvons former, que nous formons effectivement en vue de la sainte lutte que nous avons à soutenir; mais je proteste que tout cela, qui est quelque chose, n'est rien au prix de ce qu'il faudrait. Ce qu'il faut, c'est le triomphe. C'est la victoire réelle, entière, définitive. Nous n'avons que faire de triomphes désirés, de victoires souhaitées. Il nous les faut réelles et positives. Le monde où nous vivons est une réalité positive, la lutte où nous nous engageons en est une autre; la victoire doit l'être aussi. En vain, dis-je, prenons-nous des engagements généreux et nous levons-nous pour de nobles tâches. Le moment vient où, cessant de vouloir ce que nous avions voulu, nous cessons par là même de le pouvoir; le moment vient où nous pactisons avec l'ennemi que nous avions résolu de combattre; un traître s'est trouvé dans la place, ce traître c'était nous-mêmes, et lâchement la place s'est rendue. C'est l'expérience de chaque jour. Pourquoi ? Parce qu' « un royaume divisé contre lui-même ne saurait subsister », a dit Jésus. Nous sommes ce royaume et la ruine nous attend. Oh ! la tristesse inexprimable d'une lutte sans espérance et sans victoire ! Oh! la douloureuse amertume d'un effort sans résultat, d'une vie sans issue, d'un être destiné par nature à la gloire du triomphe et qui, par nature aussi, tombe de défaite en défaite, de chute en chute, jusqu'à la défaite dernière, et à la chute suprême.

Suis-je allé trop loin? N'ai-je pas décrit le fond même de votre vie morale ? N'est-il pas vrai que neuf fois sur dix, au dernier moment, la victoire sur le monde nous est échappée, parce qu'il avait au dedans de nous, pour complice, un cœur dans lequel vivait l'amour du monde ? Et n'est-il pas vrai que plus souvent encore, la lutte qui se présentait comme un devoir, n'a pas même été sérieusement entreprise, parce que ce même cœur aimait trop ce qu'il avait à combattre, pour lui porter un coup mortel ? Et si cela est vrai, qu'est-ce à dire ? sinon que vous êtes vaincus, vaincus d'avance, vaincus, non sur toute la ligne peut-être, il faut sauver les apparences, et plus on trahit plus il convient de les sauver, — mais vaincus sur le point capital, sur celui qui déciderait de la victoire, et que nous faisons ainsi de jour en jour l'expérience plus complète et plus grave de ce que sera notre perdition finale ?

Oh ! je le reconnais, la leçon est dure à apprendre. Si dure que beaucoup s'y refusent. Il est dur, il est difficile, il est amer, de constater que l'on trahit le devoir, que l'on a manqué sa destinée, que l'on court à la ruine. Et cependant il le faut faire ; nous serons forcés de le faire un jour. C'est la vérité, nous n'échapperons pas toujours à la vérité ; elle nous trouvera. Plaise à Dieu que ce ne soit pas trop tard. Toutes les chances d'un salut, s'il y en a, ne sont-elles pas dans la vérité ? Malheur à ceux qui, couvrant leur trahison d'un mensonge, se refuseraient l'expérience de leur cœur ; ils fermeraient devant eux la porte même du salut. Car le salut n'est qu'au prix de la perdition.

*

Or, il y a un salut; dans l'universelle expérience de notre perdition morale, une autre expérience s'est fait jour : celle dont témoigne l'apôtre. L'Évangile ne nous parle pas de défaite, mais de victoire. « La victoire par laquelle le monde est vaincu », dit-il. Il y aurait donc une victoire possible encore ! A notre situation désespérée, il resterait donc une issue ! Et non pas une issue dégradante, une porte bâtarde, par laquelle nous échapperions à la honte de notre défaite. Non. Une issue triomphale et glorieuse ! Une issue digne de nous et conforme à notre vocation royale, une issue qui est une victoire ! Oh ! la douce, la fière, la consolante parole ! Nous pourrions être sauvés, quoique perdus, sans cesser d'être ce que nous devrions être ! Le message merveilleux qui s'adapte si exactement à notre cas, qui répond à des besoins nouveaux sans cesser de correspondre aux anciens, vaut la peine, n'est-ce pas ? d'être examiné avec une sérieuse considération. C'est ce que je voudrais faire maintenant.

Notre foi, écrit l'apôtre, c'est la victoire par laquelle le monde est vaincu. Que veut-il dire ? Et tout d'abord qu'entend-il par notre foi ? La sienne, assurément ; celle des lecteurs auxquels il écrit : la foi chrétienne, la foi religieuse telle qu'elle est suscitée, produite, qualifiée par l'Évangile. Ceci est important. Non pas que je conteste l'existence de la foi religieuse en dehors de l'Évangile, ni que j'en veuille diminuer en rien la valeur. Mais je constate que l'apôtre ne sous-entend que la chrétienne. Et je ne pense pas que ce soit parce que c'est la sienne uniquement, mais parce que c'est la seule, en effet, à laquelle soit attachée la victoire sur le monde ou si vous préférez, parce que c'est la seule qui soit digne de ce nom, la seule capable de s'achever et de se parfaire dans une âme pécheresse, et, par son achèvement même, d'emporter la victoire. Pourquoi ? Parce qu'elle a pour objet le seul être qui puisse la provoquer : Jésus-Christ. Remarquez que je ne sors pas de mon texte, ni de la pensée évangélique ; je n'attribue pas notre victoire sur le monde, à l'œuvre ou aux mérites de Jésus-Christ. C'est par la foi seule, *sola fide*, que nous sommes sauvés ; elle n'est pas le moyen seulement ou la condition de la victoire : elle est cette victoire même. Mais voici ce que je veux dire et que confirme l'histoire : c'est qu'en dehors de Jésus-Christ la foi religieuse reste incomplète, fragmentaire, insuffisante, instable et précaire. Elle est un germe auquel manquent les conditions de son développement ; elle ne s'élève que pour retomber ; elle ne naît que pour mourir, et se dissipe en se précisant. Pourquoi ? Parce qu'en Jésus-Christ seul Dieu a parlé, en lui seul Il a révélé la plénitude de son caractère, de son amour, de sa sainteté, de ses intentions à l'égard de l'homme ; en Jésus-Christ seul Dieu s'est rendu accessible à sa conscience coupable, sympathique à son cœur déchu et lui a fait entendre le saint, le tendre et émouvant appel dont la réponse constitue précisément la foi. Et c'est pourquoi Jésus-Christ est devenu le seul objet légitime de la foi humaine, le seul être susceptible de l'engendrer viable et de la conduire à cette stature où elle se consomme dans la victoire.

Il y a plus et nous n'avons pas achevé de dire en quoi la foi chrétienne, c'est-à-dire la foi religieuse produite et qualifiée par Jésus-Christ, a les gages de la victoire sur le monde. Jésus-Christ n'est pas uniquement la révélation de Dieu ; il est encore celle de l'homme. Il ne pouvait être l'un sans l'autre, car l'état de notre déchéance nous voilait l'un et l'autre. Et nous ne pouvions conserver la révélation de Dieu qu'à la condition que celle de l'homme aussi nous fût acquise. Il fallait que nous pussions croire en l'homme comme nous devons croire en Dieu, et pour que nous pussions y croire, il fallait qu'il se fît connaître, non tel qu'il existe en nous, mais dans la pensée divine.

Et c'est encore ce que fait Jésus-Christ. Il est venu dans le monde, « os de nos os et chair de notre chair », semblable à nous en toutes choses, hors le péché, et lui, le Fils de l'homme, il a fait ce que nous aurions dû faire, il a fourni la carrière que nous aurions dû fournir ; il a repris à son compte la lutte aux premiers coups de laquelle nous avions succombé ; il a vaincu le monde, « prenez courage, disait-il aux siens, j'ai vaincu le monde ».

Singulière parole, audacieuse affirmation dans la bouche de celui que le monde allait crucifier, c'est-à-dire, en apparence, écraser et vaincre. Elle est vraie cependant, et la croix même du Christ est le sceau de son triomphe. Pourquoi ? Parce qu'elle est le sceau de sa parfaite, de sa constante, de son absolue sainteté. Soit en vivant, soit en mourant, Jésus-Christ a vaincu le monde, parce qu'il mourut saintement, comme il avait saintement vécu. Du commencement à la fin, toujours et partout, il fut le saint de Dieu. Qu'est-ce à dire sinon qu'il obtint la victoire au seul endroit décisif ! En brisant la puissance du mal, il brisait celle du monde. La victoire sur ce point entraînait la victoire complète.

Sans doute encore, qu'en luttant contre le monde, Jésus n'a repoussé que le seul péché. Il accepte d'en subir les tristes conséquences : la souffrance et la mort. Il fut « l'homme de douleur et qui sait ce que c'est que la langueur » ; les clous de la croix, le glaive du soldat romain déchirèrent son corps meurtri et c'est dans une agonie mortelle qu'il pousse le cri de son angoisse. Cela mettrait-il à vos yeux sa victoire en question ? En conclueriez-vous qu'elle est incomplète ? Mais ne voyez-vous pas, ne sentez-vous pas, que cette souffrance et cette mort ne sont pas essentiellement subies, mais acceptées, mais voulues, mais choisies ; que la sainteté les transforme ; qu'elle en ôte l'amertume et l'aiguillon ; qu'elle en fait les instruments de son amour et les moyens de son dévouement. Jésus n'a pas souffert parce qu'il ne pouvait autrement que de souffrir ; il n'est pas mort parce qu'il ne pouvait autrement que de mourir. Il a voulu souffrir, comme il a voulu mourir. C'est librement, c'est volontairement qu'il s'est emparé, si je puis ainsi dire, de la souffrance et de la mort, qu'il y est entré et les a chargées sur lui. Et dès lors tout est changé ; c'est encore la mort et la souffrance, notre mort et notre souffrance, mais ce n'est plus la même mort ni la même souffrance. Le captif traînant les chaînes de son esclavage est devenu le héros portant librement celles de ses frères afin de les mieux sauver. La défaite apparente devient la victoire sous sa forme suprême : celle du sacrifice volontaire. Il y a de la joie, une joie triomphale dans cette souffrance, la joie même du sacrifice : « Je vous dis ces choses, afin que la joie qui est en moi, soit en vous et que votre joie soit parfaite. » Et dans cette mort palpite la vie, la vie même du Ressuscité. Joie dans la souffrance, résurrection dans la mort, sainteté partout et toujours, tel est le triomphateur et telle fut la victoire.

*

Et maintenant pourquoi « notre foi » est-elle « la victoire par laquelle le monde est vaincu »? Je réponds d'emblée : parce qu'elle nous unit à Jésus-Christ, parce que la foi dans son principe et dans ses effets, c'est nous demeurant en Jésus-Christ et Jésus-Christ demeurant en nous et que Jésus-Christ, mais Jésus-Christ demeurant en nous, a vaincu le monde. Ceci vous étonnerait-il ? Je n'en serais, je l'avoue, qu'à moitié surpris. La notion de la foi chrétienne est parfois si vague et souvent si fausse dans le sein même du christianisme qu'elle semble comporter mal ce que je viens d'affirmer. Et je voudrais ici vous mettre en garde contre une erreur qui renaît et renaîtra toujours dans l'enceinte de l'Église, contre laquelle on ne s'élèvera jamais suffisamment, parce que c'est moins encore celle de la doctrine que celle du cœur, du cœur naturel qui s'y reconnaît et qui s'y retrouve. On va sans cesse confondant la foi et la croyance et, les ayant confondues, on réduit sans cesse aussi la première à la seconde. Or, croire de croyance, c'est autre chose et c'est moins que croire de foi. Croire de croyance, c'est tenir pour certain, se convaincre intellectuellement, être persuadé qu'un fait a eu lieu, celui par exemple que Jésus a vaincu le monde. Je ne condamne ni n'exclus cette forme de la foi. Elle est utile, elle est indispensable. Je constate simplement qu'elle n'est pas suffisante. Il est précieux, sans doute, de savoir que Jésus a vaincu le monde, infiniment précieux de savoir qu'il l'a vaincu à notre bénéfice et à notre intention. Mais cette connaissance ou cette foi reste stérile. Elle laisse Jésus seul dans sa victoire, elle nous laisse seuls dans notre impuissance. Il a triomphé sans nous et nous luttons sans lui.

Ce qui manque à cette foi, c'est d'établir entre la victoire de Jésus-Christ et nous-mêmes un lien organique, une solidarité substantielle qui nous en fasse participants.

Ici M. Frommel reproduisait le développement qu'on a lu plus haut, p. 195 à p. 198 : « Ce qui manque à la foi croyance..., etc. »

. . . .

Mais la vraie foi est autre chose. Croire, c'est obéir ; c'est livrer notre vouloir personnel — notre personne, nous-même — au vouloir personnel, à la personne à laquelle nous obéissons. Obéir à Jésus-Christ, lui obéir de la sorte et lui obéir vraiment, c'est donc nous livrer personnellement à Jésus-Christ pour qu'implantant sa volonté dans la nôtre, il réalise sa personne dans notre personne. Et qu'est-ce que tout cela ? Sinon marcher avec lui dans une communion vivante et véritable, qui nous fait réellement participer à sa personne et donc à son œuvre — car, encore une fois, son œuvre, c'est sa personne, sa personne en action — et par laquelle son œuvre devient la nôtre. Désormais Jésus n'est plus seul et nous ne sommes plus seuls. Il est en nous, et nous sommes en lui. Et pour quelle fin ? Pour vivre de sa vie et vaincre de sa victoire.

Ce renoncement, cette abdication, ce déchirement de nous-mêmes avec nous-mêmes que nous avions signalés comme l'indispensable condition de toute lutte effective contre le monde, se sont désormais opérés. Nous en trouvons en lui le point d'appui, car « il n'est pas du monde » comme nous sommes « du monde » et « le monde ni le prince de ce monde n'ont rien en lui »; nous en trouvons en lui la volonté, la force et l'exécution : la volonté dans sa volonté, la force dans sa puissance, et l'exécution dans sa personne entière. Dès lors, avec lui, en lui, par lui, nous triomphons et « la victoire par laquelle le monde est vaincu, c'est notre foi »; notre foi uniquement (sola fide) mais une foi que Jésus seul provoque, entretient et consomme.

*

Tel est le message de l'Évangile. L'avons-nous compris ? Voulons-nous le recevoir ? Il est en tout temps sérieux et solennel, parce qu'il annonce et qu'il offre à des créatures perdues la seule rédemption à laquelle elles puissent encore aspirer, à de misérables vaincus la seule victoire qui leur soit encore possible. Mais jamais peut-être n'a-t-il été plus solennel et plus sérieux qu'au jour d'aujourd'hui et ne devrait-il être plus émouvant qu'à cette heure même où il vous est adressé.

Vous êtes jeunes et le monde est devant vous. Il vous menace, mais il vous fascine. Vous vous êtes levés pour combattre — votre présence ici, à cette veillée des armes que sont nos conférences, m'en est un garant, — vous vous êtes levés pour combattre, mais déjà vous avez trahi. Que ferez-vous ? Que va devenir l'espérance que Dieu a mise dans votre jeunesse ? Que vont devenir vos frères et l'humanité qui a besoin de votre victoire ? Esclave, elle l'est depuis longtemps, elle l'est depuis toujours, mais elle attend plus anxieusement que jamais sa délivrance. Jamais elle n'a frémi d'espoirs plus convulsifs et souffert de plus affreuses déceptions. Le péché, la douleur et la mort, toutes les puissances du mal réunies, combinées et mutuellement renforcées labourent son corps et déchirent ses membres. Qui entendra le cri de sa détresse ? Qui marchera au devant de l'adversaire sous les coups duquel elle succombe pour la tirer de son esclavage ? Qui, si ce n'est vous, mes chers amis, jeunes héros pleins de la vaillance et de la force de votre jeunesse. Allez donc, c'est votre devoir et c'est votre privilège.

Mais ne vous y trompez pas, la lutte sera longue et sanglante. Elle ne devra connaître ni trêves, ni compromis. Cela, ce doit être une lutte à mort. Pour cette lutte, êtes-vous prêts ? Avez-vous revêtu la cuirasse ? Avez-vous ceint l'épée ? L'étendard de la victoire flotte-t-il sur vos têtes, et connaissez-vous le cri de guerre à l'ouïe duquel l'ennemi fuit éperdu ?

Je vous le demande, parce que l'illusion est facile, hélas, et fréquente. Ils sont légion, ceux qui partent, ceux qui sont partis, le cœur battant d'une noble espérance et d'un viril courage... mais qui sont revenus las et défaits. L'armée aujourd'hui en est fort nombreuse. A les entendre, à voir la multitude des champions de toutes les bonnes causes, il semble que l'humanité soit à la veille de sa délivrance. Ils nous entourent, leurs clameurs belliqueuses remplissent nos oreilles, et cependant, combien qui marchent à la banqueroute ! Luttez avec eux, vous ferez bien, mais ne luttez pas comme eux. Prenez garde de ne pas mettre comme eux votre effort dans un combat sans espoir. Et le combat serait sans espoir, si vous confiant en vos propres capacités, vous combattiez seuls ; si même, plus simplement, forts de l'appui divin, vous prétendiez frapper à mort un adversaire qu'au dedans de vous-même vous n'auriez point encore vaincu. N'oubliez pas que si le mal est l'ennemi, vous êtes par nature son complice. N'espérez pas pouvoir triompher d'un antagoniste avec lequel secrètement vous pactiseriez encore. Au premier choc, infailliblement, c'est lui qui vous renverserait. N'imaginez pas que l'on puisse venir à bout de la souffrance et de la mort qui oppriment l'humanité, si l'on n'a pas d'abord en soi tari la source. Leur source est dans le péché, un seul a vaincu le péché : Jésus-Christ vainqueur du monde. Vous ne le vaincrez jamais, ni sans lui, ni même, j'ose le dire, par son secours. L'Évangile ne nous a pas promis la victoire par le secours de Jésus-Christ (l'Évangile du secours de Dieu en Jésus-Christ est encore l'Évangile de la propre justice), mais par la foi, c'est-à-dire par Jésus-Christ lui-même. Ne dérobez pas au vainqueur le prix de sa victoire ; c'est lui et lui seul qui a vaincu le monde, c'est lui et lui seul qui doit et peut le vaincre en vous. Que votre effort ne soit donc point tourné vers le monde, mais vers Jésus-Christ. Ne vous laissez pas tenter et distraire par les bruits qui viennent du monde ; ne courez pas à tous les appels que jette le monde, fussent-ils les meilleurs et vous parussent-ils les plus urgents. Avant tout autre, il en est un qui vous appelle : le Seigneur Jésus. Il s'est acquis sur vous des droits souverains, ceux de son sacrifice et de son amour, écoutez-le. Il demande la suprême allégeance : la foi de votre cœur, c'est-à-dire votre confiance et votre obéissance. Donnez-les lui, donnez-les lui pleinement, donnez-les lui sans réserve. Il en est digne, il a fait ses preuves. Faites abandon total entre ses mains de votre être et de votre volonté. Ne gardez rien pour vous-même, livrez-vous complètement. Et lorsque dans le silence de l'adoration et du sacrifice, il aura gagné la foi de votre cœur ; lorsque vous possédant par une absolue confiance et une obéissance parfaite, il vous aura sanctifiés; lorsqu'il aura fait passer sur vous l'esprit de ses souffrances et de sa mort pour vous les faire aimer, comme il les a lui-même aimées et souffertes, alors, n'ayez crainte qu'il ne vous emploie, qu'il ne vous envoie. Et vous irez alors, non pas vous-mêmes toutefois, mais lui devant vous, et vous en lui, vous partirez en vainqueurs et pour vaincre parce qu'en lui le monde est vaincu.

20 septembre 1900.

LE TÉMOIGNAGE CHRÉTIEN [1]

« Vous recevrez la puissance du Saint-Esprit qui viendra sur vous et vous me servirez de témoins » (Actes I, 8) ; cette déclaration, par les circonstances qui la dominent, par son accord avec les données évangéliques et avec celles de l'histoire subséquente de l'Église, nous semble fort importante pour établir la vraie notion du ministère chrétien, et non pas simplement du ministère pastoral, mais aussi du ministère laïque. Elle s'adresse à des disciples qui vont devenir des apôtres ; elle détermine à jamais la nature de leur apostolat, et non seulement du leur, mais de tout apostolat quelconque. Car, s'il est indispensable que les croyants commencent par être des disciples, chacun d'eux à son tour devient un « envoyé », c'est-

---

[1] L'auteur espère qu'on voudra bien excuser la forme hybride de cette étude, qui se ressent beaucoup trop d'avoir été prononcée d'abord du haut de la chaire chrétienne, à l'occasion d'une consécration au saint ministère.

à-dire un apôtre, et le sacerdoce universel entraîne nécessairement après lui l'universel apostolat.

Le terme par lequel Jésus-Christ qualifie définitivement l'activité des siens dans le monde vaut donc pour nous ce qu'il valait pour les douze. Nous le considérerons sous les trois aspects suivants : l'objet, les conditions et le but du témoignage.

I

L'objet du témoignage.

« Vous me servirez de témoins. » Ce qui frappe tout d'abord dans cette parole, c'est sa merveilleuse correspondance avec l'Évangile, j'entends avec ce qui forme le cœur et la substance de l'Évangile : l'apparition historique de Jésus-Christ au sein de l'humanité. Elle répond comme une antistrophe à cette autre parole, décisive et suprême elle aussi, que Jésus prononçait avant de mourir : « Père, j'ai achevé l'œuvre que tu m'avais donnée à faire », et qu'il scellait sur la croix par le : « Tout est accompli ». Si le Ressuscité peut dire : « Vous me servirez de témoins », c'est parce que le Crucifié avait pu dire : « Tout est accompli ». Et c'est parce que « tout est accompli » ; c'est parce qu'en un sens il n'y a plus rien à faire, que ce qui nous reste à faire consiste à rendre un témoignage.

Qu'est-ce, en effet, qu'un témoin ? Un homme qui a vu et entendu quelque chose. Et qu'attend-on de lui ? Qu'il rapporte fidèlement ce dont il fut le spectateur ou l'auditeur. Son témoignage n'ajoute rien aux choses qu'il rapporte ; l'absence de ce témoignage ne leur ôte rien non plus. Leur réalité demeure indépendante de la personne et des paroles du témoin ; elle subsiste en elle-même et sans lui. Un fait a eu lieu, un événement s'est passé dont nul ne fera jamais qu'ils ne soient pas accomplis.

Il y a une grande importance à nous le rappeler. Nous sommes tentés parfois d'oublier que notre rôle se borne à celui du témoignage. Il résulte de cet oubli que nous nous fatiguons sans résultats ; que, dans le torrent des devoirs qui nous débordent, nous perdons pied, et qu'incapables de satisfaire à tous, incapables d'accomplir une œuvre qui grandit sans cesse et paraît sans limites, nous cédons au découragement. Le flot succède au flot, les jours passent avec les années ; nous travaillons, nous peinons, nous multiplions nos efforts, nous usons notre temps et notre vie ; labeur inutile ! Il semble que rien n'est fait, il semble que nous avons travaillé en vain !

N'est-ce pas l'histoire d'un grand nombre de chrétiens parmi nous ? et la caractéristique générale de l'activité fiévreuse que déploient aujourd'hui nos Églises et par laquelle, hélas ! elles vont se dissipant ? Et pourquoi ? Parce que nous avons présumé de nous-mêmes ; parce que nous avons oublié que l'œuvre était faite et n'était plus à faire ; parce que, perdant de vue l'objet propre de notre activité, nous en avons transgressé les salutaires limites. Ne pouvant être que des témoins, nous avons ambitionné devenir davantage ; nous avons voulu, nous avons cru devoir entreprendre, bâtir, fonder, créer nous-mêmes ; nous estimions que tout commençait avec nous et qu'avec nous encore tout allait finir.

Eh bien, nous nous trompions. Rien ne commençait avec nous, et, dans un sens, tout était achevé sans nous. Jésus-Christ a paru ; il a vécu, agi, parlé ; il a souffert, il est mort, il a triomphé de la mort, et voici : « Tout est accompli ! » Il a plu à Dieu de concentrer en un seul la plénitude de son œuvre à l'égard de tous. Dès lors cette œuvre suffit ; elle suffira jusqu'à la fin des siècles. Elle n'a pas besoin d'être reprise ; elle n'a pas besoin d'être recommencée ; c'est une œuvre parfaite. Parfaite en elle-même ; parfaite par son ouvrier, qui fut le saint parfait ; parfaite par ses conséquences, qui sont le pardon, la réconciliation, l'adoption, la paix, la vie, le plein salut de tous ceux qui croient : « la richesse inexprimable » de « la souveraine grâce de Dieu », par Jésus-Christ notre Seigneur.

Oserai-je aller plus loin ? Oserai-je dire, qu'achevée hors de nous et sans nous dans le passé, l'œuvre de Dieu se poursuit et s'achève hors de nous dans le présent ? Oserai-je affirmer que l'œuvre divine n'est pas la nôtre ; qu'en une certaine mesure elle n'a jamais été la nôtre ; qu'elle devance et prévient toujours la nôtre ; qu'elle est œuvre vivante, éternellement active, à laquelle nous pouvons nous associer, sans doute, à laquelle nous devons collaborer, mais qu'en aucun cas il ne nous appartient d'entreprendre et d'effectuer par nous-mêmes ? Je le crois. Je crois que ce que Dieu a fait une fois en Jésus-Christ, il le fait éternellement ; je crois que le Père attire éternellement au Fils, et que le Fils conduit éternellement au Père ; je crois que Dieu est éternellement en Jésus-Christ, « réconciliant le monde avec soi » ; je crois que le Saint-Esprit travaille et besogne continuellement en tout cœur d'homme ; je crois que toute conscience humaine est perpétuellement soutenue et sollicitée par une action divine qui la cherche toujours et qui la trouve chaque fois qu'elle-même se laisse trouver, gagner et convaincre. Je crois que ce n'est pas nous, mais Dieu seul qui convertit une âme, qui la remue, qui la touche, qui la régénère, qui la sanctifie et la sauve ; Dieu seul, en un mot, qui forme et qui peut former un chrétien.

En sorte que, là encore, nous n'avons rien à faire qu'à devenir les hérauts de la vivante initiative de Dieu dans le monde ; que là encore, « tout est accompli » bien avant que nous ayons rien achevé ; et que loin d'avoir à inaugurer ou à fonder, notre effort doit se réduire à rendre un simple témoignage. Réveiller nos frères à cette vie spirituelle que Dieu, l'infatigable ouvrier, ne se lasse pas de proposer à toute âme ; rendre leurs consciences réceptives de l'action divine dont ils sont les objets, et disposer leurs esprits inintelligents et distraits à comprendre les appels de sa grâce : telle est essentiellement la tâche qui nous incombe. Nous ne devons rien de moins, mais nous ne pouvons rien de plus.

S'il en est ainsi, si nous sommes en droit de nous appuyer tous les jours sur une œuvre accomplie dans le passé, et tous les jours encore sur celle que Dieu poursuit dans le présent, ne sentons-nous pas qu'au milieu même d'occupations et de préoccupations absorbantes, quels que soient nos échecs, nos lassitudes et nos insuffisances, notre ministère s'exercera dans la force et dans la paix ? Non dans cette paix malsaine et cette fausse quiétude en laquelle, sous prétexte que Dieu faisant tout il ne nous reste rien à faire, sont tombés quelques-uns ; mais dans cette assurance et cette paix qui consistent à savoir que nous ne sommes pas seuls, que nous ne sommes jamais seuls, qu'un autre nous a prévenus, qu'un autre est à la brèche, qu'un autre fait devant nous l'œuvre de nos mains, et que c'est le Vivant, le Puissant par excellence : le Dieu de notre salut et du salut universel, Dieu en Jésus-Christ dans l'histoire de l'humanité, Dieu par son Saint-Esprit dans l'histoire individuelle de chaque homme.

O la forte et sublime vision que celle de l'œuvre

invisible et vivante du Dieu vivant et vrai ! de quelle glorieuse certitude, de quelle triomphante espérance elle remplirait celui qui saurait toujours l'avoir devant les yeux ? Quel courage et quelle humilité elle exalterait en nous ! quelle sainte obéissance et quel filial abandon !

Les prophètes l'ont contemplée et c'est en elle qu'ont travaillé les apôtres. Tous les croyants, au cours des âges, en ont tressailli d'allégresse. Que Dieu daigne l'accorder au regard de notre foi, afin que, quittant toute confiance en nous-mêmes, ne nous appuyant que sur Lui seul, sur les intentions éternelles qu'il nous a manifestées par son Fils, sur l'œuvre consommée en Jésus-Christ et constamment poursuivie par l'Esprit, nous bornions notre zèle à « servir de témoins ».

II

Les conditions du témoignage.

Mais j'ajoute : de témoins autorisés. Et ceci nous amène à considérer le témoignage chrétien sous un nouvel aspect. Nous avons vu son objet et par là même ses limites ; examinons maintenant ses conditions : ce sera nous pénétrer de son étendue.

Nous demandons pour la seconde fois ce qu'est un

témoin ? Et notre texte répond : un homme qui a vu et entendu. Voir et entendre, hors de là il n'y a pas, il ne saurait pas y avoir de témoin. Avoir vu, avoir entendu ; vu soi-même, entendu soi-même, telle est la condition première, inaliénable de tout témoignage authentique. Pour être témoin de Jésus-Christ, il faut donc avoir vu et entendu Jésus-Christ ; avoir vu et entendu Jésus-Christ lui-même; l'avoir vu et entendu soi-même.

Prenons garde ici de ne point nous faire d'illusions, de ne point confondre le témoin avec le disciple, et la connaissance qui crée le témoin avec celle qui constitue le disciple. Sans doute, il faut avoir été disciple pour devenir témoin ; mais tout disciple n'est pas nécessairement un témoin. Ne nous persuadons pas qu'il suffise d'être instruit de la doctrine du Maître, enseigné de ses leçons, illuminé de son exemple ; qu'il suffise d'assister au culte public et de faire partie d'une Église chrétienne ; qu'il suffise d'avoir lu les Évangiles avec respect, avec émotion, d'y avoir contemplé la personne du Sauveur, d'y avoir trouvé le récit de ses actes et l'écho de ses discours, d'avoir pleuré peut-être au pied de la croix sanglante où la haine des méchants cloue le Saint et le Juste ; ne nous persuadons pas, dis-je, que pour tout cela nous soyons devenus les témoins autorisés de Jésus-Christ. Ses disciples, peut-être ; ses témoins, pas encore.

Tout cela, sans doute, est utile et tout cela est nécessaire. En dehors de cette connaissance de l'Évangile et des faits évangéliques, il ne saurait y avoir, j'en conviens, de témoignage rendu à Jésus-Christ. Et c'est parce que cette connaissance est indispensable, qu'il y a dans toute prédication une part d'enseignement, dans toutes nos Églises une instruction religieuse, et que tout ministère pastoral suppose cette instruction supérieure qu'on nomme les études théologiques.

La plupart d'entre nous, même ceux qui en ignorent les bienfaits ou qui seraient enclins à les méconnaître, sont au bénéfice de ces études. Nous jouissons par elles d'un grand privilège : celui d'entrer plus avant dans la compréhension de l'œuvre et de la personne de Jésus-Christ ; de nous assurer à quel point cette œuvre et cette personne sont profondément inscrites dans l'histoire de notre race ; de distinguer plus sûrement le sillon lumineux qu'elles y ont ouvert ; de mieux saisir la révolution profonde qu'elles y ont produite ; d'entrevoir et de mesurer les problèmes et aussi les solutions qu'elles y ont apportées. Indispensables au ministère pastoral, ces connaissances le sont également à l'exercice de tout ministère quelconque. Elles enrichissent et renouvellent l'activité des chrétiens ; elles lui confèrent cette « science » que l'apôtre recommande d'ajouter à la « foi ». On aurait tort de les dédaigner ; on ne les délaisserait pas impunément. Car le disciple, devenu témoin, ne cesse jamais d'être disciple, et le témoin vaut toujours ce que vaut le disciple.

Mais elles auraient manqué leur but et nous les aurions bien mal comprises, si leur utilité nous avait fait croire à leur suffisance. Car, enfin, ces Écritures que nous avons étudiées de la sorte, ces Évangiles eux-mêmes, que nous avons sondés, ne sont encore qu'un témoignage, — un témoignage inspiré, le plus authentique des témoignages, je le veux, mais un simple témoignage cependant, — rendu à Celui dont nous devons être les témoins directs et personnels. Par ce témoignage nous apprenons ce que d'autres ont vu et entendu concernant Jésus-Christ; nous ne l'avons pas encore rencontré nous mêmes; il ne nous a point parlé lui-même. Or, cette rencontre immédiate constitue seule le témoin.

Je dirai plus. Il ne nous suffirait pas même d'avoir connu Jésus-Christ selon la chair, de l'avoir suivi sur les chemins de la Galilée et de la Judée, d'avoir été spectateurs de ses miracles, auditeurs de ses discours, de l'avoir vu de nos yeux, ouï de nos oreilles, touché de nos mains. Combien nombreux, parmi ses contemporains, furent ceux qui jouirent de ce privilège immense, — après lequel nous soupirons peut-être, — et qui ne lui ont jamais porté aucun témoignage!

Voyez les douze. S'il y eut au monde des hommes qui fussent entrés dans l'intimité du Fils de l'homme, assurément ce sont eux. Ils ont connu Jésus-Christ selon la chair comme personne depuis n'a pu le connaître. Furent-ils, pour cela, ses témoins? L'est-il, Judas qui le trahit? L'est-il, Pierre qui le renie? Le sont-ils, eux tous, qui l'abandonnent à l'approche du danger, se cachent au moment où il faudrait paraître, se taisent à l'heure de prendre sa défense et d'apporter à son procès un témoignage libérateur ?

Mais voyez-les quelques jours plus tard. Autant ils étaient lâches, autant ils sont hardis et courageux ; autant ils fuyaient devant l'opprobre, les risques et les périls du témoignage, autant ils sont fermes maintenant et se réjouissent de souffrir pour le nom de leur Maître. Que s'est-il passé ? Qu'est-il intervenu qui rende compte de cette transformation ? Ce qui est intervenu ? ce qui s'est passé ? La Pentecôte. Ils n'étaient que disciples, ils sont constitués témoins ; ils le sont par le Saint-Esprit. La parole de notre texte s'est réalisée à leur égard : « Vous recevrez la puissance du Saint-Esprit et vous me servirez de témoins. »

La voilà donc, la condition nécessaire et seule suffisante du témoignage chrétien ! Connaître Jésus-Christ par la tradition, par le catéchisme, par les Évangiles eux-mêmes, c'est connaître un frère, un ami, un homme admirable, extraordinaire, qui force l'estime, qui commande la sympathie et l'amour, le plus saint, le plus doux, le plus humble, le plus aimant des hommes, mais un homme cependant ; connaître Jésus-Christ par le Saint-Esprit, c'est connaître en Jésus de Nazareth, le Christ éternel de Dieu, le Sauveur et le Roi. « Si nous avons connu Christ selon la chair, écrivait saint Paul, nous ne le connaissons plus ainsi maintenant » et, « nul ne peut dire que Jésus est le Seigneur si ce n'est par le Saint-Esprit. »

Que faut-il conclure de ces paroles ? sinon qu'il y a deux connaissances possibles de Jésus-Christ, deux connaissances différentes, qui ne se contrarient point ni ne s'excluent, qui doivent se compléter et s'entr'aider l'une l'autre, mais qui n'en sont pas moins de nature et d'ordre distincts. L'une qui vient des hommes, de l'enseignement humain et qui s'adresse à notre raison, à notre intelligence, à notre cœur aussi, mais à notre cœur et à nos affections naturels, — et cette connaissance-là fait de nous des disciples ; l'autre, mystérieuse, ineffable, à jamais inexprimable, mais réelle, mais certaine et positive, qui nous est directement donnée par le Saint-Esprit, — et cette connaissance fait de nous des témoins. En effet, derrière et par-delà le regard de notre corps ou de notre imagination, il y a un autre regard, le regard de l'Esprit, et ce regard, une fois porté sur son objet, — car il n'a qu'un objet, — nous met face à face avec le Christ Jésus ; en effet, parmi les voix humaines qui nous parlent de Jésus-Christ, il y en a une, subtile, pénétrante, sévère et tendre tout à la fois, — que reconnaissent à son accent les « brebis du bon Berger », — par laquelle Jésus-Christ lui-même parle à notre âme ; et par-delà les rapports les plus chers et les plus étroits que nous puissions soutenir avec nos semblables, il en est un, suprême et plus intime encore, que l'Esprit nous ménage, où l'Esprit nous introduit et par lequel se nouent les saintes relations du pécheur racheté avec son Dieu-Sauveur.

Heures bénies et solennelles ! où tous les intermédiaires tombent, où les distances s'effacent, où la présence de Jésus-Christ s'affirme, pleine, réelle et bienheureuse ; où Jésus-Christ parle, où Jésus-Christ se montre et devient comme visible à l'œil de notre foi ; où les doutes s'évanouissent, où les problèmes se résolvent, où se prononcent les engagements décisifs, où se consomment les sacrifices sans repentirs, où se prennent les décisions irrévocables ! Heures saintes et bénies ! Par elles nous sommes devenus « les témoins » de Jésus-Christ.

Mais vous étonnerai-je en vous disant qu'elles ne sont toutefois que les prémices d'un état subséquent ? que ces courts dialogues doivent conduire au discours continu ? que ces rencontres doivent aboutir à la communion personnelle ? que ces commencements réclament une consommation ? Nous le savons, n'est-ce pas ? Un secret et sûr instinct nous l'annonce. Nos yeux éblouis par la vision céleste en gardent une céleste nostalgie. Notre âme, qui a goûté à la source des eaux vives, en demeure divinement altérée. La parole de Dieu confirme du reste le besoin prophétique de nos cœurs. L'Esprit ne nous a point visités pour nous laisser ensuite ; Jésus-Christ ne nous a point rencontrés pour nous rencontrer seulement : « Voici, dit-il aux siens, je me tiens à la porte et je frappe ; si quelqu'un entend ma voix et m'ouvre la porte, j'entrerai chez lui, je souperai avec lui et lui avec moi. » « Si quelqu'un m'aime, il gardera ma parole, mon Père l'aimera, et nous viendrons à lui et nous ferons notre demeure chez lui. » « Demeurez en moi et je demeurerai en vous. » « Car je suis avec vous jusqu'à la fin du monde. »

Ce qui fait d'un homme le témoin de Jésus-Christ n'est pas seulement, ni même surtout, la révélation subite de son œuvre, la vision glorieuse, mais rapide et passagère de sa personne ; c'est la communion profonde et continue, c'est la participation vivante à son œuvre et à sa personne. « Lui en nous, et nous en lui. » « Comme le sarment est attaché au cep », vit par le cep, et porte son fruit par la sève qui lui vient du cep, de même le chrétien peut et doit s'attacher à Jésus-Christ, vivre de lui et par lui, et faire en Jésus-Christ les œuvres mêmes de Jésus-Christ. « Hors de moi vous ne pouvez rien faire », mais « parce que je vis, vous vivrez aussi. »

C'est en cela précisément que consiste l'opération du Saint-Esprit : « Je vous enverrai mon Esprit, disait Jésus aux douze, il prendra de ce qui est à moi et il vous l'annoncera. » Or, « tout ce qui est au Père est au Fils, a dit encore Jésus, et tout ce qui est au Fils est au Père. » La plénitude de la vie divine et de la vie humaine appartiennent toutes deux à Jésus-Christ. Il se les est acquises l'une et l'autre, l'une par l'autre et l'une pour l'autre. Elles sont le double fruit de son obéissance et de son amour ; la sainte récompense de son abaissement et de son sacrifice. La vie divine avec toutes ses puissances de grâce et de salut, se déversant sur l'homme ; la vie humaine avec toutes ses possibilités de service, se consacrant au Père, voilà ce que l'Esprit nous annonce, nous communique et nous confère, parce que Jésus-Christ, ayant conquis tout cela, nous met, par l'Esprit, au bénéfice de sa conquête. Nous annoncer Jésus-Christ, faire vivre Jésus-Christ en nous et nous en Jésus-Christ, tel est le rôle et l'action du Saint-Esprit. Dès lors « tout est à nous, et nous sommes à Christ et Christ est à Dieu » ; dès lors nous sommes, comme Christ et par lui, à la hauteur de toutes les tâches ; nous allons, revêtant « le nouvel homme », pensant ses pensées, parlant ses paroles, faisant ses œuvres !

Dès lors aussi, nous sommes et pouvons être les témoins de Jésus-Christ sur la terre. Notre témoignage a désormais l'accent de la certitude et de l'autorité. Nous ne répétons plus ce qui nous fut enseigné ou ce que nous avons ouï dire concernant Jésus-Christ ; nous parlons de ce que nous savons, de ce qui nous est imparti par une expérience intime et personnelle. Il y a dans notre langage et dans le timbre de notre voix quelque chose de ce qu'il y avait dans la voix du Maître. Le monde ne s'y trompe pas. Et, soit qu'il s'incline pour accueillir notre message, soit qu'il se dresse pour y résister, il discerne en nous les ambassadeurs et les représentants de Celui qui seul a droit de régner en souverain sur les consciences humaines.

III

Le but du témoignage.

Aurais-je exagéré ? Me serais-je laissé emporter par je ne sais quel mysticisme malsain ou quelle morbide exaltation ? Je pourrais, si j'en avais le temps, en appeler aux dépositions des milliers et des milliers de témoins que Jésus-Christ au cours des âges s'est suscités sur la terre, et l'on verrait à les entendre, que j'ai peu dit au prix de ce qu'il y aurait à dire. Je m'en abstiens, et, revenant simplement à mon texte, je lui pose, pour la dernière fois, cette question : Qu'est-ce qu'un témoin ? il nous répondait tout à l'heure : un homme qui a vu et entendu ; il nous répond maintenant : un homme qui fait voir et fait entendre. La fonction propre du témoin consiste effectivement à témoigner, c'est-à-dire, à rapporter ce qu'il a vu et entendu, à le rapporter de telle sorte qu'il le fasse voir et entendre de nouveau.

Faire voir et faire entendre Jésus-Christ au milieu d'un monde qui l'ignore ou qui le méconnaît ; le rendre actuel, sensible et vivant après dix-huit siècles écoulés ; le reproduire en quelque sorte ; le reproduire tel qu'une fois l'histoire l'a contemplé ; le reproduire en notre personne au sein de l'humanité contemporaine ; vivre comme il a vécu, aimer comme il aima ; « achever en nos corps ce qui manque à ses souffrances » et poursuivre son œuvre de rédemption, voilà donc le but de notre ministère, l'effort et l'effet de notre témoignage !

Tâche sublime, mais écrasante ! « Qui est suffisant pour ces choses ? » Et l'on voudrait qu'à cette tâche il y eût un autre moyen qu'une participation à la vie même de Jésus-Christ ? L'Évangile ne se montre-t-il pas plus sage, plus simple, plus sobre, plus raisonnable que nos coupables objections ou nos folles timidités, lorsqu'il nous offre hardiment, en vue du ministère dont il nous investit, la communication de la vie divine dans la communion avec Jésus-Christ par le Saint-Esprit ?

Et gardons-nous de tomber, à ce propos, dans une erreur qui, pour être fort répandue, n'en est que plus funeste et pernicieuse. On parle beaucoup dans le monde protestant, hélas ! et jusque dans l'Église, d'idées religieuses, de doctrines chrétiennes, de principes évangéliques. On en fait l'objet de la prédication, de la cure d'âmes, de l'éducation. Il semble que tout l'effort des fidèles doive porter là, mais aussi s'arrêter là ; et que répandre ces idées, propager ces principes, enseigner ces doctrines, constitue l'unique devoir, bien assez difficile, du reste, dont ils soient responsables. Difficile ! je le crois, certes ; je le crois même impossible ! Mais salutaire ? mais efficace ? mais suffisant ?

Jésus-Christ ne parle point de la sorte ; il ne réclame rien de semblable. Ce qu'il attend de nous, ce qu'il exige de nous, ce n'est pas que nous soyons les docteurs de ses idées, les prédicateurs de sa doctrine, les adeptes de ses principes, mais ses témoins : les témoins *de lui*, les témoins de sa personne : « Vous me servirez de témoins. »

C'est qu'il n'y a point d'Évangile, ni de doctrine évangélique, ni de salut évangélique en dehors de Christ ; c'est qu'en dehors de la personne du Sauveur, l'Évangile se disloque et tombe à terre ; c'est que Jésus-Christ résume tout l'Évangile. Essayez d'enlever Jésus-Christ à l'Évangile, il reste, je le veux, des principes, des idées et des doctrines ; mais des doctrines qui ne tiennent à rien, des idées qui n'aboutissent à rien, des principes qui ne reposent sur rien. Ne croyons pas que ce soit l'Évangile qui présente et soutienne Jésus-Christ ; c'est au contraire Jésus-Christ qui présente, soutient et garantit l'Évangile. Manifesté en sa personne, il ne demeure et ne subsiste que par elle. C'est Jésus-Christ, et lui seul, qui a vécu l'Évangile dans l'histoire et qui le vit encore auprès de Dieu. Les faits dont l'Évangile nous entretient ne sont pas des événements, des circonstances ou des épisodes fortuits ; ce sont des actes, des actes libres et volontaires, volontairement et librement accomplis, vivants et vivifiants par une personne : celle de Jésus-Christ. Et c'est pourquoi Jésus-Christ ne craint pas de résumer tout l'Évangile dans sa personne et toute la prédication de l'Évangile dans le témoignage rendu à sa personne.

Et d'ailleurs que demande le monde? Serait-ce des principes et des doctrines? Il en est saturé, il en est fatigué, il en est dégoûté. Elles ne le rendent ni meilleur, ni plus heureux. Serait-ce même un Évangile sans Jésus-Christ? Et si, par impossible, — je dis par impossible, — il lui fallait choisir entre l'Évangile moins Jésus-Christ et Jésus-Christ moins l'Évangile, ne le sentons-nous pas, il choisirait Jésus-Christ. Pourquoi? Parce que le cœur de l'homme a besoin d'un cœur pour lui répondre ; parce que rien ne suffit à la personne que la personne ; parce que les doctrines, les faits et les principes, exprimassent-ils la vérité même, n'empêchent pas une âme de mourir et la laissent béante de cette chose suprême : la relation personnelle avec la Personne suprême. Le rayonnement d'une personne, la sympathie d'une personne, l'amour et la compassion d'une personne, la justice, la vérité, la sainteté vivantes dans une personne, incarnées dans une personne, et par conséquent capables d'être aimées, servies, obéies, crues comme on croit, comme on sert, comme on aime une personne : voilà le dernier fond des aspirations de l'âme humaine.

C'est donc de Jésus-Christ que le monde a besoin, de sa personne, de lui-même. Il meurt de son absence ;

il vivrait de sa présence. Jésus-Christ est encore aujourd'hui ce « Désiré des nations » dont parlaient autrefois les prophètes. Et lorsque les nations en détresse demandent la paix et la justice ; lorsqu'elles réclament la lumière et le bonheur ; lorsqu'elles aspirent à la vérité qui les fera vivre ; lorsqu'elles implorent de leurs sages, de leurs philosophes et de leurs prêtres la révélation et le salut, c'est en réalité Jésus-Christ qu'elles demandent, Jésus-Christ qu'elles réclament, Jésus-Christ qu'elles implorent ; car Jésus-Christ seul est tout cela ; seul il est la vérité, la lumière, la justice, la paix, la révélation, le salut ; il l'est pour tous les peuples, il l'est pour toutes les âmes, tant qu'il y en eut, qu'il y en a et qu'il y en aura, de siècle en siècle.

Ce cri de l'humanité en travail, qui cherche sans le trouver son Sauveur et son Roi, l'avons-nous entendu ? Il monte plus angoissé, plus poignant de jour en jour. C'est le cri des individus qui souffrent et se perdent dans les ténèbres ; c'est le cri de la société qui sent trembler sous elle ses fondements séculaires ; c'est le cri des Églises, dont beaucoup, hélas ! ont perdu la présence du Sauveur. Ne le voyons-nous pas, ne le comprenons-nous pas ? Le monde entier vit dans l'attente de Jésus-Christ. Que tardons-nous encore à le lui présenter ?

Et si ce n'est afin de répondre à l'ardent soupir des âmes « fatiguées et chargées », que ce soit au moins pour obéir à l'ordre du Maître. « Vous me servirez de témoins. » Ce futur est un impératif. Il y a un commandement dans cette prophétie : le commandement de Celui qui s'est acquis tous les droits d'ordonner. « Malheur à moi si je n'évangélise ! » disait l'apôtre ; malheur à nous, si nous ne servons à Jésus-Christ de témoins sur la terre ! Il est trop tard aujourd'hui pour nous récuser ; nous avons trop reçu ; nous savons trop bien ce qu'il réclame de nous pour pouvoir esquiver la tâche qu'il nous impose.

Et si la rigueur de ce commandement nous effraie, si nous tremblons devant les responsabilités d'un si grand devoir, prêtons l'oreille, écoutons encore, et dans cet ordre bientôt nous entendrons une prière. Oui, une prière, et qui nous est adressée par Jésus-Christ. Il nous implore, il a besoin de nous. Par une suprême condescendance il a lié son œuvre à la nôtre. Il peut tout, il a tout accompli ; mais il ne peut rien sans nous. Il a voulu que les limites de notre témoignage fussent aussi les limites de sa propre révélation. En nous confiant la charge de témoins, il ne nous a pas confié seulement le salut de nos frères ; il s'est confié, il s'est en quelque sorte abandonné lui-même à notre amour et à notre fidélité. Et maintenant, il nous sollicite, il nous supplie de l'apporter au monde. Et nous ne sentirions pas, à l'ouïe de cette humble requête, nos cœurs s'émouvoir et comme se fondre au-dedans de nous ? La détresse du Fils de l'homme, qui « est en agonie jusqu'à la fin du monde »[1], c'est-à-dire jusqu'à ce qu'il ait gagné le monde au règne de Dieu son Père et qui nous adjure de lui servir d'instruments en lui servant de témoins, cette détresse et cette agonie nous laisseraient insensibles ?

Et si, malgré tout, nous sentions notre cœur défaillir ; si, malgré tout, mesurant la grandeur de la tâche à celle de notre faiblesse, notre âme se troublait, écoutons une dernière fois la parole de notre texte. Elle contient un ordre, elle exprime une requête ; mais elle est une espérance et une promesse aussi. Celui qui la prononce n'est pas un « maître dur et sévère qui récolte là où il n'a point semé » ; c'est le plus doux et le plus miséricordieux des amis. Il connaît la faiblesse de ses serviteurs, et voici : cela même qu'il ordonne, il le donne à mesure. Il ne formule aucune exigence dont il n'ait commencé par fournir le moyen, et ce moyen, c'est le Saint-Esprit. Si la tâche est visiblement au-dessus des forces humaines, le moyen l'est plus encore. Il est à la hauteur de toutes les tâches, il les égale toutes, il suffit à toutes.

[1] Pascal, *Le mystère de Jésus*.

Liberté chrétienne, mars 1900.

LA PSYCHOLOGIE DU PARDON

DANS SES RAPPORTS AVEC

LA CROIX DE JÉSUS-CHRIST

Depuis sa fondation jusqu'à nos jours, à travers vingt siècles d'une existence laborieuse et tourmentée, l'Église chrétienne, dans son ensemble, a vécu sous le signe de la croix. Y vit-elle encore ? Ce signe est-il aimé, est-il compris, est-il suivi comme il le fut aux jours anciens ?

A voir le nombre immense et sans cesse croissant des fidèles qui s'en détachent, il est loisible de se le demander. Combien sont-ils, dans nos troupeaux, qui pourraient répéter en pleine connaissance de cause et d'un cœur sincère l'ancienne et lapidaire formule : *Ave crux, spes unica* ? Et pour ceux qui la saluent encore comme le symbole et le gage de leur rédemption, combien d'autres qu'elle laisse indifférents ; combien qui la regardent d'un œil incertain et troublé comme on regarde une impénétrable énigme ; combien qui, l'interprétant par ses quantités purement humaines : viril héroïsme et sublime dévouement, n'y discernent autre chose que le magnifique modèle d'un irréalisable idéal ; combien qu'elle éloigne et rebute plus qu'elle ne les attire ; combien même qui ne savent plus distinguer en elle qu'un scandale inutile et le reste suranné d'une superstitieuse folie !

Il serait vain de se le dissimuler, la croix de Jésus-Christ ne joue plus dans le monde, ni dans l'Église, le rôle qu'elle jouait autrefois. Les âmes que subjuguait sa puissance et sur lesquelles planait au moins son ombre salutaire, lui échappent aujourd'hui ; elles répondent à d'autres appels. La prédication de la croix n'est plus au centre de la prédication évangélique, et la pensée de la croix cesse d'inspirer la pensée chrétienne.

Les causes de ce délaissement, qui inquiète à bon droit ceux que préoccupent les destinées prochaines du christianisme, sont multiples et trop complexes pour que je m'attarde à les signaler toutes. Je n'en retiendrai que trois principales : une cause *théologique*, une cause que, faute d'expression meilleure, j'appellerai *culturelle*, une cause *morale* qui, en fin d'analyse, les domine toutes.

Notre théologie a fait des progrès considérables qu'elle paie chèrement de plusieurs déficits. Elle a retrouvé Jésus de Nazareth, mais elle risque de perdre le Christ-Sauveur. Le premier gisait enseveli sous les doctrines concernant le second. Elle a entrepris de le remettre en lumière. Les travaux historiques qu'inaugura le xixe siècle et que le xxe continue de poursuivre, nous ont permis de connaître et de pénétrer, mieux qu'on ne l'a fait en aucun temps, la carrière terrestre du Fils de Marie. La plénitude de son humanité, le rayonnement de sa figure nous ont éblouis et retenus. Ses paroles et ses actions, la sublime beauté de sa personne vivante, les problèmes qu'elle pose et résout, nous ont captivés au point que d'autres, non moins importants et non moins graves, nous échappent peu à peu. Le Fils de l'homme nous a voilé le Fils de Dieu, et, tombant du côté où nous penchions, nous avons insensiblement relégué au second plan la signification de ses souffrances et de sa mort, la portée de sa résurrection, en un mot, le sens spirituel et proprement rédempteur du drame évangélique.

De là vient aujourd'hui que les affinités et les sympathies de la chrétienté vont à Jésus de Nazareth plus qu'à Jésus-Christ ; que l'Évangile du premier touche et convainc davantage que l'Évangile du second ; qu'une doctrine morale très pure, vaguement associée à la paternelle miséricorde de Dieu, suffit à la piété de beaucoup de fidèles, et que la religion chrétienne se réduit, pour plusieurs d'entre eux, à l'adoration d'une divinité bienveillante, dont le gracieux message a retenti en paroles incomparables sur les lèvres d'un homme parfait, vers lequel s'élève sans effort une admiration sans résultats. Notre théologie, dont l'axe traverse en plein l'humanité de Jésus et n'effleure qu'à peine sa divinité, a eu sur l'Église son inévitable contre-coup, et, complice d'autres facteurs, elle la détourne graduellement des sentiers qui conduisent à la croix ou qui la rendent intelligible.

Parmi ces facteurs — complices de cette déviation et qui travaillent avec la théologie contemporaine à nous éloigner de l'intelligence de la croix — il faut citer en second lieu la culture moderne envisagée dans ses tendances, ses méthodes et sa direction générale. Naumann [1] avouait récemment que « pour sa part, il ne trouvait aucun indice d'une nouvelle conquête de la croix par les formes de la pensée moderne ». « Je pense, ajoute-t-il, à tout ce peuple que je vois autour de moi à Berlin et à sa nourriture spirituelle quotidienne. Ce peuple apprendra encore beaucoup de choses, mais qu'il apprenne à lire le mot sacrifice dans le sens que lui donnait Paul, c'est difficile à croire... »

Hélas ! n'est-ce pas difficile à croire pour notre peuple aussi et pour tous les peuples que façonne une identique culture de l'esprit ? Ceux qui connaissent, pour l'avoir un peu pratiquée, la mentalité courante de nos masses populaires et même celle de notre élite, ne sont guère tentés de démentir les affirmations du chef socialiste. Entre cette mentalité et le christia-

---

[1] *Lettres sur la religion.*

nisme de la rédemption par le sacrifice de la croix, un abîme se creuse et constamment s'élargit dont on se demande avec angoisse si jamais il pourra se combler de nouveau. Les causes de cet éloignement tiennent pour une large part aux principes d'une pédagogie théorique que nous subissons dès l'enfance et sans exception ; une pédagogie, dis-je, qui se fait et tend à devenir de plus en plus positive et logique, rationnelle et naturiste.

Par logique et rationnelle, j'entends qu'elle se développe dans un sens étroitement scientifique, dans celui d'un savoir d'où les données intuitives, laissées en friche, sont sacrifiées aux seules certitudes démontrées et démontrables. Nous nous mouvons avec une aisance, une hardiesse, une sécurité croissantes dans les voies rectilignes de la preuve démonstrative et de l'évidence mathématique ; ce qui leur échappe, nous échappe, mais ce qu'elles atteignent, combien nous croyons être sûrs de le posséder ! Or, ce sont là des moules et des modes dialectiques incompatibles et même réfractaires à l'appréhension des réalités religieuses.

Par positive et naturiste, j'entends que le point d'application de la pensée a glissé de la sphère intime, mystique et morale, à la sphère physique externe. La nature, la nature matérielle, exclusif objet de notre intérêt et de nos découvertes, a modelé sur elle la forme de nos âmes, de nos besoins et de notre imagination. Son empire est devenu prépondérant et presque normatif. Ce qui dépasse la nature, ce qui ne lui est pas homogène et réductible, ce qu'on ne saurait qualifier de naturel, nous paraît d'emblée inexistant et ne valoir plus l'aumône d'une réflexion sérieuse. Or si, sous un certain angle, il n'y a rien de plus religieux que la nature, sous un autre, et telle qu'elle est interprétée par la science, exploitée par ses applications, mise en œuvre par sa technique, il n'y a rien de plus foncièrement profane et qui stérilise davantage en l'homme les facultés morales ou mystiques.

Notre morale elle-même, — car il nous en reste et nous nous targuons d'en avoir beaucoup, — subit une analogue déformation. Elle se sépare de son coefficient religieux et prétend faire elle-même ses propres affaires. Du même coup, elle s'extériorise et s'appauvrit. Les notions de faute, d'obligation, de devoir, de rétribution, de sanction, qui avaient jusqu'ici un si puissant écho dans l'intimité de la conscience individuelle, ne subsistent plus qu'à l'état de lois sociales, où leur portée s'amoindrit et se dénature. Conçues comme relatives au maintien et au développement de la société terrestre, elles s'imprègnent d'un facteur utilitaire où déjà quelques-unes s'absorbent complètement. La morale considérée comme phénomène collectif devient naturelle à son tour. Objet de statistique et de démonstration, la science qui s'en empare ne lui laisse que ce qu'elle est capable d'en traduire ; elle en retranche impitoyablement ce qui dépasse ses propres horizons, et, la pliant au joug de ses formules, l'attachant à son char triomphal, se vante de l'avoir définitivement asservie. Ainsi jetée hors de l'orbite où se dresse la croix, comment notre conscience la rejoindrait-elle, comment la comprendrait-elle encore ? Elle était par nature son alliée ; elle devient son adversaire, et l'on découvrirait peut-être qu'il n'y a rien de plus irréductible aux prémisses de la rédemption chrétienne que celles sur lesquelles repose l'intuition morale contemporaine.

Il ne faut pas s'étonner, dès lors, si nos troupeaux, soumis à de telles influences, voient se produire en eux un affaissement spirituel correspondant. Est-ce faiblesse constitutive des âmes ? est-ce effet d'une vie toujours plus rapide, fiévreuse et pressée, que fatigue un travail trop intense et que dissipe la multiplicité des intérêts et des plaisirs ? On contestera difficilement que notre époque manque, au point de vue chrétien, de sève religieuse et morale. Nos expériences personnelles dans ce domaine sont rares et rudimentaires ; nos croyances incertaines et molles. Une vague piété nous tient lieu de religion. Il y a chez nous beaucoup de bonnes dispositions, il y a de généreux désirs, une grande activité philanthropique, des œuvres en nombre immense, mais un oubli général de la vie intérieure, et, lorsqu'elle existe, peu de force, d'énergie, d'originalité. Il n'y a rien en elle de saillant, de concentré, de profond. Nos repentirs sont fades, notre foi globale et tiède, nos convictions pauvres et sommaires. Le sentiment que nous avons du péché ne va guère jusqu'à celui de la coulpe. Nous en ignorons le poids, l'angoisse et l'horreur. C'est la caractéristique d'un christianisme qu'aucun réveil n'a de longtemps secoué, et dont la somnolente quiétude se prolonge dans le demi-jour d'un perpétuel crépuscule. La signification rédemptrice de la croix lui échappe nécessairement. Elle se dessine, sans doute, à l'horizon de nos rêves, mais nous ne l'atteignons plus. Son relief sanglant s'estompe, aucune lumière ne l'éclaire ; la force nous fait défaut pour l'étreindre comme l'élan pour l'embrasser.

Il ne nous appartient pas de proposer, en cette courte étude, un remède aux effets de tant de causes diverses. Le remède, quand il viendra, viendra de plus haut et de plus profond ; il descendra des hauteurs de la croix et surgira des profondeurs de l'âme.

« Ce n'est pas l'Évangile, a dit Vinet, qui nous conserve la croix, mais la croix qui nous conserve l'Évangile. » Cette parole, que l'histoire a plus d'une fois vérifiée, accuse certes l'extrême gravité de notre situation. Car une Église qui perdrait la croix serait en train, quelles que soient les apparences, de perdre l'Évangile lui-même. Mais elle est consolante aussi parce que la croix suffit à l'Évangile, et qu'il n'est au pouvoir de personne de la renverser. Impérissable monument de la sainteté et de l'amour divins, elle demeure plantée au roc de l'histoire. Subsistant par elle-même, elle nous garantit l'Évangile et nous le rendra dès que des cœurs attentifs sauront l'y retrouver.

Or, qui oserait prédire qu'ils ne l'y retrouveront plus jamais ? Le même Naumann, que nous citions tout à l'heure, écrivait les lignes que voici : « Le besoin d'une doctrine de la réconciliation est pressant et ineffaçable. Regardez tous ceux qui s'agenouillent encore devant le Saint-Sacrement... Plus que jamais on peut comparer ce besoin à l'un de ces animaux qui étendent sans cesse leurs tentacules dans l'eau pour y saisir n'importe quoi. Les soupirs d'âmes non délivrées, qui ne sont point en règle avec elles-mêmes... emplissent notre atmosphère spirituelle... J'estime que nous ne pouvons pas rejeter la consolation que nous apporte l'idée d'expiation parce que la doctrine de ce fait nous paraît impénétrable... On ne doit jamais penser qu'une idée qui fut centrale pendant plusieurs siècles puisse subitement mourir... Il est possible qu'une nouvelle porte s'ouvre devant une prochaine génération déjà. »[1]

Cet espoir est également le nôtre. Nous le fondons davantage sur la persistance et l'exaspération des besoins signalés, que sur le rajeunissement — pourtant bien désirable — d'une dogmatique vieillie. Inaliénables et vitaux, ils ne mourraient qu'avec la conscience humaine. Elle peut bien, pour un temps, les travestir ou leur imposer silence ; elle ne peut les dépouiller. Ils renaissent de leurs cendres. Elle les réengendre et

---

[1] *Lettres sur la religion.*

les accumule sans trêve. Ils éclateront quelque jour. Lorsque la croix qui les aiguillonne et leur répond, leur sera de nouveau présentée, ils la salueront avec un transport de joie douloureuse, et soyez sûrs que la formule intellectuelle de cette rencontre ne sera pas longue à trouver.

En attendant et d'ici là, il importe néanmoins de travailler à rendre cette rencontre moins difficile.

Les remarques qui vont suivre n'ont pas d'autre but. Elles ne se proposent pas de convaincre, mais, en écartant quelques obstacles, de frayer les voies à la conviction personnelle. Je voudrais tenter d'ouvrir l'esprit de mes lecteurs à la compréhension de la croix par le côté qui m'en paraît le plus immédiatement accessible : par la pédagogie qu'elle suppose, par la psychologie qu'elle incarne, et par la correspondance de cette psychologie pédagogique avec celle que la famille et la vie sociale nous font pratiquer et connaître nous-mêmes.

Je ne partirai d'aucun *a priori* ; je ne me ferai le tenant d'aucune doctrine particulière ; je n'emploierai aucun argument d'autorité ; et, si ce n'est dans la mesure indispensable à la marche de la pensée, presque aucun raisonnement. Je ne ferai appel qu'aux expériences qui nous sont à tous communes et à une compétence morale sur laquelle j'estime avoir le droit de m'appuyer. Ma prétention, je tiens à ce qu'on en soit averti, ne saurait être d'épuiser un sujet qui me déborde de toutes parts [1], mais seulement d'y introduire. Je ne dirai rien de ce qui ne touche pas directement celui qu'annonce mon titre. Concentrant sur ce point mon attention et la vôtre, je m'efforcerai d'établir un rapport de parallélisme organique et vivant entre le pardon, qu'au sein de l'existence humaine l'homme accorde à l'homme, et celui que tous les jours nous implorons de Dieu.

Ce parallélisme me semble légitime. Il n'a rien de forcé; il n'est pas arbitraire et n'est pas artificiel. Il se base sur l'analogie des deux phénomènes humain et divin et sur celle de leurs sujets réciproques, qui, des deux parts et dans tous les cas, doivent être conçus comme personnels. Des deux parts, en effet, dans la morale religieuse comme dans la morale sociale, il y a faute et remise de la faute. Et si la faute ne peut être imputée qu'à la personne, seule capable de coulpe, il est évident qu'elle ne peut être remise que par la personne. La liberté de la faute et celle du pardon exigent des facteurs personnels.

En recourant à ce parallélisme nous ne sortons donc ni de la nature des choses, ni de l'Évangile. D'un bout à l'autre ce dernier s'y fonde et le consacre, particulièrement lorsqu'il place dans la bouche de

[1] Il m'interdit, par exemple, d'aborder cette partie de la rédemption où Jésus, le Fils de l'Homme, doit être envisagé comme nous représentant auprès de Dieu. Ceux que frapperait cette lacune voudront bien ne pas l'imputer à l'auteur, mais aux limitations inévitables que lui imposent l'ordonnance et l'objet de son travail.

Jésus l'admirable requête de l'oraison dominicale : « Pardonne-nous nos offenses *comme* nous pardonnons à ceux qui nous ont offensés. »

Et non seulement l'Évangile, mais en dernière instance, toute religion a dans ce parallélisme son point de départ et son point d'appui. On supprimerait, à l'abolir, jusqu'à la possibilité du rapport religieux, qui ne se justifie et surtout ne se réalise que par une certaine correspondance, par une certaine conformité morale de l'homme avec Dieu. En m'y appuyant, je m'appuie donc sur la nature des choses, sur l'Évangile et sur ce qu'il y a dans le phénomène religieux de plus solide, de plus stable et de plus universel.

I

Les conditions objectives du pardon : le repentir.

Tous les phénomènes constants ont des conditions régulières. Les formuler, c'est en formuler la loi. Le pardon est-il un phénomène constant de la vie sociale ?

Oui, comme l'observation le prouve et puisqu'il a pour fin de rétablir les relations personnelles normales [1] dans une société où elles sont constamment

[1] Je devrais ajouter : dans une sphère où la justice échoue à les rétablir. Il est clair, en effet, qu'au sein de l'état social légalement organisé, c'est-à-dire en tant que les personnes

rompues par la liberté coupable des sociétaires.

Il a donc sa loi, c'est-à-dire ses conditions régulières. Elles seront, comme lui, de l'ordre psychologique et moral. Et puisque le pardon ne se produit que moyennant les relations réciproques de personne à personne, il les exigera simultanément de son objet (celui à qui l'on pardonne) et de son sujet (celui qui pardonne).

Voyons d'abord ses conditions objectives. Elles s'expriment en un mot : le repentir. Nous définissons le repentir une reconnaissance et une contrition sincère de la faute comme faute ; sa détestation intime et sa répudiation ; la claire révélation de sa culpabilité, impliquant de la part du sujet repentant, une

---

sont considérées comme des objets extérieurement juxtaposés, le principe de l'équivalence rétributive : « à chacun ce qui lui est dû », équitablement appliqué, suffit à maintenir l'ordre et la paix sociale et même à les rétablir lorsqu'ils sont compromis. Il n'en va plus de même dans cette partie de la société où s'opère la compénétration des personnes, c'est-à-dire où les personnes, s'ouvrant les unes aux autres, entrant les unes dans les autres, communient les unes avec les autres par une solidarité de motifs et de sentiments intérieurs vraiment personnels et moraux. Dans la famille, par exemple, et dans cette extension de la vie familiale que réalisent les affinités électives des convictions, des croyances communes, ou des affections réciproques, la justice, inférieure à sa tâche, demeure impuissante. La reprise des rapports personnels normaux ne peut plus s'effectuer là que par un acte identique, par sa nature et son ordre, à celui qui les a rompus, par un acte de moralité personnelle intime. Cet acte est celui du pardon, tel que nous l'étudions ici.

humiliation, un aveu, et, s'il est possible, une répation corrélative.

On ne pardonne qu'au repentir. Non, sans doute, que le coupable, par sa seule repentance, soit en droit d'exiger le pardon ; il dépend encore de l'offensé. Mais nous croyons qu'en se repentant, le coupable a fait ce qui dépend de lui pour le recevoir et qu'il ne le recevra qu'à la condition de s'être repenti. Le pardon n'est pas dû à la repentance; mais il n'est accessible qu'à la repentance. Elle en constitue la condition nécessaire.

On nous contestera peut-être cette dernière affirmation. On nous la contestera au nom de la perfection de l'amour. L'amour parfait n'est-il pas souverain ? N'appartient-il pas à son essence même de pardonner toujours, partout, sans restrictions d'aucune sorte ? souffre-t-il aucune limite ? s'arrête-t-il devant aucune barrière ? Attendre la repentance afin de pardonner, il est vrai, mais avant de pardonner, n'est-ce pas le signe d'un amour inférieur, timide, incomplet ? d'un amour qui n'ose prendre ni son vol, ni son essor ? N'y a-t-il pas dans l'amour quelque chose de prévenant et de gratuit qui exclut toute condition ? Et d'ailleurs, n'est-ce pas le témoignage de l'amour qui, dans la majorité des cas, produit et suscite la repentance ? cette repentance justement, dont vous dites qu'il devait l'attendre ? Dieu nous aima-t-il autrement ? et n'est-ce pas, aux termes mêmes de l'Évangile, son amour préalable qui fourni-

à notre repentir ses plus solides et meilleurs motifs?

Cette objection ne tend à rien moins qu'à rendre la repentance facultative pour le pardon, et donc superflue. Elle se condamne, à notre avis, par cette licence même. Son aspect séduisant repose sur une confusion : celle de l'amour qui est un sentiment, avec le pardon qui est un acte. J'accorde que la générosité de l'amour soit entièrement prévenante et gratuite, qu'elle n'ait pas besoin, pour aimer, d'attendre la repentance. Mais on peut aimer le coupable et ne lui avoir point encore pardonné. L'amour n'est pas identique au pardon. Il en forme l'indispensable prémisse, la capacité latente, la puissance si l'on veut, mais non l'action concrète et décisive. Le pardon, sans contredit, jaillit de l'amour, mais non comme son irrépressible ou fatale émanation. Il en procède comme une libre décision du vouloir personnel. Il réalise la volonté d'aimer, non pas en bloc ou au hasard, mais dans un cas précis, dans une relation donnée, — donnée par la faute, — et nous maintenons qu'il ne la réalise normalement qu'à partir et sous condition de la repentance.

Or, pourquoi la volonté d'aimer ne réalise-t-elle l'acte du pardon qu'à partir et sous condition du repentir? Parce que l'amour, chose personnelle, est aussi et surtout chose morale ; parce qu'en aimant il veut le bien personnel et moral de la personne aimée, et qu'un pardon sans repentance irait à contre-fin de ce but ; il démoraliserait la personne en dénaturant l'amour. Il apparaîtrait à la conscience coupable et non repentante, moins comme une force que comme une faiblesse, et se résoudrait en pure et simple tolérance. Un amour qui tolère ou qui consent à revêtir le masque de la tolérance, aime-t-il vraiment? De la tolérance à l'indifférence, il n'y a qu'un pas. Est-ce à le franchir que vise et s'efforce l'amour?

Les pédagogues — les pères et les mères, ces premiers des pédagogues — savent bien que non, eux qui ne se résolvent point à tolérer le mal chez leurs enfants ; qui les châtient au contraire et qui les châtient, remarquez-le, tout en souffrant d'avoir à les châtier, parce qu'ils les aiment. Et s'ils le font, c'est pour faciliter un repentir dont un sûr instinct leur enseigne qu'il est indispensable à la remise de la faute. Les enfants eux-mêmes ne s'y trompent pas. Si la punition d'abord leur semble dure, la repentance qu'elle aide à provoquer ne tarde point à leur en faire apprécier les motifs. Justement frappés, ils ne se sentent pas moins aimés, et la joie purifiante du pardon qu'obtient leur repentir atteste par ses résultats que leur conscience vibre à l'unisson d'une loi dont les exigences ont été satisfaites.

Ces résultats sont-ils atteints et au même degré, par la pédagogie que j'appellerai celle du pardon facile, par celle qui croit pouvoir se passer du repentir et qu'on préconisait tout à l'heure au nom de la perfection de l'amour? Un coup d'œil jeté sur les caractères qu'elle manque à former, sur les convictions qu'elle détend, sur l'empire qu'elle donne à l'égoïsme et à ses convoitises, sur les ruines morales et sociales, en un mot, dont elle est parmi nous la désastreuse ouvrière, nous informera mieux de son excellence, et par suite de sa vérité, que ne le ferait un volume de dissertations théoriques. Si les fruits sont mauvais, comment l'arbre serait-il bon ?

Nous nous croyons donc en droit de maintenir nos thèses initiales : de distinguer la puissance de l'amour d'avec le pardon qui en est l'acte ; d'assigner à cet acte certaines conditions restrictives qui se résument dans le repentir ; d'établir entre le repentir et le pardon une corrélation naturelle ; de la statuer moralement suffisante, mais moralement nécessaire, et de proclamer qu'un pardon véritable ne saurait être accordé qu'à la seule repentance.

Oserais-je aller plus loin ? ajouter à cette corrélation nécessaire une corrélation quantitative ? prétendre que la repentance doit être proportionnelle à la faute ? qu'elle doit porter, non seulement sur la faute comme faute, mais présenter avec elle une certaine équivalence, grandir de son étendue, s'aggraver de sa gravité, c'est-à-dire se manifester par une contrition qui s'augmente et s'approfondit de sa culpabilité même ?

Il me le semble. Il me semble qu'un repentir incomplet, bien que sincère par hypothèse, reste un repentir insuffisant, et que la rémission qu'il obtient, — si toutefois il l'obtient, — ou n'est pas entière, ou ne lui assure pas le plein bénéfice des conséquences morales qu'elle devrait avoir. La qualité des sentiments se mesure ici par son intensité. Elle se mesure, dis-je, parce que l'amour, même et surtout celui qui pardonne, respecte la justice, et que la justice, quelque pure qu'on la veuille, quelque haut qu'on la prenne, se fonde sur la réciprocité et s'exprime toujours en termes quantitatifs. Elle a pour invariable devise : A chacun ce qui lui est dû. Or, ce que la justice doit au coupable, c'est la rétribution, qui n'atteint sa forme adéquate que dans les souffrances du repentir, puisqu'alors seulement, morale comme la faute était morale, elle rejoint la nature de la faute.

S'il en est ainsi, si la justice est engagée dans la repentance, si la repentance satisfait la justice, ou du moins lui offre un commencement de satisfaction, nous en concluerons légitimement que la repentance idéale serait celle qui, répondant à toute la justice, couvrirait toute la faute et se préparerait au pardon par une expiation complète.

Je viens de prononcer un mot redoutable, un mot qu'on n'aime plus entendre et qui choque nos oreilles délicates. Je ne puis cependant le retirer. De quel nom plus exact désigner, en effet, cette douleur de la faute commise et pour la faute commise, douleur qui est une humiliation, une réprobation, une condamnation par laquelle le coupable, confessant sa faute et la répudiant en soi, accepte néamoins de subir ses conséquences ? Un homme qui souffre ces choses, peut-on dire qu'il n'expie pas? et s'il n'expie pas, que fait-il donc? Prenons garde que la crainte des mots nous empêche de saisir la réalité des choses; or, la réalité de la repentance, c'est l'expiation.

Soyez certain qu'un tel homme expie. Je ne dis pas, remarquez-le, qu'il expie totalement, ni surtout suffisamment. Je ne crois pas qu'il le puisse. La faute qu'il connaît et dont il s'accuse ne sera jamais qu'une partie de sa faute. Il en ignore l'étendue et la gravité. Eût-il même la conscience d'un saint, la réprouvât-il comme Dieu la réprouve, cependant elle est commise. Rien ne peut plus faire qu'elle ne le soit. En entrant dans les faits, elle est entrée dans l'irréparable et la repentance la plus aiguë ne saurait réparer l'irréparable.

Il y a donc d'infranchissables limites à l'expiation que fournit la repentance humaine; ces limites, à leur tour, sont, en fait, rarement atteintes. Mais, sous ces réserves, j'estime qu'un coupable qui se repent, et pour ce que vaut son repentir, satisfait la justice; que cette satisfaction, si rudimentaire et inachevée soit-elle, est une expiation, et que, tout bien pesé, c'est à ce titre et pour ces motifs qu'elle attire et provoque le pardon.

★

Plaçons maintenant le fait humain dans sa perspective religieuse. Des conditions exigées par le pardon que l'homme demande à l'homme, élevons-nous à celles du pardon que l'homme implore de Dieu. Jugeons-en par les analogies qu'implique le parallélisme des deux phénomènes et celui de leurs sujets respectifs. Ce qui vaut de l'un, évidemment, vaudra de l'autre ; à cette différence près qu'un double *a fortiori* s'impose.

D'une part, en effet, et quelque représentation que l'on s'en fasse, la personnalité divine est infiniment supérieure à celle de l'homme. Plus puissante, plus riche, elle est surtout plus parfaite. Elle sera donc aussi plus morale. Et si l'on envisage, avec le théisme évangélique, Dieu comme possédant seul, au sens inconditionnel, les attributs de la personne, il faut également lui attribuer ceux de l'absolue moralité. Les exigences du pardon divin seront, comme Dieu lui-même, rigoureusement, absolument morales.

Pour le théisme chrétien, d'autre part, la loi morale se confond avec la volonté divine. Tandis que nous n'en sommes, les uns vis-à-vis des autres, que les délégués, les représentants ou les objets — combien infidèles et précaires ! — Dieu en est, lui, non seulement le garant, mais le sujet souverain. Toute infraction à cette loi, en l'un quelconque de ses articles, est de ce fait une désobéissance à sa volonté personnelle, remonte jusqu'à sa personne, et la blesse à la fois comme faute et comme offense.

« On n'offense que Dieu, qui seul pardonne », a magnifiquement écrit Verlaine. Oui, en fin d'analyse et au sens profond, « on n'offense que Dieu » ; mais il faut ajouter qu'on l'offense plus souvent et plus gravement que personne. Il est clair, dès lors, que la repentance religieuse voit s'ouvrir devant elle un champ immensément plus vaste que la repentance morale, et que sa nécessité s'aggrave de tout l'inconditionnel que suppose la sanction divine. Il faut qu'elle soit, et pour répondre au péché, c'est-à-dire à la nature de la faute religieuse, il faudrait qu'elle fût absolue.

J'en infère qu'elle devient difficile dans la proportion même où elle devient nécessaire. De l'homme à l'homme, les rapports sont nombreux, incessants, variés ; ils sont de plus inexorablement concrets. La simple et continuelle présence de l'offensé rappelle au coupable sa faute ; ses paroles, son geste, sa physionomie, son attitude en précisent, en perpétuent le souvenir et coopèrent ensemble à solliciter sa repentance. Il n'en va pas de même, hélas ! de l'homme à Dieu. Qui ne comprend, pour l'avoir éprouvé cent fois, qu'un Dieu qu'on ne voit ni ne touche, qu'un Dieu muet, qu'un Dieu caché et comme inconnu, qu'un Dieu dont l'histoire et la nature ne révèlent ni la sainteté, ni l'amour, qu'un Dieu qui se laisse oublier et méconnaître comme à plaisir, ne favorise guère, chez le pécheur, les conditions du pardon, c'est-à-dire la naissance du repentir religieux. Si l'on me permet cette expression, je dirai que Dieu se trouve, sous ce rapport et relativement à l'homme, en état d'infériorité morale.

Il reste sans doute la conscience. Nous croyons que Dieu prononce éternellement en elle un verdict de justice et de sainteté. Nous croyons qu'elle est véritablement inspirée de Dieu et nous parle de sa part. Mais en nous parlant de sa part, c'est donc en son absence qu'elle nous parle, et cette absence livre son témoignage à de singulières et dangereuses vicissitudes. La conscience, après tout, n'est qu'un organe dont la compétence et la lucidité demeurent susceptibles d'incalculables variations. Le péché, qu'elle devrait juger, a pour premier résultat d'obscurcir son jugement. Le sens moral s'émousse par l'habitude même de la transgression. Les consciences les plus honnêtes présentent sur certains points de déconcertantes lacunes; elles semblent s'atrophier entièrement chez ceux qu'une longue accoutumance fait « boire l'iniquité comme l'eau ». C'est un cercle vicieux : plus le pécheur aurait besoin de connaître son péché pour s'en repentir, plus les callosités de sa conscience l'empêchent d'en sentir les cuisantes morsures. Cet endurcissement se complique encore d'un esclavage et d'une séduction. Il y a dans la pratique du mal une jouissance morbide, mais une jouissance réelle. Comme toutes les puissances, il séduit, il captive, il enchaîne ceux qui ne l'ont pas haï d'emblée. A mesure qu'il en devient l'esclave, le pécheur s'affectionne au péché qui le maîtrise. Comment désormais s'en repentirait-il ? Il le ressent à peine et s'aime en lui d'un indéracinable et pervers amour !

S'il était au monde une entreprise ardue et presque désespérée, c'était d'amener ce pécheur à la repentance religieuse, et aux conditions d'une repentance telle qu'elle pût entraîner la remise de sa faute. La sagesse divine était seule capable de la mener à chef. Rappeler ici ses lentes et pénibles étapes serait parcourir l'histoire entière de la Révélation biblique, dont l'effort central tend précisément à réveiller la conscience des pécheurs, à leur impartir la certitude de l'existence d'un Dieu moral et vivant, et la possibilité de nouer avec lui des rapports personnels. Je m'arrête au point culminant de cette Révélation : à la croix de Jésus-Christ, et je constate aussitôt qu'elle joue, à cet égard, un rôle unique et décisif. Elle devient dès son apparition le ferment inépuisable de la repentance religieuse.

Du jour où, dressée au sommet d'une colline aride, elle étendit ses bras sur l'horizon du ciel, la conviction de péché prit au sein de notre race un développement et une acuité jusqu'alors inconnus. La fausse paix, la paix harmonieuse, la paix esthétique peut-être, mais trompeuse et funeste aux intérêts de la vie morale, où se berçait l'antiquité païenne, se rompt brusquement et pour jamais. Une épée la traverse et sans répit la déchire. L'homme, ébranlé jusqu'aux dernières profondeurs de son être, divisé contre lui-même en ce qu'il a de pire et de meilleur, connaît dès lors cette inquiétude, s'engage dans cette lutte intestine qui caractérisent si fortement les peuples christianisés. Car s'il est une chose qu'atteste l'histoire avec une incontestable évidence, c'est que la conscience humaine, la pensée humaine, l'imagination et la sensibilité humaines ne sont plus, depuis la croix, ce qu'elles étaient auparavant et ne peuvent plus le redevenir. Une sève âpre et tonique court dans leurs tissus. La conviction de péché, de justice et de jugement les travaille comme un amer levain. Et jamais, dans l'ordre de l'esprit, révolution plus formidable n'a relevé plus clairement d'une cause plus certaine : l'Évangile, et spécialement l'Évangile de la croix.

Ce sont là des faits généraux. Ils s'imposent à l'observation de tout impartial historien. D'autres, moins extérieurs, ne sont pas moins symptomatiques. La croix qui sépare deux périodes dans l'histoire de la race, arrive à les séparer aussi dans celle de l'individu. Consultez les documents authentiques de ce qu'on appelle aujourd'hui la psychologie religieuse du christianisme ; examinez les symboles et les rites qu'a développés l'Église au cours des siècles ; dépouillez sa liturgique et son hymnologie ; lisez par-dessus tout les biographies, autobiographies, lettres, mémoires, papiers intimes et confessions que nous ont légués — trésors inestimables — les grandes personnalités chrétiennes, et voyez la place qu'y tient la croix ! Elle n'a pas varié. C'est la même, plus nette, plus sensible encore, s'il se peut, parce que les témoignages sont individuels et directs.

Ces documents en main, j'ose dire qu'il n'y a pas eu, dans l'ensemble des religions, de repentances religieuses comparables, pour l'intensité spirituelle et la pureté morale, à celles qu'a suscitées l'Evangile, et qu'au sein du christianisme historique lui-même, il n'y a pas eu de grandes repentances, de repentances radicales, tragiques et fécondes, qui n'aient gravité autour de la croix comme autour de leur axe, qui n'y aient pris leur origine ou n'y aient finalement abouti.

Comment s'expliquer l'extraordinaire pouvoir et la mystérieuse influence qu'exerce la croix dans ce domaine ? Je n'en relèverai que deux raisons principales : la croix manifeste au pécheur la vraie nature et l'étendue réelle du péché ; elle le lui révèle comme étant proprement son péché.

Ce qu'est le péché, il le pressentait sans parvenir à le connaître, parce que l'amour du péché, qui couvait dans son cœur, le rendait aveugle à son endroit. La croix le lui présente maintenant, sans déguisement et sans fard, à la sinistre lumière d'un abominable forfait. Et ce mal, dont il ne discernait que la faiblesse ou l'excusable imperfection ; ce mal à l'égard duquel il conservait mille indulgences ; ce mal dont il allait jusqu'à caresser les désirs et savourer les concupiscences comme on savoure une joie subtile ; ce mal qu'il blâmait chez autrui sans se résoudre à le condamner chez lui-même ; ce mal éclate subitement à ses yeux dans son épouvantable hideur et son effrayante gravité. Prolongé jusqu'à la croix où, pour la première fois dans l'histoire, il atteint sa véritable dimension et manifeste son essentielle turpitude, — s'exaspérant sans excuse sur une innocente victime, vouant au supplice l'amour et l'humilité faits chair, bavant ses outrages et crachant sa haine sur le Saint et le Juste, n'ayant ni cesse ni repos qu'il n'ait « ôté » celui qui, de la part de Dieu, apportait au monde « les paroles de la vie éternelle », — prolongé jusqu'à la croix où, se consommant tout entier, il aboutit au crime gratuit de l'homme contre l'homme, de l'homme contre le bien, de l'homme contre Dieu, c'est-à-dire au crime intégral, au crime absolu, au crime par delà lequel aucun crime n'est concevable ou possible, le mal s'est enfin démasqué. Il est le mal tout court, il est la coulpe, il est le malheur, il est la mort ; il est ce qu'il faut exécrer, fuir, combattre et vaincre à tout prix.

Et désormais, le pécheur, puisant dans son horreur même la capacité de rompre avec le mal, peut commencer l'œuvre d'une repentance adéquate à la faute humaine.

Il le peut d'autant mieux que, dans cette faute, il distingue l'épanouissement et la projection de la sienne propre. Le meurtre qui s'est perpétré là est un meurtre humain : ce ne sont pas des démons, ce sont des hommes, ses frères et ses semblables, et non les plus mauvais, ce sont des sages, ce sont des croyants, qui l'ont perpétré ; ce crime, dont les siècles le séparent et qui, en apparence, lui fut étranger, le suit donc, le poursuit et le rejoint par l'identité du sang et les fils invisibles, mais continus, qui relient entre elles les générations humaines.

Découverte plus terrifiante encore ! Ce chef-d'œuvre de méchanceté éveille en lui des échos sympathiques et trouve dans ses passions de silencieux complices. Aucune de celles qui se sont rassemblées et déchaînées là ne lui est indifférente. Il les connaît toutes, il les a toutes pratiquées. Il en est encore l'esclave ; elles sont encore ses maîtres ; il subit encore leurs lois. Les mêmes mobiles, les mêmes penchants, les mêmes convoitises, le même orgueil, le même égoïsme qui, dans le déploiement de leur odieuse fureur, ont cloué Jésus au bois d'ignominie, mordent sa chair, tentent sa volonté, palpitent et vivent dans sa poitrine. Ils sont gros des mêmes conséquences, et c'est moins leurs perfides conseils qui manquèrent à l'occasion, que l'occasion qui leur a manqué pour concourir ensemble au même résultat. Saisissant sur le vif la solidarité des péchés entre eux et celle, plus étroite encore, des pécheurs dans un péché commun ; contemplant dans une faute qu'il aurait pu consentir — à laquelle il a virtuellement, mais réellement participé — celle que le jeu des circonstances pouvait faire *sa faute*, le pécheur entrevoit, dans *cette faute*, — que l'histoire place devant lui, mais qu'intériorise sa conscience — un infini de perversité, un absolu d'iniquité qui libère en son âme les facultés d'une infinie, d'une absolue contrition, d'une douleur, d'une honte telles qu'il n'aurait pu les éprouver ni ailleurs, ni autrement et dont la croix reste seule à garder le secret.

Telle est l'action de la croix lorsqu'elle agit sur la conscience pécheresse, et telles m'en paraissent être quelques-unes des raisons[1]. L'avoir comprise de la sorte, c'est-à-dire comme l'instrument unique d'une repentance congruente au pardon divin, n'est-ce pas avoir établi sa haute portée pédagogique en même temps que sa nécessité religieuse? N'est-ce pas l'avoir déjà suffisamment comprise pour la justifier et la bénir?

II

Les conditions subjectives du pardon : le sacrifice.

Nous venons d'esquisser la loi du pardon quant à ses conditions objectives. Elles résident dans les douleurs expiatrices d'un repentir que, de l'homme à l'homme, ne fixe aucun étalon, mais qui, de l'homme à Dieu, s'achève en présence du Crucifié et dont la

---

[1] Il en est une troisième, dont l'expérience chrétienne atteste qu'elle suscite plus efficacement encore la repentance du pécheur ; ce n'est plus la croix dressée *par* nous, mais la croix soufferte *pour* nous par Jésus, le Fils de l'homme, notre frère et notre représentant. Les limites et le sujet de ce travail m'interdisant de l'y introduire, je crois bien faire de la mentionner au moins.

croix demeure, en même temps que le perpétuel aiguillon, la norme idéale. Mais la consommation d'une repentance religieuse même absolue, n'assure pas la remise de la faute. La mesure de l'expiation dans le repentir humain reste, d'une conscience à l'autre, mobile, variable, incertaine, et, fût-elle intégrale, contingente et limitée. Elle ne serait certainement remplie que par une contrition qui entraînerait la mort du coupable, — ce que peut-être réclame la justice, mais ce à quoi s'oppose l'amour. Il faut donc que l'amour, qui respecte la justice et ne la surmonte qu'en l'accomplissant, achève l'œuvre commencée.

Comment le va-t-il faire ? c'est le problème qui se pose. Fidèle à notre méthode, nous chercherons à le résoudre par voie d'analogie, et revenant au parallélisme dont nous avons usé jusqu'ici, nous croirons légitime de conclure de ce qui se passe en l'homme à ce qui se passe en Dieu.

Or, que se passe-t-il en l'homme ? Nous ne sommes pas sans avoir eu l'occasion de pardonner. De l'une ou de l'autre de ces occasions, nous conservons un souvenir particulièrement net et vivant. Essayons ensemble d'en analyser le contenu. Et d'abord, avons-nous jamais pardonné sans qu'il nous en coûtât quelque chose ? sans que nous fussions obligés de nous faire à nous-mêmes je ne sais quelle violence intime ? Le pardon ne nous est-il pas toujours apparu comme le fruit d'un effort, d'une sorte de victoire remportée sur nous-mêmes ? Il y a, je le reconnais, des différences à cet endroit. Les uns pardonnent plus difficilement, les autres plus facilement ; mais le pardon absolument facile, le pardon à jet continu, si je puis dire ainsi, dont se vantent certaines personnes et qu'elles semblent accorder, en effet, le plus aisément du monde, fait-il partie de notre expérience ? J'ose espérer que non.

Je tiens, quant à moi, que le pardon n'est jamais facile. Ou s'il est facile, il l'est pour les âmes faibles, légères, inconsistantes, superficielles, qui n'éprouvent profondément ni le mal, ni l'offense. Elles n'ont pas de peine à pardonner parce qu'elles ont peu ressenti. Elles passent l'éponge ; un oubli sans dignité comme sans moralité, leur tient lieu de pardon. Mais passer l'éponge, mais oublier, est-ce vraiment pardonner ? Un tel pardon procède-t-il de l'amour ? Sa flamme vive et brûlante en a-t-elle scellé le pacte ? Et sa source ne serait-elle pas plutôt dans la molle apathie d'une secrète indifférence ?

N'avez-vous pas observé, en outre, que plus l'offenseur nous tient de près par notre estime ou par notre affection, plus l'offense devient cuisante, et conséquemment le pardon difficile ? L'outrage d'un inconnu nous affecte peu. Pourquoi ? Parce qu'il nous est inconnu et donc indifférent. Mais quelle inguérissable et mortelle blessure peuvent causer par contre l'injuste soupçon d'un ami, sa médisance ou sa calomnie ? Et combien l'héroïsme du pardon s'accroît-il de l'intimité des cœurs !

Et quand les âmes sont énergiques, fières, généreuses ; quand les caractères sont forts, virils, conscients de leur valeur, de leur dignité, de leurs droits, la difficulté du pardon s'augmente de cette dignité même, de cette fierté, de cette générosité ; elle grandit au point de constituer l'effort suprême dont un homme soit capable, celui en regard duquel pâlissent tous les autres, et tellement au-dessus des forces humaines qu'il apparaît parfois impossible. N'auriez-vous jamais entendu cette phrase qu'entendent si souvent les pasteurs au cours de leur ministère : « Tout ce que vous voudrez, Monsieur le pasteur, demandez-moi tout ; mais non de pardonner. je ne le puis pas ».

Il en coûte donc toujours quelque chose de pardonner, et la remise de l'offense rencontre en nous des obstacles proportionnels à sa gravité, oui, et même à l'amour qui doit la remettre.

Ce point accordé, j'accorde à mon tour que ces obstacles, dans un cœur d'homme, sont de natures différentes, réciproquement hétérogènes et d'inégales qualités. L'égoïsme et l'intérêt lésés y peuvent tenir une place considérable. L'affinité du mal pour le mal, le retentissement du mal sur le mal se marquent ici par le choc en retour que provoque, chez l'offensé, le mal subi. Gagnant de proche en proche, il réveille toutes les meurtrissures et les plus anciens froissements d'une âme que les heurts de la vie ont cousue de cicatrices. Les voici subitement rouvertes. Il en suinte un venin corrosif d'animosité, d'irritation, de jalousie, de colère, de rancune, d'orgueil, et l'ensemble de ces passions, soufflant en tempête, montent à l'assaut de la volonté. Elles sont violentes, elles sont tenaces, elles se parent de cent prétextes, elles se déguisent en revendications de justice. Il s'agit de les percer à jour, de calmer leur voix insidieuse, de les maîtriser, de les réduire. Il en coûte et beaucoup ; il en coûte tellement que la repentance elle-même risque d'y perdre ses prérogatives et son irénique vertu. Je n'aurai garde de nier cet aspect d'une lutte à laquelle nous expose l'octroi du pardon. Je n'aurai garde de m'en plaindre. Il en constitue l'effort et l'effet sanctifiant.

Mais ce serait, à mon sens, amoindrir sa portée que de restreindre la lutte à cet unique effort. La remise de l'offense se paie plus chèrement et d'un plus noble prix. Afin de nous en rendre compte, tentons de dégager de leur gangue impure les éléments spirituels de la souffrance qu'elle inflige.

Toute offense n'est-elle pas une faute? Et la faute, même celle qui nous touche personnellement, ne peut-elle être l'objet d'une réprobation désintéressée ? N'y a-t-il pas, dans l'ordre de l'esprit, une qualité de sentiments qui ne relèvent ni de l'intérêt, ni de l'égoïsme, mais de la seule conscience? N'aurions-nous jamais connu l'indignation morale à l'état pur? Quelque chose de cette colère et de cette douleur que l'on a pu qualifier de « sainte » parce qu'elles s'élèvent à la vue du mal commis, non parce qu'il nous concerne en ses effets, mais parce qu'il est mal en son essence ? Contestera-t-on que ces sentiments puissent entrer pour une part dans la réaction d'un cœur offensé ? Qu'ils y entrent effectivement à proportion de l'intensité et de la hauteur de la vie morale à laquelle il accède ? Qu'ils y puissent devenir prépondérants jusqu'à dominer tous les autres ?

Or, qu'est-ce à dire ? sinon que l'empêchement au pardon et l'effort qu'il coûte ont leur lieu plus haut encore qu'une analyse superficielle n'a coutume de les montrer, et que la révolution psychologique déterminée par le pardon engage, avec la liberté de la personne, les assises mêmes de sa substructure morale. Les consciences saintes sont celles qui ont, tout ensemble, le pardon le plus facile et le plus difficile. Facile, puisque la vitalité des passions, qui lui font échec, diminue jusqu'à s'évanouir ; difficile, parce que la haine du mal les remplit tout entières. Car elles haïssent le mal d'une juste haine, d'une haine d'autant plus intraitable et rigoureuse qu'elles s'attachent davantage au bien. Elles lui reconnaissent, comme au bien, une existence propre ; elles perçoivent en lui une puissance hostile et positive. Il est pour elles souverainement réel et souverainement odieux. Elles appréhendent en sa perpétration un fait irréparable et menaçant ; elles en frémissent de tristesse, de colère et de répulsion. Un mouvement irrésistible les porte au secours du bien trahi ou menacé. Elles s'en constituent les défenseurs résolus, les infatigables champions. Mais le mal n'existe que par ceux qui le commettent. Quoi d'étonnant si, dans la guerre qu'elles lui déclarent, elles se rencontrent avec le coupable, front contre front, comme avec un adversaire? Elles lui tiennent rigueur, non parce qu'il les a blessées, mais parce qu'il est coupable, parce que le mal qu'elles combattent possède en lui son instrument, sa force et son repaire. Et le repentir du coupable ne les touchera que s'il répond à la faute, s'il est moral comme la faute était morale.

Il les touchera, dis-je, il les fléchira, mais non sans peine, et le pardon auquel elles se sentent obligées, n'a rien de souriant et d'heureux. Il est grave, il est austère, il est tragique, et des deux parts, plein de responsabilités. Transaction solennelle qu'une loi auguste arrache à la volonté des contractants, la violence qu'ils se font les avertit qu'un sacrifice est intervenu.

« Que voici, protestera quelqu'un, de sombres couleurs pour peindre un acte qu'il est infiniment doux d'accomplir et qui parfois rayonne d'un éclat surhumain ! Vous oubliez qu'il n'y a pas de joie plus grande sur la terre, ni probablement au ciel que celle qu'on éprouve à pardonner. De cette joie, que faites-vous et pourquoi n'en rien dire ? »

A Dieu ne plaise que je l'oublie ! Elle existe, elle est exultante, vive, pure et radieuse. Elle luit dans le cœur qu'elle éclaire comme un soleil levant. Il n'y en a pas de plus nobles. Elle compense et au delà le difficile labeur qu'a coûté la remise de la faute. L'exclut-elle cependant? Vous opposez la joie du pardon à son sacrifice? Je vous demande à mon tour : n'y a-t-il pas une joie du sacrifice? Le sacrifice cesse-t-il, pour autant, d'être sacrifice? c'est-à-dire : perte, souffrance et mort? Serait-ce témérité de ma part, si, m'emparant de l'objection comme on s'empare d'un argument, je soutenais qu'il en va du pardon ce qu'il en va du sacrifice? que leurs joies et leurs souffrances se ressemblent, que leurs difficultés et leurs bienfaits sont de même ordre parce que les deux phénomènes sont identiques, et qu'en définitive le pardon se résout toujours en sacrifice? N'est-il pas libre? n'est-il pas gratuit? n'est-il pas un don? ne coûte-t-il pas? Or, un don gratuitement et librement offert, un don qui coûte, se définit-il autrement que par le sacrifice?

Il semble difficile d'échapper à cette conclusion. Et si l'on voulait toute ma pensée sur ce point, j'ajouterais que la remise de la faute ou de l'offense, qui est assurément une grâce, se trouve être du même coup *un sacrifice expiatoire, qu'avant de lui faire place, la justice exige de l'amour triomphant.*

Ceci, je l'accorde, sonne comme un paradoxe et je concède que le caractère expiatoire de ce sacrifice n'est pas, tel quel, directement observable dans la majorité des cas. Il en est néanmoins qui le manifestent. Qu'il me soit permis, à titre d'exemple, d'en citer un seul. Bien que fictif, il me paraît vrai, d'une vérité idéale, et contribuera, je l'espère, à jeter quelque lumière sur le problème que nous étudions.

On me parlait récemment d'une nouvelle dont l'épisode principal peut se résumer à grands traits : le fils unique d'un général napoléonien de vieille noblesse française, perdu de vices, qui, pour les satisfaire, a trahi sa patrie, forfait à l'honneur militaire ainsi qu'au nom qu'il porte. Il attend en prison le verdict d'infamie. Désespéré, son père obtient de le voir, lui tend un pistolet chargé, et fait de sa mort volontaire la condition du pardon paternel. — Je ne souscris nullement à cette solution du drame. L'acceptation repentante de la peine en eût été l'issue normale. Mais, la sphère étant admise où se meut le romancier, celle de l'honneur du nom et du respect humain, j'estime que la loi du pardon est fidèlement observée.

L'amour du père n'a qu'un souhait : pardonner au fils coupable ; mais il ne pourra le faire moralement que si le fils expie. Il expiera par le suicide (qui tient ici la place du repentir) et cette dernière preuve d'héroïsme montrera s'il est digne ou non de la grâce paternelle. Mais nul ne soutiendra qu'il soit seul à expier. La mort qui le frappe, frappera le père avec l'enfant, le père dans son enfant, le père plus que l'enfant. Et néanmoins cette mort, c'est le père qui l'exige, et c'est en l'exigeant qu'il s'inflige à lui-même... un sacrifice. Un sacrifice qu'individuellement il ne doit pas, et donc un sacrifice gratuit ; un sacrifice qui le rend solidaire de l'expiation filiale, et donc un sacrifice expiatoire ; un sacrifice que l'amour inspire mais que l'amour à lui seul n'eût pas réclamé. Qui est-ce qui le réclame? Je ne vois que la justice. Elle l'arrache, avant de lui faire place, à l'amour triomphant.

De cet exemple allez à d'autres, à tant d'autres que rapporte l'histoire. Vous y trouverez, dans des combinaisons analogues, les mêmes éléments d'amour, de justice, de sacrifice, d'expiation. Vous tromperez-vous beaucoup en concluant à l'existence et à l'opération des mêmes facteurs dans les cas innombrables et si faibles qu'ils s'y laissent à peine discerner? Je ne le pense point.

Pour rendre compte de ce mystère — qu'entend fort bien le cœur, mais où la raison s'égare — il faudrait pouvoir traduire à la pensée les obscures données d'un instinct moral qui se dérobe à toute analyse; il faudrait établir quelles sont, au sanctuaire de la conscience, les relations réciproques que soutiennent la justice et l'amour. Qui se vanterait de fournir une réponse claire ou définitive à cette troublante question? Savons-nous même, au sens du mot savoir, ce que sont en soi la justice et l'amour? Tout ce qu'il nous est loisible d'affirmer avec quelque certitude, c'est qu'ils nous apparaissent à la fois inséparables et distincts, et qu'il nous est également impossible de les confondre et de les dissocier. La représentation d'une justice sans amour glace et pétrifie le cœur; la conception d'un amour sans justice rebute et scandalise la conscience. Nous ne pouvons ni les opposer, ni les identifier absolument. Ils ne sont ce qu'ils doivent être que l'un avec et par l'autre.

Tout nous crie que la justice est *au fond* des choses ; c'est la certitude inébranlable de notre vie morale ; nos murmures, nos plaintes, nos craintes l'attestent infailliblement. Et tout nous suggère que l'amour est *le fond* des choses ; c'est le gage de nos immortelles espérances. Concilier ces craintes avec ces espérances, cette justice essentielle avec cet essentiel amour, voilà le problème ! Les chrétiens peut-être en possèdent l'intermittente solution lorsqu'ils font l'expérience de la sainteté de la grâce ; lorsqu'ils s'éprouvent condamnés par l'amour et graciés par la justice.

Quoi qu'il en soit de leur origine, de leur unité primitive ou de leur hiérarchie probable, — rayons réfractés de la pure lumière divine, mais réfractés au prisme imparfait d'une conscience obscurcie, ou manifestations parallèles du vouloir divin, — la justice et l'amour sont mutuellement solidaires et mutuellement nécessaires ; ils se dénaturent en s'isolant ; leur action commune et leurs divergences sont indispensables à l'éducation spirituelle de la créature humaine, et nulle part cette corrélation et cette antinomie n'apparaissent plus sensibles qu'à l'heure où l'homme cherche à rétablir, par le pardon, les rapports personnels normaux qu'il soutient avec ses frères.

Dans les perspectives que je viens d'entrouvrir, l'œuvre du pardon s'inscrirait donc comme une démarche de l'amour surmontant la justice, et la couronnant par un sacrifice.

Ces perspectives sont-elles exactes? Il vaut la peine de s'en assurer. Nous ne le pourrons faire qu'en poursuivant un examen dont nous nous efforcerons de serrer les termes d'aussi près que possible.

Prenons la faute. Manifestement elle a violé la justice. Que réclame la justice violée? On ne nous contestera pas qu'elle réclame une équivalence, savoir : le paiement de la dette, la réparation de l'offense, la punition de la faute. De cette équivalence, le repentir, toujours insuffisant, ne fournit qu'une partie [1]. Le pardon devient efficace — tous ne le sont pas au même titre, il y a des degrés dans le pardon, comme il y a des degrés dans la repentance — lorsqu'il fournit l'autre partie. Pour s'en convaincre, il suffit d'observer comment il opère. Comment opère-t-il? Il renonce. Il renonce au paiement de la dette, il renonce à la réparation de l'offense, il renonce à la punition de la faute. Il se comporte comme si la dette, qui n'est pas payée, était payée; comme si la faute, qui n'est pas punie, était punie; comme si l'offense, qui n'est pas réparée, était réparée. Il suspend, il arrête, à l'endroit du coupable, le cours de la justice.

Suspendre, arrêter le cours de la justice au prix d'une renonciation, voilà le pardon. Celui qui pardonne, *pardonne* donc en réalité, c'est-à-dire et

---

[1] La coulpe, créée par la faute, nous paraît irréparable au repentir.

quelle que soit l'étymologie du mot, *donne par-dessus*. Par-dessus quoi ? Par-dessus la repentance, au delà de la repentance, ce qui manque à la repentance pour satisfaire la justice. Et comme il n'a rien à donner par-dessus, il donne de sa propre substance, il donne de lui-même, il se donne lui-même dans le pardon.

En d'autres termes : la justice, qui paraît suspendue, ne l'est pas, elle ne peut pas l'être, elle ne doit pas l'être. Sa suspension, dans l'univers moral, équivaudrait à celle de la gravitation dans l'univers physique. Ce serait la fin du monde : du monde de la matière et du monde de l'esprit. Inflexible, inviolable, éternelle et sacrée, elle ne supporte aucune atteinte. Elle est la loi.

Non, la justice ne saurait être suspendue, mais comme la gravitation, elle peut être surmontée. Elle s'exerce alors aux dépens de celui qui, par le pardon, en affronte les risques. C'est lui, dès lors, qui satisfait à ses immuables et saintes exigences. Et c'est pour cela même qu'il en coûte de pardonner. Il en coûte exactement ce que réclame la justice. Plus l'offense est grave, plus, nous l'avons vu, le pardon se fait difficile. C'est que la justice exige en proportion de la faute et que *celui qui pardonne, dans la mesure où il pardonne, se substitue à celui auquel il pardonne, et donne de lui-même ce qu'il faut pour surmonter, à l'égard du coupable, le cours de la justice.*

Je ne me dissimule pas ce que cette conclusion a d'étrange et de paradoxal. Je comprends qu'elle étonne et surprenne ; j'admets qu'on hésite devant l'expiation substitutive du pardon comme on hésitait tout à l'heure devant l'expiation du repentir. Ni l'expiation, ni la substitution ne sont plus à la mode ; elles souffrent d'un discrédit général qu'il est dur de braver.

Et toutefois, comment désigner autrement l'admirable gratuité d'un acte où toute une part de nous-mêmes s'abîme dans une perte sans compensations au profit d'un être qui nous fut malfaisant, qui nous était hostile et qui nous paraît extérieur ? Je dis une perte, et je dis bien. Car celui qui pardonne, abandonne toujours quelque chose. Et ce qu'il abandonne de la sorte, ce sont les réalités centrales de la vie personnelle, les jugements de respect et d'estime, les appréciations qualitatives et de valeur, que la personne n'abdique qu'en se dépouillant et se vidant elle-même de son essentiel contenu. C'est son caractère, ses intentions, sa dignité qu'elle laisse méconnus, son honneur et son droit qu'elle s'abstient de venger. C'est elle-même qui renonce à s'affirmer. Or, s'affirmer, c'est vivre. On ne renonce à s'affirmer qu'en renonçant à vivre. Voilà, certes, des facteurs de souffrance, voilà la part du sacrifice, voilà la perte et la mort à soi-même qu'implique tout acte de pardon.

Mais si l'on conçoit que cet acte ne puisse être facile, qu'il n'aille jamais sans luttes, et qu'on ne s'y décide que par une sorte de douloureuse résolution, ne conçoit-on pas aussi qu'il est substitutif au premier chef? qu'il est substitutif par sa gratuité même? Car enfin, souffrir ces choses sans les avoir soi-même encourues; les souffrir à la place d'autrui et à son bénéfice; les souffrir afin de s'interposer entre le coupable et la juste rétribution de sa faute; les souffrir afin que, la justice éteinte, l'amour qui pardonne soit seul à paraître et seul à régner, que serait-ce, je le demande, si ce n'était — puisqu'il y a souffrance et sacrifice — une expiation; et puisqu'il y a sacrifice volontaire et souffrance imméritée, une expiation substitutive?

L'observation des faits, le respect de la langue, la plus simple loyauté m'interdisent ensemble de reculer devant ce terme.

Si nous ne nous sommes point égarés dans notre analyse, nous aboutissons donc à cette formule : *Le pardon tel que l'homme l'accorde à son prochain, suppose un acte de solidarité substitutive, par lequel celui qui remet la faute ou l'offense, achève gratuitement de souffrir en sa personne la juste expiation commencée dans le repentir du coupable.*

★

Tels les faits et telle la nature des faits que couvre le phénomène humain. Seront-ils différents et de différente nature si, nous élevant de la moralité sociale à la moralité religieuse, nous considérons le pardon que Dieu nous octroie? Je ne le pense pas, ni aucun de ceux qui tablent avec moi sur le parallélisme humano-divin sur lequel repose toute religion et qu'exalte l'Évangile. Par un *a fortiori* semblable à celui que nous statuions à propos de la repentance, nous estimerons que, le phénomène restant identique, les relations qu'il suppose iront se précisant, s'accentuant, se catégorisant de tout ce que comporte la gravité du péché, la sainteté divine et la transcendance inconditionnelle du rapport religieux.

« On n'offense que Dieu, qui seul pardonne. » Ce que nous avons reconnu vrai de l'offense doit l'être du pardon. Si vraiment « Dieu seul pardonne » parce qu'il est seul, au sens absolu, en état et en droit de remettre l'offense; si le pardon qu'accorde une créature qui en a préalablement besoin pour elle-même, n'est qu'une imparfaite et faible image de celui qu'impartit la personnalité souveraine, soyons sûrs qu'il n'y aura rien dans l'image qui ne se retrouve dans le type et qui ne s'y retrouve augmenté de toute la distance et de l'infinie perfection qui sépare Dieu de l'homme. Il n'y manquera que ce qui, chez nous, souille cette image et l'avilit : les tergiversations de l'orgueil froissé, les résistances de l'égoïsme, les calculs de l'intérêt. De ces obstacles et de la lutte qu'il faut pour en triompher, le pardon divin ne sera point retenu. Mais il restera retenu, mais il restera difficile de tout ce qu'il en coûte de l'accorder chez nous, aux parties hautes de la personnalité, à celles qui font corps avec le bien. Car Dieu, infiniment plus que nous, fait corps avec le bien ; car notre faute à son égard est infiniment plus coupable que celle que nous pouvons commettre à l'égard d'aucun de nos frères ; car la réaction divine contre le mal est infiniment plus légitime, rigoureuse et violente que ne saurait être la nôtre. N'est-il pas l'objet unique et suprême de notre devoir et de nos affections ? Sa volonté n'est-elle pas la loi de la nôtre ? et son amour, le bien par excellence ? Notre transgression met donc en cause à la fois son cœur paternel et sa royale majesté. Elle l'atteint, lui, dans le caractère essentiel et le vif de sa personne, et, si l'on y réfléchit, constitue, en fin dernière, la négation pratique de sa divine existence.

Et l'on s'imaginerait que, dans ces conditions, le pardon soit chose aisée pour Dieu ! Et l'on croirait qu'il va de soi ! Qu'il découle de sa miséricorde, abondant et facile, comme coule une eau claire d'une source inépuisable !

Ce serait se faire de Dieu une idée morale de beaucoup inférieure à celle que nous entretenons de l'homme ; ce serait remplacer la sainteté personnelle d'un Dieu dont l'amour consume comme un feu, par je ne sais quelle divinité paterne, également indifférente à ce qu'il y a de bien dans le bien, et de mal dans le mal ; ce serait dépersonnaliser et démoraliser à la fois le Dieu suprêmement personnel et moral du simple théisme.

Non, s'il faut qu'elles aient cours, laissons ces conceptions à ceux dont l'âme obtuse ne vibre point encore aux impérieux accents de l'impératif de conscience et qui sont assez profanes pour se réclamer du « bon Dieu » des « bonnes gens ». Pour nous qui croyons au Dieu vivant et saint ; pour nous qui savons d'une redoutable certitude ce que signifient les mots de justice, de coulpe et de condamnation ; pour nous qui expérimentons ce qu'il en coûte d'octroyer à nos frères un pardon véritable, nous inclinerons à reconnaître que ce qui se passe en l'homme quand il pardonne à l'homme, a dû se passer en Dieu quand il a remis aux hommes leurs offenses. Nous inclinerons à reconnaître qu'il a dû lui en coûter, comme à nous, un effort, une violence, un combat, un sacrifice, et que le pardon, pour Lui comme pour nous, immensément plus pour Lui que pour nous, a dû être un *pardon, un don par-dessus*. Par-dessus quoi ? Par-dessus les déficits de notre repentance ; par-dessus l'expiation, toujours incomplète, que la justice réclame de notre faute.

Car, vous le sentez, si l'amour et la justice sont inséparables, si l'on ne peut réellement concevoir l'une sans l'autre, ni l'action de l'une sans l'action de l'autre ; si le pardon humain manifestait déjà leur antithèse complémentaire, à plus forte raison le pardon divin. Et si l'on peut assurer — ce que montre l'expérience — qu'un pardon sans justice serait un pardon sans amour, n'est-il pas évident qu'un pardon sans exigence et sans satisfaction de justice serait un pardon sans moralité, un pardon sans efficace et sans vertu salutaire, un pardon qui, loin de nous sauver, achèverait de nous endurcir, de nous corrompre et de nous perdre ? Et si l'homme refuse, par amour, de prononcer la formule d'un pardon semblable, à combien plus forte raison l'amour de Dieu !

Quelque difficulté qu'il y ait à le comprendre, il a donc fallu, dans son intérêt et dans le nôtre, que Dieu se respectât et nous respectât nous-mêmes en respectant la justice ; il a fallu qu'il fît à notre égard ce que nous faisons à l'égard de ceux à qui nous pardonnons ; il a fallu, comme il le faut pour nous, que l'innocent se constituât solidaire du coupable et que Dieu, par l'effet de cette solidarité, achevât de souffrir en sa personne la juste expiation que notre repentance laissait inachevée ; et comme toute souffrance est une mort anticipée, et toute mort volontaire un sacrifice, que Dieu se sacrifiât lui-même en donnant de sa gloire et de sa félicité ce qu'il était nécessaire pour surmonter à notre égard les droits de la justice. — A cette condition seulement pouvait paraître un amour moralement apte à pardonner.

Ne nous y trompons pas. Les conclusions que nous

venons de formuler ne sont pas encore celles de l'Évangile. Ce ne sont que les simples postulats d'un théisme sérieux, sérieusement appliqué au phénomène du pardon. Y a-t-il un tel pardon? Le théisme philosophique ne saurait en certifier, et quant à la validité du théisme lui-même, la philosophie n'apporte que des vraisemblances. Hypothétiques par leur base, incertains en eux-mêmes, ces postulats ne présentent donc qu'une éventualité. La pensée les conçoit ; l'âme qui ne peut s'y confier, ne saurait en vivre. Pour une conscience qui saura les dégager, combien auxquelles ils échappent et qui perdront, à les perdre, leur salutaire vertu. Que leur manque-t-il? Il leur manque d'être confirmés ; non pas d'une confirmation théorique et verbale — on n'aurait pas fini de l'entendre qu'on en douterait déjà — mais d'une confirmation tangible, permanente et concrète, d'une confirmation telle qu'elle s'inscrive dans la nature et la flagrance d'un fait.

L'Évangile, cette merveilleuse confirmation du théisme, confirme-t-il en même temps les postulats qu'entraîne le théisme? Et le fait-il de la manière qu'on réclame? C'est la question qui va maintenant nous occuper.

Je propose à votre attention les trois points que voici : l'Évangile donne-t-il des gages, et quels gages, à la paternité de Dieu? à sa paternité souffrante? à sa paternelle expiation?

Sur le premier de ces points, je serai bref. S'il est

une croyance qui semble acquise à la chrétienté contemporaine, c'est celle de la paternité divine. Il semble même qu'elle le soit trop, tant en de certains milieux, on en abuse volontiers. Mais elle ne l'est pas trop, elle l'est mal, et les abus auxquels elle prête, ne prouvent qu'une chose : la banalité d'une foi superficielle. Plus que de sa source véritable, on la tire communément d'éléments accessoires et de pièces rapportées. La bonté divine, la miséricorde divine, la clémence divine, la bienveillance divine, la patience divine, l'indulgence divine, la tolérance divine, verbiage sentimental et creux, fades douceurs que certaines gens ne lisent dans un Évangile émasculé qu'après l'y avoir d'abord introduit, voilà l'équivoque matière dont se compose, pour le grand nombre, cette pseudo-paternité.

Mais les déformations d'une idée vraie n'enlèvent rien à son intrinsèque vérité. Oui, l'Évangile annonce réellement que Dieu nous est Père ; oui, l'Évangile annonce que Dieu nous envisage et nous traite comme ses enfants ; qu'il a pour nous des entrailles paternelles, un cœur paternel, une paternelle tendresse. Toutes les ambitions qu'un père peut nourrir pour sa famille — et mille fois davantage — Dieu les nourrit à notre endroit. L'Évangile affirme cela. Que dis-je ? L'Évangile est cela ; pour le lui enlever, il faudrait auparavant l'avoir anéanti !

Mais comment le fait-il ? Par une révélation d'idées ? Par le texte d'un document ? Par un enseignement didactique? Vous savez qu'il n'en est rien. Non, non, Dieu n'est pas un professeur, Dieu n'est pas un philosophe. Les croyants ne sont pas des élèves bien instruits de la doctrine d'un maître. Et Dieu n'est pas non plus « le Dieu des philosophes ». Il est « le Dieu d'Abraham, d'Isaac et de Jacob » ; le Dieu de Moïse et des prophètes ; le Dieu qui descend dans le réalisme de l'histoire ; le Dieu des personnalités vivantes et qui ont vécu ; le Dieu et le Père de notre Seigneur Jésus-Christ.

La voilà, la source authentique et pure, la source indéfectible à laquelle il faut puiser pour croire évangéliquement que Dieu nous est Père. Elle jaillit de la conscience de Jésus qui remplit l'Évangile et le déborde. Tout dans l'Évangile procède de cette conscience, tout s'y rapporte et tout s'y ramène. Il n'a pas d'autre contenu, et son office se borne à nous offrir, de la conscience de Jésus, la radieuse et limpide image. Il l'actualise, il l'articule, il la projette, il l'explique, mais elle ne cesse jamais d'en être l'unique, la pure, la précieuse, la suffisante matière.

Or, quelle est envers Dieu l'attitude de cette conscience ? Aucune hésitation n'est possible. Jésus marche avec le Fond divin des choses dans l'attitude d'un fils marchant avec son père, et porte cette attitude au plus haut point de perfection morale et d'intimité spirituelle qu'il soit possible d'imaginer. Transcription filiale du Dieu paternel, c'est en sa personne que se précise et s'achève la longue parabole que déroule, au travers des âges, la révélation biblique. En lui et avec lui, les deux termes se rejoignent et se recouvrent adéquatement ; le terme connu évoque irrésistiblement le terme à connaître ; l'existence du Fils appelle l'existence du Père ; le caractère du Fils dévoile le caractère du Père ; le Fils lui-même conduit au Père lui-même, et c'est en sa présence que nous pouvons nous écrier : « Celui qui a vu le Fils a vu le Père ! » Et lorsque ce cri, sorti des profondeurs d'une conviction personnelle, nous aura été arraché par le vivant commerce qu'aura eu notre âme avec celle de Jésus, alors, nous saurons d'une certitude bienheureuse que l'Évangile n'a pas menti et que la prière qu'il met sur nos lèvres s'adresse effectivement à Dieu comme à « notre Père qui est aux cieux ».

« Notre Père qui est aux cieux ! » En répétant ces paroles, avons-nous jamais songé aux conditions de cette paternité ? nous sommes-nous demandé à quel prix Dieu nous est Père, et quel Père nous est Dieu ? Un Père apparemment, qui convient aux enfants que nous sommes ; un Père qui compatit à leurs souffrances, à leurs infirmités, à leurs faiblesses ; un Père que peinent et qu'attristent leurs offenses ; un Père qui porte donc le fardeau d'une paternité douloureuse. Et si, d'aventure, nous l'avions oublié, ou si cette pensée nous paraissait étrange, Jésus lui-même se charge de nous en faire souvenir.

Sa conscience filiale ne s'explique en effet, que par une intime et double solidarité : celle qu'il soutient avec Dieu, celle que Dieu soutient avec lui. Jésus ne vit point au hasard. Envoyé d'En-Haut, chargé d'une mission divine, il a pour tâche et pour nourriture « d'accomplir la volonté de son Père » ; la voix de son Père décide de sa parole, comme son action décide de ses actions. Jésus qui n'est jamais seul, n'effectue jamais rien de lui-même. Agent fidèle des intentions paternelles, il n'agit, ne pense, ne parle, ne sent que solidairement avec Dieu. Ce que Jésus a fait, ce que Jésus a voulu, ce que Jésus a éprouvé, Dieu l'a fait, l'a voulu, l'a éprouvé solidairement avec lui. Or, Jésus a souffert tout ce qu'un homme et plus qu'aucun homme ne saurait souffrir. Sa conscience, si sereine, harmonieuse et paisible, lorsqu'elle se tournait vers son Père, fut au plus haut point une conscience troublée, déchirée, souffrante dans ses relations avec ses frères. « Homme de douleur et qui sait ce que c'est que la langueur », tel le salue déjà l'antique prophétie, tel le saluera l'humanité jusqu'à la fin des siècles.

Ce trouble, ces heurts, cette contradiction, ce déchirement, cette souffrance, d'où lui viennent-ils ? De la méchanceté de l'homme ; de la faute et des conséquences de la faute humaine. De là uniquement, mais de là certainement. Dieu donc, qui souffrait avec lui, a souffert des mêmes choses et pour les mêmes motifs. Les douleurs du Fils, en qui le Père s'approchait du monde, n'étaient que l'écho et comme la traduction terrestre de celles qu'infligeait à Dieu l'iniquité de la race. On ne brisera la logique de cette inférence, qu'en rompant l'ineffable et mutuelle communion du Père et du Fils; on ne romprait cette communion qu'en renonçant à l'Évangile.

N'est-ce pas du reste ce que pressent et devine l'âme religieuse en face de Jésus-Christ? ce qui la prosterne au pied de la croix où il expire? Elle contemple dans l'abaissement du Fils, dans la passion du Fils, dans l'agonie du Fils, — du Fils qui lui a révélé le cœur du Père — l'abaissement, la passion, l'agonie, et, si j'ose le dire, la mort du Père. Car le Fils ne pouvait souffrir sans que le Père ne souffrît, le Fils ne pouvait mourir sans que le Père ne mourût ce que souffrait et mourait le Fils lui-même. Et cette mort se marque en ceci : que le Père donnait au monde son Unique, son Bien-Aimé; qu'il le livrait, et se livrait en lui aux méchants, afin qu'ils comblassent à son égard la mesure de leur culpabilité; que le Père ne retirait point à leurs mains criminelles le saint objet de son affection ; qu'il n'intervenait point, qu'il se refusait d'intervenir en sa faveur ; qu'à l'ouïe de ses appels déchirants : « Père, s'il est possible... Mon Dieu, mon Dieu, pourquoi m'as-tu abandonné? » il a trouvé la force de ne point répondre et le courage de demeurer muet. La nuit de Gethsémané, l'obscurité de Golgotha, la solitude et l'effroyable délaissement du Calvaire, voilà certes des choses que Jésus a souffertes ; mais ne sont-ce pas aussi, ne sont-ce pas surtout celles que Dieu a souffertes ? On dirait qu'il est absent, qu'il se détourne, qu'il se retire de ces scènes cruelles et sanglantes. Mais Dieu est-il absent ? Peut-il l'être ? Peut-il ne pas savoir, ne pas voir, ne pas sentir, ne pas aimer ? Non, Dieu est là, sa tendresse, sa sympathie, son amour sont là ; mais il se tait. Il se tait et pourquoi ? Afin de mieux parler, car le verbe qu'il prononce ne peut plus être entendu, ne plus être transmis, ne peut plus être compris que par la silencieuse agonie qu'endure le Fils de son amour. Elle reflète, elle incarne celle-là même qu'endure le Père pour la faute de l'humanité pécheresse.

Ou supprimez l'Évangile, ou accordez-moi les souffrances du Dieu-Père, et, dans la croix, leur tragique attestation.

Mais encore, ces souffrances, que sont-elles ? Elles sont, sans doute, inexprimablement profondes, divinement complexes et variées. Il y a celles de la tristesse, de la déception, de la compassion, de la pitié, toutes celles que peut mettre au cœur d'un père aimant, l'ignorance, la faiblesse, la présomption, la folie, la misère et le dénuement d'un fils indigne. Mais n'y en aurait-il pas d'autres encore, plus graves, plus aiguës, plus saintes ? celles qu'inspire la faute elle-même ? une faute qui est une offense et qui est une coulpe ? Celles qui se font jour par la colère, l'indignation, la réprobation morale ? Nous en avons justifié l'existence et surveillé l'explosion dans la conscience de l'homme ; seraient-elles illégitimes, seraient-elles étrangères à la conscience de Dieu ?

Et serait-ce à tort désormais que le croyant, après avoir discerné dans la croix le mystère d'une passion divine, interprète cette passion par la loi du pardon, du pardon, dis-je, tel qu'il le connaît par sa propre et personnelle expérience ? Avouez plutôt que tout l'y convie. Cette repentance qu'engendre, soutient et perfectionne en lui la vue du Crucifié, n'a-t-elle pas sa fin dans le pardon ? Et si la croix réalise les conditions préalables de ce pardon chez celui à qui la faute doit être remise, n'est-il pas naturel de s'attendre à ce qu'elle réalise les mêmes conditions chez celui qui doit la remettre ? Or, que sont, en fait, les divines souffrances dont elle témoigne ? Ne sont-ce pas éminemment celles du sacrifice ? Qu'accomplit Dieu sur la croix ? Il consomme un sacrifice depuis longtemps commencé ; il achève de « donner son Fils au monde ». Et, donnant son fils, que donne-t-il ? Il se donne soi-même en ce qu'il a de plus cher et de plus précieux. Le Fils n'est-il pas l'amour du Père ? la gloire du Père ? ne représente-t-il pas la dignité, l'honneur, le droit paternel ? Dignité méprisée et qu'il laisse mépriser, honneur foulé aux pieds et qu'il laisse fouler aux pieds, droit violé et qu'il laisse violer, gloire ternie et qu'il laisse ternir, amour outragé et qu'il laisse outrager. N'était-ce pas à ce prix que l'homme pardonnait à l'homme ? Ce prix, pourquoi

Dieu l'aurait-il payé? si ce n'est pour satisfaire lui-même et lui aussi, aux conditions morales du pardon qu'il octroie ? C'était chez l'homme le prix d'une expiation substitutive. Serait-il différent chez Dieu ?

Je m'arrête. L'analogie est trop frappante pour ne pas s'imposer. A chacun d'en poursuivre l'examen, de la serrer de plus près, d'en prolonger les lignes et d'y trouver à son tour ce à quoi je me suis efforcé d'introduire mes lecteurs : l'intelligence spirituelle de la folie évangélique culminant dans le scandale de la croix.

En ce qui me concerne personnellement, je m'autorise de cette croix pour appliquer à la famille de Dieu ce qui vaut de la famille terrestre, et reprenant la formule que nous avait dictée l'analyse du phénomène humain, j'ai la hardiesse de prétendre que : *le pardon divin s'effectue par un acte de solidarité substitutive, en vertu duquel le Père céleste, qui remet la faute, achève de souffrir gratuitement en sa personne la juste expiation commencée dans le repentir de ses enfants.*

La formule est laconique, elle est brève, elle est sèche; mais que la chose est éloquente, touchante, émouvante, riche de promesses, et que la clarté dont elle rayonne — aux yeux de ceux qui voient la lumière — entr'ouvre sur notre ultime destinée de glorieuses et lointaines perspectives !

J'aurais désiré pouvoir en esquisser quelques-unes, sonder ici la plénitude et la complexité du réalisme divin que couvre ce petit mot, dont notre incurable médiocrité banalise tous les jours la portée : *le pardon de Dieu.*

Mais une dernière objection nous appelle. Il faut y prendre garde. La voici :

« Le pardon de Dieu ! A la bonne heure ? Mais pourquoi le faire dépendre de la croix avec l'exclusive et morbide insistance que vous y mettez ? Dieu ne nous fut-il pas toujours Père ? N'a-t-il pas toujours pardonné au pécheur repentant ? toujours souffert du malheur de sa créature ? et, si cette souffrance est une expiation, toujours expié sa faute ? Qu'ajoute à ces souffrances, qu'ajoute à cette expiation le sombre drame du Calvaire ? Et s'il n'y ajoute rien, qu'est-ce à dire ? Sinon qu'après comme avant la croix, avec elle ou sans elle, la bonté de Dieu subsiste et suffit à notre salut. Que nous importent, dès lors, les vaines subtilités d'une théologie contestable, dont nous compliquerions sans fruits notre simple piété ! Laissez-nous suspendre en paix notre confiance à la bonté divine. En faut-il davantage pour bien vivre et pour bien mourir ? »

« La bonté de Dieu suffit à votre salut ! » Elle suffit également au mien ; mais je demande : quelles garanties en avez-vous ? Et ces garanties, où les avez-vous trouvées ?

Il est vrai, Dieu nous fut toujours Père. Mais le savions-nous avant que Jésus nous l'ait dit ? Le pouvions-nous croire avant qu'il ait paru et qu'il en ait scellé par sa mort l'irrévocable témoignage? Il est vrai, dès l'origine, Dieu a souffert de la faute humaine et ne l'a pu pardonner qu'en l'expiant. Mais le savions-nous, mais le pouvions-nous croire, — car cette pensée renverse l'imagination, — avant que la croix nous l'ait appris ?

Car, s'il importait que nous le sussions, il importait bien davatage, il importait souverainement que nous fussions rendus capables de le croire, j'entends d'une foi morale, et qui, répondant au besoin de nos cœurs, eût aussi l'approbation de notre conscience.

C'est ici qu'intervient le rôle pédagogique de la croix et la suprême efficacité de sa valeur déclarative.

Vous avez la foi spontanée, naturelle et facile ! Bénissez-en Dieu. C'est un privilège que chacun ne partage pas avec vous. Plusieurs éprouvent que s'il est difficile de pardonner à l'homme, il ne l'est pas moins de croire au pardon de Dieu. Il y a des âmes sourcilleuses, moralement exigeantes, qui ne font aisément ni l'un, ni l'autre. Elles ont autant de peine à recevoir le pardon qu'elles ont de peine à l'accorder. Elles prennent les réalités morales au grand sérieux. La justice et la coulpe sont à leurs yeux des choses redoutables ; elles ne jouent ni avec les droits de la première, ni avec la gravité de la seconde. Elles les ressentent d'une manière aiguë et formidable. Elles redisent, avec Adolphe Monod : « Que Dieu sauve d'abord la majesté de la loi sainte ; qu'Il me sauve ensuite si possible ». Elles sentent que si la sainteté divine était atténuée, émoussée ou compromise, Dieu lui-même le serait en elles. L'excessive culpabilité de leur faute les empêche de se rendre à ce pardon facile que l'on prêche aujourd'hui au nom d'un Évangile d'où les rigueurs de la croix sont absentes. Plutôt expier elles-mêmes et seules, expier jusqu'à la mort s'il le fallait, que d'accepter un salut sans expiation, une grâce qui n'a rien coûté, un pardon léger, trop léger, hélas! pour être moralement vrai.

Que faudra-t-il à ces âmes scrupuleuses et fières, — non certes, pour les rassurer, elles redoutent de l'être à trop bon compte — mais pour que l'assurance du pardon, d'un pardon complet, d'un pardon gratuit et moralement valable, puisse leur être certifiée de la part de Dieu ? — Ce qu'il leur faudra ? Ce que la croix leur offre : l'évidente manifestation d'une grâce où l'inexorable « majesté de la loi » éclate dans le sacrifice qu'elle coûte à son Auteur ; une grâce sévère, tragique et sanglante, sainte comme la faute était coupable, absolue comme Dieu lui-même, infinie comme son amour.

Lorsque, regardant à la croix, elles en auront péniblement, laborieusement déchiffré l'Évangile — non pas un Évangile de paroles ou de formules, elles craindraient de l'oublier et s'imagineraient encore l'avoir mal entendu — mais un Évangile inscrit pour les siècles au granit de l'histoire, mais constamment offert à leur contemplation, — alors vous les verrez, ces âmes hésitantes et résistantes, enfin vaincues et convaincues, s'approchant de la croix, y recevoir à genoux la remise d'une faute qu'elles croyaient irrémissible et qu'a pu seule remettre la sainte expiation d'un Dieu très saint.

Or, ces âmes, ce sont les nôtres, celles de tous les hommes. Leurs scrupules, leur fierté, les intraitables exigences qu'elles manifestent, n'ont pas d'autre raison que la conscience morale, la conscience, dis-je, lorsque, d'obtuse et d'assoupie qu'elle est par nature, elle va se réveillant aux réalités éternelles du monde invisible. Elles peuvent toutes, — dans mon intime persuasion, elles doivent toutes se réveiller un jour de la sorte.

Et peut-être comprend-on mieux maintenant l'importance que j'attache à la croix. Loin de cacher la bonté divine, elle en constitue la plus éclatante, la plus émouvante, la plus indubitable manifestation ; loin d'assombrir la joie du message évangélique, c'est d'elle qu'il tire sa victorieuse puissance et l'éclat de sa magnifique splendeur. Sommet de l'Évangile, son axe, son centre et son pivot, elle est seule à plonger jusqu'aux profondeurs de Dieu et jusqu'aux profondeurs de l'âme ; elle est seule à les conjoindre.

Car l'adoption filiale ne peut être scellée dans un cœur d'homme que par un Dieu qui nous aurait assez aimé pour s'unir à notre dégradation, pour se souiller de notre souillure, pour participer à l'angoisse et à la honte de notre péché, pour porter avec nous ses mortelles conséquences, pour en absorber le venin, pour en éteindre lui-même la coulpe.

Qui nous assure qu'un Dieu semblable existe et qu'il ait fait ces choses ? L'Évangile, je le veux, mais essentiellement, mais excellemment l'Évangile de la croix.

1905.

LA VIE INTÉRIEURE

I. LA PRIÈRE.

Je voudrais vous entretenir aujourd'hui de l'une des fonctions essentielles de la vie religieuse : *la prière* ; non pas cependant de la prière en général, telle qu'elle existe ou peut exister dans toutes les religions, mais de la prière chrétienne, de la prière telle qu'elle appartient en propre à la révélation biblique, telle que l'Évangile la produit, l'exige et la consacre.

Cette étude à son tour ne saurait être complète ; je serai obligé de me limiter aux trois points suivants : la nature et quelques-uns des caractères de la prière chrétienne ; ses conditions morales ; ses conditions psychologiques. Ces dernières, trop généralement ignorées de la piété protestante, me paraissent dignes d'être traitées un peu plus longuement, car leur ignorance, en bien des cas, porte un préjudice sérieux à notre vie religieuse.

I

La prière biblique et chrétienne.

Chacun sait ou croit savoir en quoi consiste la prière. Il y a peu d'hommes qui, une fois au moins, n'aient jeté vers le ciel un cri de supplication, appel instinctif de la faiblesse et de la misère humaine à la force mystérieuse et suprême qui est au fond des choses et gouverne le monde. (Et chacune de nos âmes recèle en soi un abîme de besoins, dont le moins explicite peut-être, mais le plus fondamental est « la soif du Dieu vivant ».) Nous avons tous sur ce point, une intuition, un pressentiment et beaucoup, je l'espère, une véritable expérience.

Mais il y a prière et prière, et nous ne devons nous occuper en ce moment que de la prière chrétienne.

Qu'est-elle? Pour le savoir, il nous semble sage et de bonne méthode de recourir aux documents originaux du christianisme et de le demander à la Bible. Qu'y voyons-nous, et que nous montre-t-elle ?

Elle nous montre des hommes, qui non seulement s'adressent à Dieu, mais qui s'entretiennent avec lui. Je crois que, parmi les contemporains des hommes de la Bible, et parmi les livres religieux de l'humanité entière, elle est à peu près seule à nous le montrer.

Partout ailleurs, sans doute, la prière existe ; elle est connue et pratiquée, mais elle est autre chose : moins un dialogue qu'un monologue. L'homme est seul actif et seul visible. Il aspire, il soupire, il implore, il supplie une divinité qui reste muette. L'homme est seul, au moins en apparence ; il parle ; Dieu l'entend peut-être, mais il ne répond pas. L'histoire comparée des religions a mis au jour, en dehors des annales chrétiennes, des fragments de prières sublimes, que traverse un souffle religieux d'une rare intensité, où s'exprime en termes émouvants le cri de la conscience pécheresse cherchant le pardon et la paix. Tels passages des Védas antiques, telles invocations assyro-babyloniennes rappellent, par leur véhémence passionnée et le sentiment tragique qui les anime, les plus beaux de nos psaumes, et font honte à notre piété soi-disant supérieure. Et néanmoins il leur manque une chose : La part de Dieu dans le dialogue, la réponse divine à la requête humaine. De cette part et de cette réponse, au contraire, la Bible est pleine. De la Genèse à l'Apocalypse, d'Abraham au Voyant de Pathmos, en passant par toutes les grandes personnalités bibliques : les patriarches, Moïse, Josué, les Juges, David, les prophètes, Jésus et les apôtres, vous trouvez des hommes que la prière engage dans un rapport vivant avec Dieu : ils lui parlent et Dieu leur parle.

Tel est, à mon sens, le premier caractère de la prière biblique. C'en est aussi le plus frappant.

Il se prolonge, il s'accentue par un second trait plus extraordinaire encore. Ce dialogue, cet entretien, que représente la prière biblique, peut devenir — doit être de telle sorte qu'il puisse devenir, bien qu'il ne le devienne pas toujours — une lutte, un combat, un corps à corps avec Dieu. De la forme simple, aisée, tranquille et si j'ose le dire, naturelle, il doit pouvoir s'élever à la forme aiguë, ardente, douloureuse, dramatique.

Abraham conteste avec Dieu pour le salut de Sodome et de Gomorrhe ; Jacob, au torrent, soutient toute la nuit, avec l'ange de l'Éternel, un combat dont il ne sort qu'à l'aube, vaincu et victorieux ; Moïse, sur la montagne, lutte avec Dieu pour les destinées de son peuple ; David, jusqu'au brisement de ses os, lutte avec Dieu pour le pardon de son crime ; Jérémie, qu'écrase le poids d'une vocation contraire à son cœur et supérieure à ses forces, lutte avec Dieu qui l'envoie ; Jésus, lui-même, en Gethsémané ; Paul au chemin de Damas... et combien d'autres, qui ne nous l'ont pas dit expressément, mais à travers les sanglantes blessures desquels nous surprenons les traces des violences faites et subies dans le secret de leurs rapports personnels avec Dieu !

Pourquoi celui qui connaît nos besoins et qui veut les satisfaire, exige-t-il de sa faible et dolente créature cet effort et cette contradiction ? Et pour quelle raison lui demande-t-il d'éprouver les affres de ce mystérieux corps à corps ?

Ces raisons, nous ne les saurons jamais toutes ici-bas. Il y en a pourtant qui se dégagent d'elles-mêmes. La plus évidente est d'ordre pédagogique. En tous domaines, l'effort est bon, la lutte salutaire. Elle éprouve, elle exerce, elle développe, elle fortifie. Il paraît convenable, utile et juste que la prière de notre foi et la foi de notre prière soient ainsi éprouvées, exercées, développées, fortifiées.

Cette raison pédagogique se double d'une raison morale : à savoir l'existence du mal, sa souillure et sa malédiction. Créature pécheresse, l'homme, même religieux, est un coupable qui ne saurait, à ce titre, aimer la sainteté divine, et sur la culpabilité duquel ne saurait reposer le bon plaisir divin. De l'homme à Dieu, comme de Dieu à l'homme, au travers et en dépit de ce que l'on me permettra d'appeler leurs sympathies et leurs affinités réciproques, se glisse l'éloignement et l'aversion d'une secrète hostilité. Il importe que l'homme en prenne conscience et discerne la cause de cet éloignement ; il importe qu'il approfondisse ce qu'a d'anormal et de grave sa situation spirituelle ; il importe qu'il en change, fût-ce au prix des angoisses de la lutte, afin que, par l'effet même de la lutte, sa prière se sanctifie et qu'une prière sanctifiée sanctifie sa vie.

Mais la Bible nous montre davantage encore ; elle nous montre que la prière chrétienne, se surpassant elle-même, peut s'élever parfois jusqu'au ravissement de l'extase. Non qu'elle doive nécessairement conduire à ces phénomènes étranges dont abondent en tous temps les annales de la mystique. Il en est parmi eux de franchement morbides. Sans les exclure absolument, je n'aurais garde de les proposer à l'ambition de personne. Et si je n'ose les exclure tout à fait, c'est qu'il me répugne de poser aucune limite à l'expansion de la vie religieuse au sein de l'âme humaine, et qu'étant tous psychiquement et physiquement des malades, il me paraît inévitable que la vie spirituelle la plus saine et la plus authentique puisse s'exprimer en nous par des manifestations pathologiques.

Les laissant toutefois de côté, je parle plus simplement de ces états de conscience dont on a pu dire qu'ils « ajoutent une dimension de plus à la vie de l'esprit » ; de ces rafraîchissements, de ces élévations intérieures, dont l'âme exaltée fait rayonner le visage ; de cette paix ineffable et surnaturelle, dont Jésus a dit qu'il la donnait aux siens, « mais non pas comme le monde la donne » ; de cette joie triomphante, douloureuse et sereine qui fut la sienne et dont il assure qu'il la veut parfaite en nous ; de ces certitudes inébranlables et bienheureuses, de ces espérances surhumaines, de cette liberté victorieuse du monde dont nous enrichit sa communion et qui résultent pour nous du vivant contact avec les réalités éternelles ; je parle enfin de ces soupirs inexprimables qu'arrache à notre esprit l'Esprit divin et dont l'apôtre décrit quelque part si sobrement les effets.

Ne sentez-vous pas que ces choses sont liées à la prière et qu'elles en découlent organiquement ? Et si nous nourrissions encore quelque incertitude ou quelque défiance à leur endroit, reconnaissons, en tous cas, que la Bible en est remplie. Sous des formes diverses et parfois très accusées, les patriarches, les psalmistes, les prophètes, les ont connues et ont fondé sur elles leur témoignage et leur vie. Elles expliquent seules, en définitive, le rôle que ces hommes jouent dans la révélation de l'Ancienne Alliance.

Les Évangiles nous en présentent d'autres exemples. Songez au baptême de Jésus ; songez à sa transfiguration ! De l'un de ces épisodes à l'autre, combien de fois n'a-t-il pas tressailli aux accents de la voix divine, combien de fois son cœur ému ne s'est-il pas épanché en paroles incomparables qui dénoncent toutes le ravissement d'une âme en Dieu ? Et croit-on sérieusement qu'il pût passer de fréquentes et longues nuits en prière sans y trouver ce qu'il y cherchait : la présence réelle et la communion de son Père ?

La littérature apostolique nous oblige à des constatations analogues. Que fut la Pentecôte, si ce n'est le plus pur, le plus saint, mais le plus étrange et le plus éclatant des phénomènes mystiques que nous rapporte l'histoire des origines chrétiennes : un baptême de l'Esprit accordé aux prières de l'Église et qui fut, pour elle, le point de départ de la vie selon l'Esprit? Le premier des martyrs, Étienne, dont le visage en parlant, « resplendissait comme celui d'un ange », ne vit-il pas, à l'heure de mourir, « la gloire de Dieu et Jésus debout à sa droite » ? Pierre n'eut-il pas ses visions et Paul ses extases ? Et qu'est-ce que l'Apocalypse tout entière, sinon la grandiose illumination du Voyant de Pathmos dans son culte du dimanche matin? Quelle fut, d'après les documents que nous en possédons, l'expérience centrale de l'Église primitive à ses débuts? Une sorte de réveil en permanence, une exaltation continue, une marée haute de la vie religieuse, individuelle et collective, aboutissant parfois, je l'avoue, à de périlleux écarts, mais dont, après tout, bien mieux que d'aucun catéchisme, les âmes ont vécu et l'Église triomphé.

Plus on étudiera, comme on commence à le faire, la psychologie religieuse des croyants quant à ses données concrètes et ses faits vécus, plus on se convaincra que ces états d'âme appartiennent de droit à la vie chrétienne ; qu'ils en constituent le prolongement et la floraison normale ; et que, s'il faut en redouter les déviations malsaines, il y faut tendre néanmoins et les désirer comme indispensables aux progrès et à l'affermissement de la foi. Nous sommes de ceux qui pensent qu'on ne saurait vivre *pour* Dieu une longue vie humaine, sans être admis parfois à la vivre *en* Dieu. Ces visites de sa grâce sont à notre pèlerinage terrestre, ce que les oasis sont à l'aridité du désert, les moyens mêmes de le traverser — les lieux de repos, les ombrages rafraîchissants, les sources d'eaux vives qui permettent au voyageur fatigué de reprendre vaillamment la course.

Pour ce qui me concerne, les nombreuses lectures de biographies chrétiennes que mes études m'ont amené à faire, me laissent de plus en plus frappé, non seulement de l'abondance relative des phénomènes semblables, mais de la place importante, décisive, centrale qu'ils jouent en religion. Il y a peu de croyants véritables qui ne rattachent, soit les origines, soit les crises les plus fécondes de leur vie spirituelle et morale à des expériences de ce genre. Et pour ne citer que les plus connus, n'est-ce pas de la sorte que Paul de Tarse est devenu Saint Paul ? le fils de Monique, Saint Augustin ? Pascal, l'auteur des *Pensées*? Luther, le premier des réformateurs ? et Wesley, l'ouvrier béni du plus grand réveil qui, depuis la Réformation, ait agité l'Europe ? Ne serait-ce pas un immense bienfait si la prière, une certaine prière, devait nous conduire à des expériences semblables ?

Un dernier trait de la prière chrétienne nous reste à signaler: la continuité de la prière ou la prière continuelle. — L'Ancien Testament, à vrai dire, ne semble guère l'avoir connue ; mais elle fait l'objet d'exhortations répétées de la part des apôtres. C'est donc qu'ils la pratiquaient eux-mêmes. Et bien avant qu'ils nous y exhortassent, nous en trouvons l'exemple chez Jésus, — un exemple que soulignent moins des textes précis qu'il ne se dégage de leur ensemble. Nul ne lira les Évangiles dans le but d'y rencontrer la personne de Jésus, nul ne fixera sur elle le regard d'une contemplation prolongée, qui n'en retire bientôt l'impression d'une vie vécue dans la prière constante.

Or, qu'est-ce, en fait, que la prière constante ? Le meilleur fruit de son habitude, le précieux résultat de son exercice : non point un rabâchage de paroles, une répétition de formules, mais une attitude intérieure, dans laquelle, à force d'y tendre, on finit par s'établir et qui devient si naturelle qu'on s'y retrouve en toute circonstance ; une inclination, une orientation du cœur qui, sans cesse recueilli, se tourne vers Dieu aussi spontanément que les fleurs se tournent vers le soleil ; une position dans laquelle, quoi qu'il advienne, et quels que soient les événements, l'âme s'élève à Dieu, se confie en Dieu, à travers le tourbillon des choses et le conflit des volontés humaines, cherche, voit et discerne sa volonté à lui, demande et reçoit la force de l'accomplir, et, docile aux directions supérieures de l'Esprit, trouve en elles, avec la sanction de sa conduite, les ressources de sa tâche, la raison de ses actes, l'inspiration de ses paroles et parfois celle de son silence. La prière alors, devenue communion divine, consomme l'obéissance et la confiance de la foi et s'épanouit dans la joie, la force, la paix, le courage, la puissance et l'amour.

Cela du moins ne saurait être suspect à personne. Mais cela même le connaissons-nous ? Le connaissons-nous, dis-je, autrement que d'imagination, de vagues pressentiments ou d'ambitions stériles ? Le connaissons-nous pour être en voie de l'obtenir, pour posséder quelque chose de son efficace réalité ?

Et sinon, si, pratiquant la prière, nous ne pratiquions pas cependant la prière chrétienne ; si nous l'ignorions encore comme entretien et dialogue avec Dieu, comme lutte avec Dieu, comme source de rafraîchissement et d'illumination spirituelle, comme moyen d'entrer en communion permanente avec Dieu ; si nous ignorions ces choses, ne sentons-nous pas qu'il y aurait dans notre vie religieuse, au centre même de notre vie religieuse, une grande, une formidable, une effrayante lacune, un vide et comme un trou béant ? Êtres d'apparence, de surface et de prétention, nous serions des chrétiens de baudruche, dont l'irréalité intérieure n'expliquerait que trop, hélas, le mépris croissant où le monde nous tient et l'incapacité où nous sommes de le gagner au Maître que nous pensons servir.

II

*Les conditions morales et psychologiques
de la prière chrétienne.*

A ce mal, s'il existe, — et tout nous crie qu'il existe — nous ne remédierons qu'en revenant à la culture de la vie intérieure comme à la chose la plus urgente et la plus sérieuse dont nous puissions nous occuper. C'est la vie intérieure qui est en souffrance ; c'est donc sur elle qu'il faut porter notre attention et nos soins. Et comme il n'y a point de vie intérieure, au sens religieux, qui ne se fonde sur la prière, c'est à la prière aussi qu'il convient de revenir, c'est la prière surtout qu'il faut reprendre et cultiver.

Mais elle a ses conditions : pour les observer, il importe de les connaître. Quelles sont-elles ?

Il y en a de deux sortes : les conditions morales, qui relèvent immédiatement de notre libre vouloir ; les conditions psychologiques (et même psycho-physiologiques) qui se rapportent à notre nature, à notre tempérament, à la constitution de notre être intime.

Le meilleur moyen peut-être de nous rendre compte des unes et des autres sera de considérer les difficultés de la prière. Car elle en a et de fort grandes.

Pour la plupart des hommes, la prière est difficile.

Peu de fonctions spirituelles sont en même temps plus instinctives et plus ardues, plus naturelles et plus laborieuses. Elle ne s'accomplit spontanément qu'aux heures de fortes émotions, lorsque la joie déborde, et plus souvent lorsque la souffrance ou l'effroi étreignent nos cœurs angoissés. Nous prions alors et de toute notre âme. Il nous semble que nous prierons toujours ainsi, tant nous trouvons à le faire de douceur, de consolation, de réconfort.

Puis les circonstances changent ; nos dispositions changent avec elles, et la prière qui était facile, heureuse ou nécessaire, devient une peine, s'impose comme un joug, pèse comme un devoir. On dirait qu'une moitié de nous-même l'appelle et la désire, pendant qu'une autre moitié de nous-même s'y dérobe, s'y refuse, lui résiste, en éprouve une secrète mais invincible terreur.

Lequel d'entre nous ne connaît cet état pour y avoir passé; et qui ne sait qu'alors nous prions peu, que surtout nous prions mal.

D'où cela vient-il ? De ce que l'apparence est une réalité. Nous réalisons dans notre prière ce que nous réalisons dans l'ensemble de notre vie morale. Nous sommes irrésolus parce que, divisés contre nous-mêmes, notre cœur se partage entre des affections contraires. Nous désirons sans désirer et nous voulons sans vouloir. Le même but, le même idéal tour à tour et presque simultanément nous attire et nous repousse.

Allons au fond de la langueur et de l'inefficacité de nos prières : nous constaterons que la cause en est dans un dualisme inavoué qui couvre le champ total de notre vie intérieure. Si nous avions des yeux pour voir (et des cœurs pour sentir), si l'accoutumance ne nous y avait endurcis, nous saurions que notre faiblesse sur ce point ne forme qu'un cas particulier de notre faiblesse générale et que les difficultés de nos prières révèlent une disruption, un conflit de nos énergies personnelles qui s'étendent au moi psychologique tout entier.

Ce conflit est, essentiellement et d'abord, d'ordre moral. C'est le devoir, c'est le bien, c'est la volonté de Dieu qui nous troublent ; c'est à leur propos que nous sommes hésitants et déchirés. Ils sollicitent en nous une cordiale adhésion et soulèvent d'irrésistibles répugnances ; nous y applaudissons et nous y contredisons, nous les aimons et nous en avons peur.

Constamment balancés entre la crainte et l'amour, nous délibérons, nous tergiversons, nous temporisons; nous esquivons les engagements décisifs et les démarches irrévocables. Quoi d'étonnant dès lors, si la force nous manque, la force et l'ardeur, l'ardeur et le zèle — s'ils nous manquent, dis-je, pour vivre comme pour agir, pour agir comme pour prier ?

Or, pourquoi prions-nous ? Apparemment pour cela même qui nous manque. Le premier objet de notre prière serait donc de nous obtenir cet assentiment de nous-même à nous-même, cet accord, cette harmonie intérieure, cette convergence de toutes nos facultés vers le bien, cette sincérité dans le devoir, cette obéissance à la volonté divine qui échappent si malheureusement à nos cœurs partagés.

Mais ce premier objet de la prière en est aussi la première condition. La prière efficace présuppose la possession préalable de ce que nous en attendons ; avant d'être possible, il faudrait d'abord qu'elle fût exaucée !

Le cercle est vicieux et le demeurerait éternellement sans la liberté — la nôtre et celle de Dieu. C'est ici que doit intervenir cette capacité vraiment divine de poser dans notre vie des commencements nouveaux, et qui s'appelle l'effort de la volonté libre. Il serait vain de s'imaginer que nous puissions prier autrement que par un effort semblable. Jamais la prière ne cessera d'être en son fond, l'acte viril et l'héroïque décision de la liberté humaine.

Mais cet acte, mais cette décision supposent un point d'appui. Un effort dans le vide serait un effort stérile. Il faut que notre liberté trouve quelque part où se prendre, où s'attacher, d'où partir.

Où le trouvera-t-elle ? Je réponds : dans la vérité, non dans une vérité abstraite et théorique, mais dans une vérité vivante, dans ce *vrai intérieur et vécu* qui se révèle à la sincérité. (Il y a un *vrai moral* qui ne se révèle qu'à la sincérité.) Car, fait digne de remarque, — mais l'avons-nous suffisamment remarqué ? — nous ne pouvons être sincères, c'est-à-dire entièrement d'accord avec nous-mêmes, que dans le bien ; nous n'arrivons à nous consentir cordialement nous-mêmes, à nous accepter pleinement nous-mêmes que dans la volonté du devoir. « Il n'y a point de paix pour le méchant », s'écriait déjà l'ancien prophète, et cette parole vengeresse se vérifie encore dans nos consciences. Parole terrible, mais consolante aussi, car, s'il ne peut y avoir de paix, d'harmonie et d'unité intérieures que dans l'acceptation du bien et dans l'obéissance au devoir, c'est donc que le devoir et le bien exercent sur nous une emprise initiale indestructible ; qu'ils font corps avec nous et nous avec eux ; et qu'il suffit de descendre jusqu'aux racines de notre vouloir personnel pour y découvrir cette adhérence fondamentale au vouloir divin, qui peut seule fournir à l'effort de notre liberté religieuse son point de départ et d'appui, le roc ferme et solide sur lequel Jésus voulait que s'édifiât la maison de notre foi et à partir duquel doit s'élever notre prière.

Chercher ce fondement, trouver cette base, creuser jusqu'à ce roc, s'y établir, s'y appuyer, telle devra donc être la première démarche de notre prière. Mais cette démarche diffère-t-elle essentiellement de celle par laquelle nous avons accédé à la vie chrétienne, et par laquelle nous nous y maintenons ? Est-elle autre chose que sa reprise, son résumé, son raccourci ? Que faudra-t-il donc faire pour prier ? Commencer par le commencement ; nous convertir ou nous reconvertir avant et dans chacune de nos prières ; nous repentir avant et dans chacune de nos prières ; repousser, condamner le mal, rompre avec le mal qui est en nous, avant et dans chacune de nos prières ; nous présenter à Dieu, nous consacrer à lui, nous laisser sonder par lui, avant et dans chacune de nos prières.

Telle me paraît être la condition morale immédiate, indispensable à toute prière sérieuse. Elle est morale parce qu'elle relève de notre volonté. C'est elle qui en fait un acte, un acte de liberté, de vérité, de sincérité intérieure ; une action, la plus agissante peut-être des actions dont nous soyons capables. Je ne prétends point qu'elle soit aisée. Je la crois au contraire laborieuse et difficile. Il en coûte de l'accomplir ; il en coûte du courage, de l'énergie, de la persévérance. Elle est héroïque, car depuis qu'Adam s'est caché de devant la face de l'Éternel, il en a toujours coûté au pécheur de se présenter nu devant son Dieu.

De là vient sans doute qu'on l'esquive si souvent et si volontiers ; qu'on s'y soustrait ; qu'on la remplace par des apparences et des succédanés ; qu'on lui préfère de pieux dérivatifs, et, par exemple, qu'il est plus facile de se dépenser corps et biens dans les œuvres chrétiennes que de prier pour les œuvres mêmes dans lesquelles on se dépense.

Mais si l'on peut agir matériellement, on ne peut vivre spirituellement sans prier. La nécessité de la prière subsiste et l'acte de liberté, de vérité, de sincérité intérieure qu'elle exige, subsiste avec elle. Cet acte est nécessaire ; il est d'ailleurs possible puisqu'il doit être ; il est possible puisqu'une fois ou l'autre, nous l'avons réalisé ; il est possible moyennant la résolution de l'homme cherchant le secours de Dieu. Il doit être la première requête et comme l'âme de notre prière.

Il est possible, dis-je, mais non toujours ni dans tous les cas. J'en prends à témoins nos essais et nos échecs, nos tentatives et nos insuccès. Nous avons voulu et nous n'avons pas pu. C'était peut-être moins l'effet d'une résistance positive que d'une impossibilité psychologique. Mornes, secs et vides nous marchions dans l'existence comme étrangers à notre propre vie. Quelque chose nous séparait d'avec nous-même, quelque chose de muet et de triste, quelque chose d'opaque et de lourd, le voile d'une épaisse indifférence, plus mortelle que le péché lui-même, nous entourait de son suaire glacial, ensevelissant dans ses plis funèbres tous motifs, toute raison, toute capacité de nous élever à Dieu. Qui de nous n'a connu l'amère désolation de ces heures, plus solitaires que la solitude, plus douloureuses que la douleur, pour lesquelles il n'y a de nom dans aucun langage et que traversent à leur tour les meilleurs d'entre nous ?

Or, que signifient-elles ? Elles signifient que nous sommes plus complexes et plus divers que nous ne le croyons, que nous ne sommes les maîtres ni de nos destinées, ni de nos états d'âme. Non, nous ne sommes pas entièrement libres et nous ne sommes pas tout volonté ; nous sommes nature aussi. Il y a en nous « un fond de passivité qui résiste à toutes nos activités », un esprit libre et un automate. Plongeant ses racines dans une hérédité séculaire, il nous porte, mais il nous écrase. A notre nature primitive, don de la naissance, nous avons ajouté une nature seconde, fruit de nos habitudes. Elles sont ensemble une partie de nous-mêmes; nous ne saurions les dévêtir comme on dévêt un habit.

Il en faut tenir compte et c'est ici qu'entrent en jeu les conditions ultérieures de la prière : ses conditions psychologiques et même physiologiques. Elles se résument dans le mot de Pascal: « Ployer l'automate ».

Quoique secondaires à certains égards, elles ont une importance considérable. Je me permettrai d'y insister dans la mesure précise où notre piété les néglige et les méconnaît.

Est-ce pudeur d'âme excessive? Est-ce individualisme exagéré? Est-ce fausse notion de la grâce, de ses lois, et de ses moyens, ou persistance surannée d'un anticatholicisme d'ailleurs compréhensible? Toujours est-il qu'on n'assigne guère à la prière, dans nos milieux, ni règle positive, ni méthode appréciable. On y exhorte et quelquefois très éloquemment, mais en bloc et sans directions pratiques. On en fait un devoir, dont on oublie d'indiquer les conditions. On dit : priez, mais on ne semble pas se douter que la vie de prière ne s'improvise pas et qu'elle réclame une initiation, une culture méthodique qui la rend seule possible.

Il en résulte que nos prières, constamment menacées, se heurtent à deux écueils sur lesquels trop souvent elles se brisent : l'écueil du formalisme et celui du caprice. Le formalisme les menace dans la liturgie du culte public et dans la routine du culte familial ; tandis que le caprice, l'intermittence, l'irrégularité compromettent nos prières individuelles et privées, celles précisément dont il importerait au plus haut point qu'elles devinssent fonctions régulières et partie intégrante de notre vie religieuse.

Dieu me garde de porter aucune atteinte aux libres mouvements de sa grâce. L'Esprit souffle où il veut, quand et comme il lui plaît, et notre devoir reste de répondre à son inspiration souveraine, pour la prière comme en toutes choses.

Pourtant, libres et gratuites, les inspirations de l'Esprit ne sont point arbitraires. Elles se laissent appeler, elles se laissent retenir, elles ont leurs conditions. Et comme il n'y a de progrès dans la vie avec Dieu que par la prière, il n'y a de progrès dans la prière que par la continuité de l'effort qui la constitue. Les labeurs réguliers, régulièrement poursuivis, sont en tous domaines les labeurs productifs ; celui de la prière ne fait point exception.

Or, l'objet ou l'obstacle sur lequel doit s'exercer l'effort de ce labeur n'est pas loin de nous : il est en nous-mêmes, dans cette nature dont l'automatisme puissant nous enchaîne et nous broie.

En tant qu'hostile à la vie de l'esprit, il s'agit d'asservir notre nature ; en tant que favorable — car elle lui est aussi favorable — il s'agit d'exploiter ses ressources.

« Ployez l'automate », a dit Pascal. Ne craignez pas que j'interprète cette parole conformément aux préceptes d'une morale profane et superficielle. Je sais trop que les puissances du mal, accumulées dans nos instincts pervertis, sont invincibles aux forces humaines. Elles sont en nous avant nous-mêmes, c'est-à-dire avant tout éveil de la conscience réfléchie. Pour en venir à bout, il faudrait pouvoir remonter au delà de nous-mêmes, pénétrer jusqu'à cette vague et ténébreuse région du subconscient psychologique qui constitue la dotation primitive que nous légua l'héritage malheureux d'une hérédité corrompue : tentative manifestement impossible et qui nargue à jamais tous nos efforts.

Mais si nous sommes incapables, Dieu l'est-il ? Y a-t-il des limites à l'efficacité de sa rédemption ? Hésiterait-il, lui qui est descendu jusqu'à nous dans l'histoire, à descendre encore jusqu'aux obscurs bas-fonds de notre souillure intime pour y faire luire la lumière purificatrice d'une sainteté sanctifiante ?

Sans influence et sans prise directe sur cette portion de notre être qui précède en nous l'avènement de notre liberté, et par laquelle nous sommes incessamment séduits et tentés au mal, que devons-nous faire ? Je réponds : la présenter à Dieu, la livrer à son action rédemptrice, étaler devant lui la théorie lamentable de nos hontes et de nos turpitudes, ne lui rien cacher, ne rien soustraire à la pénétration de son regard, ouvrir devant lui les portes de l'inexpugnable citadelle, l'y laisser entrer lui-même, invoquer jusque sur nos résistances le secours de sa grâce. — Le voilà le détour dont il faut user ; voilà dans quel sens il faut « ployer l'automate » ; voilà ce que doit être le but de notre prière.

Et si l'on admet avec nous qu'il s'agit d'une œuvre prolongée, laborieuse, persévérante, on admettra j'espère qu'elle ne saurait être abandonnée au hasard des circonstances, au caprice des inspirations momentanées, au jeu fortuit de dispositions éphémères ; mais qu'elle exige, dans la prière et par la prière, un labeur soutenu, beaucoup de persévérance, et l'opiniâtre continuité d'une véritable méthode.

Cependant notre nature n'est pas à ce point pervertie qu'elle ne nous entraîne qu'au mal. Il sort des mystérieuses régions du subconscient psychologique d'autres suggestions que celles du péché : celles-là mêmes qui nous jettent au devoir et nous sollicitent à l'accomplissement du bien. C'est au-dedans de nous que Dieu nous cherche et nous trouve. C'est au plus profond de nous-mêmes qu'il nous rencontre et que nous éprouvons la majesté de sa présence et la rigueur de son autorité. C'est là qu'en tout temps il nous oblige et que parfois il nous parle. N'est-ce pas là que les paroles du verbe biblique ont leur écho préparé, et de là qu'elles nous reviennent chargées d'énergie, d'évidence et de lumière ? De là encore que montent en nous les seules inspirations et les seules voix dont nous osions dire qu'elles soient divines ? Si Dieu ne nous parlait que du dehors, pourquoi donc le recueillement — cet étrange retour de la conscience sur ses origines — serait-il indispensable à la vie religieuse ? Et s'il l'est, s'il n'y a point de vie religieuse sans recueillement, qu'est-ce à dire, sinon que la présence et l'action divines nous sont intérieures, et que, selon l'expression du psalmiste : « Notre cœur nous dit de sa part : cherchez l'Éternel » ? D'accord avec le psalmiste et résumant les données les plus certaines de longues investigations psychologiques, un savant aujourd'hui célèbre par ses travaux dans ce domaine, W. James arrive à la conclusion que, derrière notre moi conscient, sous-jacent à notre moi conscient, en relation de continuité et de contiguïté avec notre moi conscient, s'étend un moi plus vaste, à travers lequel nous arrive seul ce que nous appelons une expérience religieuse — en sorte que, s'il existe au monde quelque chose qui ressemble à une relation vivante de l'homme avec Dieu, qui en mérite le nom et qui en porte les fruits, c'est là qu'elle s'opère, c'est là qu'elle s'établit, c'est de là qu'elle parvient à notre conscience.

Que faudrait-il donc pour qu'elle y parvînt en effet, pour qu'elle y parvînt toujours, constante, régulière et bénie, cette expérience et cette communion après laquelle nos âmes soupirent et dont elles meurent d'être privées ?

Oui, que faudrait-il ? Sinon que nous fussions nous-mêmes d'abord en communion constante avec nous-mêmes, je veux dire avec cette partie de nous-mêmes qui appartient à Dieu et qui est en nous comme son sanctuaire et son temple.

Mais précisément c'est là que gît l'obstacle. D'ordre moral, il est aussi d'ordre psychologique. Séparés d'avec nous-mêmes par les motifs colluctants d'un vouloir anarchique, nous le sommes encore et parfois davantage par une barrière naturelle. De nous à nous, de notre moi superficiel à notre moi profond — et donc de nous à Dieu, — s'étend l'insaisissable et subtil réseau d'une sorte de filet dont les mailles serrées s'ouvrent rarement, d'une manière capricieuse, déconcertante, et d'un homme à l'autre fort inégale.

Tel croyant a les émotions religieuses aussi faciles que naturelles ; il goûte avec une fréquence et une vivacité remarquables les joies de la communion divine ; tel autre, non moins fidèle et non moins moral, éprouve peu et déplore amèrement la sécheresse persistante d'un cœur insensible.

Pourquoi cette différence ? Et pourquoi tous deux ensemble, à des degrés divers, ne jouissent-ils cependant que d'une vie religieuse discontinue, intermittente, interrompue, faite de pièces et de morceaux entre lesquels se creusent des vides aussi dangereux qu'affligeants ? La promesse du Christ ne s'accomplit point à leur égard : ils n'ont pas « la vie avec abondance » ; les fleuves d'eau vive ne jaillissent pas de leur sein.

Cet état n'est évidemment pas normal. Ce n'est pas celui qu'a promis le Maître de la vie divine, celui qu'il a lui-même manifesté et qu'ont obtenu plusieurs de ses disciples.

Pour y atteindre que faudra-t-il faire ? — Oter l'obstacle, renverser la barrière, percer le diaphragme, élargir les mailles du filet. En d'autres termes : porter l'effort libérateur sur cette cloison, ou naturelle ou morale, qui, nous séparant d'avec nous-mêmes, nous sépare d'avec Dieu.

La prière, telle que je la comprends, réalise par excellence cet effort. Il convient donc de l'exercer ; il convient de prier, mais de prier de façon à ce qu'il y ait un résultat et jusqu'à ce qu'on l'ait obtenu.

Une porte massive ne cédera jamais aux coups timides d'un bras languissant et débile. Le travail courageux, persévérant et méthodique d'une inlassable volonté en viendra seul à bout. Prions de la sorte ! — et pour guider nos efforts, laissez-moi vous proposer quelques règles, que je tire moins de la mienne, hélas ! que de l'expérience de ceux qui nous ont précédés dans ce labeur. La brièveté du temps m'empêche de citer les exemples sur lesquels je m'appuie. Que l'on ne croie pas pourtant que je parle au hasard.

III

Conditions et règles de la vie de prière chrétienne.

I. *Régularité de la prière.* — Elle m'a beaucoup frappé dans la plupart des biographies chrétiennes que j'ai pu lire. Il y a peu d'hommes de Dieu, anciens et modernes, qui n'insistent sur ce point, et cela dans les deux sens : régularité de temps et régularité de lieu.

Pour ce qui concerne le temps, employons à la prière les meilleures heures de nos journées, j'entends celles qui conviennent le mieux, celles qui nous trouvent le plus favorablement disposés à l'effort qu'elle implique. Toutes nos journées ont, sous ce rapport, leurs meilleurs moments. Différents pour chacun, c'est à chacun de les discerner, de les réserver, de s'y tenir. Oui, une fois réservés, de s'y tenir. Ce sera le plus difficile, mais c'est le plus important. Nous savons tous, pour des objets de moindre portée, nous astreindre à une discipline analogue ; ne craignons pas de le faire pour l'occupation qui prime toutes les autres, puisqu'elle engage notre avenir éternel. Et si même les nécessités sociales nous empêchaient de vaquer à la prière aux heures du jour les plus favorables, soyons sûrs que celle dont nous disposons encore, deviendront favorables par l'emploi même que nous en ferons.

A la régularité du temps, nombre de chrétiens ajoutent la régularité de lieu. Mêmes heures et mêmes endroits : c'est combiner une double association, celle du temps et celle de l'espace. N'en méprisons pas la puissance. Nous ne sommes pas si forts que nous n'ayons besoin de secours. Nous savons tous que certains lieux, consacrés par certaines présences, par l'accomplissement de certains actes, par l'habitude de certaines pensées, ont le privilège d'évoquer presque spontanément cette présence, ces actes, ces pensées. Utilisons cette loi pour la prière. Par la vigueur de l'esprit, ployons l'automate ; de l'obstacle qu'il était par nature, faisons-en un auxiliaire ; il ne tardera pas à faciliter sa tâche à l'esprit, et lui permettra de tendre plus librement vers de nouvelles fins. — Et si même notre effort, au début, s'usait tout entier à vaincre les résistances de la nature, persévérons courageusement. L'habitude, plus longue à former, n'en sera que plus stable et nous portera bientôt vers cette tranquille possession de nous-même, vers ce recueillement, hors duquel il n'y a jamais eu, je pense, de prière véritable.

II. *Le recueillement.* — Bien des personnes croient se recueillir dès que, sorties du tourbillon des affaires ou des bavardages de salon, elles ont fermé sur elles la porte de leur chambre, et, seules en face d'elles-mêmes, pensent, méditent ou réfléchissent.

Ce n'est là pourtant qu'un recueillement par comparaison, très inférieur encore à celui que réclame la prière. En méditant, en pensant, nous sommes, ou pouvons être encore de simples spectateurs. Aussi longtemps qu'il réfléchit, l'esprit humain ressemble au plus vaste, au plus mobile des kaléidoscopes : le monde entier se reflète et passe dans ses pensées. Il passe et nous distrait... de nous-mêmes et de Dieu.

Le recueillement dont je parle n'est pas cette distraction. Ce n'est pas davantage un repos, une quiétude inerte, molle ou passive. C'est un acte, un acte austère, qui met singulièrement à l'épreuve la virilité de notre vouloir, et qui consiste à revenir sur soi, sur soi seul; à se prendre, à se saisir soi-même, non par l'imagination et tel que l'on voudrait ou que l'on se figure devoir être, mais tel que l'on est, au sens le plus inexorablement réel et concret du mot; un acte qui écarte la pensée, qui pénètre au delà de la pensée, qui absorbe la pensée, ou dans lequel toute pensée s'absorbe, et par la vertu duquel, nous rassemblant, nous ramassant, nous concentrant sur nous-mêmes, nous nous apercevons, nous nous regardons, nous nous connaissons à la clarté d'une infaillible lumière : celle que l'impératif de conscience — pareil au phare éclairant les flots ténébreux d'une mer nocturne — projette sur le fond obscur et mouvant de notre être intérieur.

C'est à ce recueillement qu'il faut viser, c'est celui-là qu'il faut atteindre. Je le définirai en disant qu'il consiste dans la rencontre de la conscience psychologique et de la conscience morale : de la conscience psychologique la plus intime et la plus aiguë qu'il soit possible d'obtenir, révélée — comme sous le réactif se révèlent les plaques photographiques — par l'impitoyable jugement de la conscience morale la plus rigoureuse.

Que ce recueillement ne soit pas d'une obtention facile, je l'accorde ; je dis seulement qu'il est indispensable à la vérité, à la sincérité de notre prière, et donc à sa réalité. Si le monde, comme on l'a dit, est plein de fugitifs d'eux-mêmes, c'est que la grande majorité des hommes redoute l'effort de ce recueillement et jusqu'à son occasion. Ils craignent de ne pouvoir soutenir le poids de son effrayante révélation.

Pourtant il faut l'obtenir. La vérité, la prière, la vie religieuse, la communion de Dieu sont à ce prix. Un long apprentissage, soutenu par une inébranlable résolution sont ici nécessaires. Mille fois abandonnée, nous aurons à reprendre mille fois l'entreprise. Au début, nous nous recueillerons imparfaitement, nous nous connaîtrons mal, nous serons superficiellement sincères. Il importe peu, pourvu que nous persévérions. C'est en forgeant qu'on apprend à forger et c'est en se recueillant qu'on apprend à se recueillir. L'habitude d'un recueillement de jour en jour plus profond nous le rendra de jour en jour plus facile. Les clartés de la conscience morale y brilleront toujours plus lumineuses; son verdict deviendra toujours plus impérieux, plus complet et plus clair; nous nous offrirons à son jugement toujours plus dépouillés et plus humbles; nous y acquiescerons d'un vouloir toujours plus cordial et n'aurons point de cesse qu'il n'ait pénétré jusqu'aux « moëlles et aux jointures » de notre être intime.

Peut-être ce travail n'est-il pas destiné à s'achever jamais ici-bas? Il n'importe encore. Lors même qu'il devrait être, comme notre âme, sans bornes, sans limites et sans fin, son résultat pratique n'en serait pas diminué, car nous acculant au réel, nous plaçant face à face avec Dieu, il nous prosternera dans la prière, il nous en donnera les motifs suffisants et les vivantes raisons, il la fera ce qu'elle doit devenir : une prière « en esprit et en vérité ».

III. *L'abdication.* — La première parole d'une prière née de la sorte sera sans doute une parole d'abdication. Je résume dans ce terme ce qu'on appelle d'ordinaire : l'humiliation, la repentance, la confession des péchés, la consécration, — aspects divers d'un seul et même acte : la remise totale, définitive et franche de notre être à Dieu, de notre être tel que nous le voyons en sa présence, afin que, jugeant, condamnant, brisant, émondant, graciant et sauvant, il fasse de nous — comme une argile entre les mains du potier — non plus ce que nous voudrions, mais ce qu'il voudra, tout ce qu'il voudra, comme il le voudra.

Cette abdication, par laquelle s'inaugure et se continue tout rapport religieux et hors de laquelle il n'y a jamais eu, il n'y aura jamais de religion authentique et sérieuse ; — cette abdication qui est, de tous les actes dont la volonté humaine soit susceptible, le plus naturel et le plus effrayant, car il est une sorte de mort vivante ; — cette abdication nécessaire, mais irréalisable auparavant, deviendra possible et même joyeuse dans la mesure où un recueillement plus sincère et une sincérité plus recueillie nous auront conduits, non à l'idée de Dieu — idée vide et terrible par sa vacuité même — mais à Dieu lui-même, à la réalité de sa présence. Car la présence réelle de Dieu transforme toutes choses. Il suffit qu'elle soit donnée, pour que l'impossible devienne facile et qu'à l'épouvante succède la joie. Il *suffit* qu'elle soit donnée, mais il *faut* qu'elle soit donnée, pour que le renoncement de soi-même à soi-même, que Jésus réclamait de ses disciples parce que Dieu le réclame de tout croyant, devienne la démarche heureuse et spontanée d'un vouloir qui se retrouve en se perdant, et qui ne se perd en soi qu'afin de se retrouver en Dieu.

IV. *La requête.* — Il se trouve en Dieu, et dès lors, accède à une double attitude : celle de l'action de grâce et celle de la requête. Il y accède, dis-je, parce que l'abdication, qui a un côté négatif : le dépouillement, a aussi, a surtout un côté positif : le revêtement. Vue du dehors elle est un sacrifice où l'on s'immole ; éprouvée du dedans, elle est une exaltation, un enrichissement, une intense vitalisation de l'âme immolée, où coulent désormais les énergies mêmes de la vie divine. De la sphère stérile où s'agitait notre volonté propre, nous avons passé dans celle de la volonté souveraine, de la volonté qui soutient le monde et « demeure éternellement ». Fondés sur elle, établis sur elle, prenant sur elle notre point de départ et d'appui, d'accord avec le vouloir de Dieu et pour nous et pour toutes choses, nous pouvons en la remerciant de toutes choses, tout en attendre et tout lui demander. La promesse du Christ se vérifie à notre égard : « Quoi que vous demandiez en mon nom, il vous sera fait ». Soumise, obéissante et consacrée, notre prière possède, dans sa consécration même, les arrhes et la prophétique assurance de son exaucement final.

S'en suit-il que ce soit la fin de la lutte et de l'effort ? Pas nécessairement. Là encore et là même il peut plaire à Dieu d'exercer la patience de notre foi, et, sans se dérober lui-même, de refuser ou de retarder le don de sa grâce. Mais il ne nous éprouve de la sorte qu'afin de mieux nous fortifier. Lui-même, par son Esprit, intercède avec nous, intercède en nous,— nous le sentons à je ne sais quoi de fort, d'intense, de savoureux, d'original — et notre prière, toute pleine de lui, monte victorieuse et sûre d'elle-même, jusqu'à son cœur, où elle s'exauce. J'ose dire d'une telle prière, qu'elle ne se soucie plus de son exaucement tellement elle en est certaine.

Quant aux objets de cette prière, je n'aurais garde de les limiter par une énumération. Aucune formule n'y saurait suffire. Tout ce que l'âme, unie à son Dieu, ressent comme un fardeau, un obstacle, une entrave ; tout ce qu'elle entrevoit comme un progrès, un bien, un devoir, une délivrance, dans le domaine temporel et dans le domaine spirituel, pour elle-même et pour autrui, tout cela devient le légitime objet de ses requêtes et de son intercession. C'est l'univers entier, c'est l'humanité entière que nous portons à Dieu en nous y portant nous-mêmes. Les distinctions du possible, du permis et du défendu n'ont plus ici leur lieu. Nous sommes au-dessus de ce légalisme. Avec l'Esprit règne la liberté ; la liberté dans la puissance de l'Esprit. A lui, et non point aux arrogantes prétentions d'une sagesse charnelle, d'inspirer, de dicter, d'agir dans la plénitude de sa souveraine compétence.

V. *La réponse de Dieu.* — Commencée dans l'abdication, continuée dans la requête, la prière chrétienne doit s'achever, pour être complète, dans une attente soumise et silencieuse : celle de la réponse divine.

Ne serait-ce pas sur ce point que nous sommes particulièrement en faute et que notre prière, trop païenne encore, déçoit les intentions de Dieu et manque à s'approprier leur divine richesse ?

A la manière dont nous la concevons et la pratiquons généralement, il semble que Dieu n'ait rien à nous dire. Nous le fatiguons de nos paroles sans lui accorder l'occasion de nous faire entendre la sienne. Nous réclamons de lui des réponses que nous n'avons pas même la patience d'écouter et d'attendre. Nous n'oserions agir de la sorte avec aucune personne, et nous trouvons naturel de le faire avec la personne suprême ! Quelle insolence et quelle contradiction !

Non pas, remarquez-le, que la réponse divine soit identique à l'exaucement de nos prières, et que nous devions rester à genoux jusqu'à ce qu'il soit intervenu. La foi doit savoir faire crédit à la sagesse divine des temps et des moments. Mais Dieu, dont les pensées s'élèvent au-dessus des nôtres « autant que les cieux sont élevés au-dessus de la terre », nourrit à notre égard des intentions personnelles dont la hauteur, la générosité, la richesse dépassent de beaucoup ce que nous en pouvons entrevoir, et dont il ne peut nous instruire qu'en nous les révélant personnellement.

Jésus, sans doute, en les fixant dans sa propre conduite, nous a fait connaître les lois du Royaume de Dieu. Mais ce Royaume, tel que nous l'entendons d'ordinaire (et tel que le vocabulaire juif en imposait le terme à Jésus) exprime-t-il toute la volonté d'un Dieu qui s'est appelé le Père de ses enfants ? A côté du Royaume, au sein et au centre du Royaume, le Père ne travaille-t-il pas à se former une famille, la sainte famille de ceux qu'adopte son amour et que régénère sa grâce ? — Or, il n'en va pas de la famille ce qu'il en va du Royaume. Le roi règne et gouverne par des lois générales, inflexibles et pour tous identiques ; le Père, qui connaît ses enfants par leur nom, les éduque chacun à part et d'une façon particulière. Il adapte ses conseils, ses ordres, son influence, son autorité à leur caractère spécial ; il leur assigne, suivant leurs aptitudes, des tâches distinctes, et, dans sa maison, des fonctions différentes.

Quoi ! nous nous réclamerions du privilège de l'adoption filiale ; nous appellerions Dieu « notre Père », et nous ne lui laisserions pas exercer à notre endroit les prérogatives essentielles de sa paternité ? Nous ne lui accorderions jamais ni le temps, ni l'occasion de nous parler, de nous entretenir, seul à seul, dans le secret de l'intimité ? Et nous ne profiterions pas, pour écouter son message à lui, de l'heure que nous avons choisie pour lui porter le nôtre ? Quelle inconséquence et quelle légèreté !

Ne serait-ce pas pour cette raison que nos vies chrétiennes sont si chétives et si pauvres, qu'aucune ne se distingue d'aucune autre, qu'elles se ressemblent par une triste et commune médiocrité, et qu'à l'appel des devoirs innombrables, précis, variés et nouveaux que le monde nous adresse, nous répondons mollement, mécaniquement, par la routine des associations, des œuvres et des comités ? Il fallait, pour une tâche, l'homme de la tâche, une individualité, quelqu'un ; il ne se trouve qu'un anonymat de bonnes volontés accomplissant collectivement, modérément, sagement, médiocrement ce qui aurait dû être fait dans la puissance, la hardiesse et la sécurité d'une vocation personnelle.

L'Église primitive voyait s'épanouir spontanément en son sein l'immense variété de ses libres ministères. Elle en étonnait, elle en conquérait le monde. Ils font cruellement défaut à nos églises. Pourquoi ? — Et pourquoi encore, dans la conduite de notre vie privée, manquons-nous si souvent de directions, d'assurance, de lumières, de féconde et joyeuse certitude ?

Ces choses, Dieu voulait nous les donner, à chacun les siennes, à chacun selon sa mesure. — Il voulait nous enrichir, nous former, nous développer d'une manière originale et libre..., nous n'y avons pas pris garde. Nous sommes demeurés pauvres et médiocres parce que ses desseins à notre égard n'ont pu s'accomplir. Nous en avons la faute et nous en portons la peine. Par nos prières, égoïstes et pressées, nous avons fermé sur nous une porte que précisément elles devaient ouvrir.

Ah ! *l'initiative de Dieu* dans la vie chrétienne ! quelle petite place elle tient chez la plupart d'entre nous ! Et quelle place centrale, décisive, éminente, elle a toujours tenue chez les grands serviteurs de Dieu et les vrais disciples du Christ !

Ne serait-il pas temps de la connaître davantage et de nous y livrer enfin ? Je dis bien de nous y livrer, car les situations et les rôles ne sont pas ceux que nous imaginons. « Voici, dit l'Écriture, je me tiens à la porte et je frappe ; si quelqu'un entend ma voix et m'ouvre la porte, j'entrerai chez lui, je souperai avec lui et lui avec moi. » Qu'est-ce à dire ? Nous croyions frapper à la porte de Dieu, et c'est Dieu qui frappe à la nôtre ; nous croyions aller à lui, et c'est lui qui vient à nous ; nous croyions demander accès à la maison du Père, et c'est lui, le Créateur et le Sauveur de nos âmes, qui attend d'être reçu chez nous ! Et toutes nos initiatives ne sont que des réponses ; et toutes nos œuvres ne sont que ses œuvres ; et toutes nos requêtes ne peuvent qu'exaucer la sienne !

Sublime, mais humiliante découverte ! N'y a-t-il pas en elle de quoi nous jeter dans la poussière avec un chant d'allégresse, de quoi nous faire demeurer à genoux jusqu'à ce qu'il entre, en effet, et que rompant à nos âmes le pain du souper céleste, il les illumine de sa gloire, les remplisse de sa présence, les inonde de sa grâce ? Lui tout à nous, nous tout à lui, aujourd'hui, demain, éternellement !

C'est là son œuvre, mais c'est aussi la nôtre, car nous sommes « ouvriers avec Dieu ». Et pour la faire, que nous faut-il ? Le même effort, la même régularité, la même patience, la même persévérance, la même longueur de temps, la même résolution, la même discipline que nous savons si bien mettre à de moindres travaux. Ce sont là les conditions très simples qui feront de nous, non plus de perpétuels mendiants de Dieu, mais ses enfants bien-aimés, marchant avec lui dans cette relation vivante et victorieuse du monde que l'avènement de son Royaume et le triomphe de sa cause réclament de nous aujourd'hui.

L'œuvre est simple ; mais elle est longue, difficile, ardue. Dieu la veut pour nous. A nous de la vouloir pour Lui.

1905.

II. LA COMMUNION AVEC JÉSUS-CHRIST [1].

Nous avons vu que la vie chrétienne a pour condition fondamentale la prière ; je voudrais la considérer maintenant dans ce qu'elle a de plus intime en chacun de nous et parler d'une autre de ses conditions : le rôle et la place qu'y doit tenir la personne de Jésus-Christ. C'est encore le même sujet, mais considéré sous un autre aspect.

Avant de l'aborder, un mot pour le légitimer ; pour le légitimer, dis-je, non pas comme sujet de cette étude, mais comme le sujet par excellence, comme la question vitale et centrale de l'Église contemporaine, du christianisme actuel, de notre christianisme et de nos Églises.

Il ne semble pas à première vue, à vue humaine,

[1] Ces pages, écrites au courant de la plume, n'ont pas été rédigées pour l'impression. *(Éd.)*

que ce soit à la vie intérieure que Dieu nous destine surtout aujourd'hui, et que la culture de la vie intérieure soit la tâche spéciale qui se propose à nos efforts. D'autres tâches, semble-t-il, nous appellent d'un accent infiniment plus impérieux ; d'autres devoirs, d'autres combats paraissent plus urgents.

Jamais le monde n'eut tant besoin de l'action des chrétiens, de leur action extérieure. A notre porte, tous les jours, nous rencontrons des souffrances, des misères, des péchés qui demandent à être guéris, redressés, consolés par une action immédiate, généreuse et forte : plus nous allons, plus affluent et se pressent autour de nous les occasions d'agir. Et si, des besoins particuliers qui nous assiègent, nous jetons nos regards plus loin, sur la situation économique, sociale, morale, spirituelle des peuples, les besoins sont plus grands encore et l'appel se fait plus pressant. L'Europe est en détresse. C'est comme un monde qui chancelle sur sa base : les fondements de toutes choses sont renversés. Tout s'ébranle et menace de tomber en ruines, la famille, la société, l'État, l'Église, l'individu lui-même qui a perdu la route de vivre et que déchirent les passions victorieuses. Et tout cela, n'est-ce pas un appel à l'action, appel que nul chrétien ne saurait méconnaître ? Et l'appel ne redouble-t-il pas d'intensité si, levant les yeux plus haut encore, c'est le monde que nous regardons, le monde que l'Europe découvre, s'assujettit et colonise, mais qu'elle démembre en même temps et auquel elle infuse le dangereux venin de sa propre dissolution ; le monde qui s'ignorait, qui se découvre lui-même, et qui périra dans l'obscurité de ses souffrances et dans le débordement d'une incurable anarchie si le principe de l'ordre et de la délivrance ne lui est point porté à temps ? L'humanité, en un mot, la grande, la vaste, l'immense et pauvre humanité est là devant nous, pour la première fois tout entière, réclamant un Évangile de salut individuel, social, économique et politique, — une lumière sur sa route, un guide dans ses ténèbres.

On peut dire que jamais l'Église, si réellement, comme elle le prétend, elle possède la source du salut, n'eut devant elle une tâche plus urgente, une plus écrasante responsabilité, une œuvre qui lui demande, et à chacun de ses membres, un pareil déploiement de travail, d'effort et d'action. — Aussi se crie-t-elle à elle-même et lui crie-t-on de toutes parts : A l'œuvre !

Est-ce bien le moment qu'il faut choisir pour prêcher la vie intérieure ?

Si vous en doutiez, laissez-moi attirer votre attention sur un triste mais caractéristique aspect de l'activité chrétienne au temps présent. A Dieu ne plaise que je la dénigre ! je l'admire, au contraire ; je constate qu'aux nombreux appels qu'elle a reçus du monde, l'Église n'a fermé ni ses oreilles, ni son cœur.

Elle a vaillamment, noblement, glorieusement répondu. Elle n'a mesuré ni son temps, ni sa peine, ni son argent, ni ses hommes. D'année en année, elle les prodigue davantage. Elle se tend dans un effort colossal qu'elle diversifie merveilleusement pour l'adapter aux besoins les plus divers. Jamais les œuvres chrétiennes n'ont été plus actives et plus nombreuses. L'effort est admirable, certes, mais quelle disproportion énorme, écrasante, entre les moyens employés et les résultats obtenus ! A la vérité, les résultats sociaux, philanthropiques ne sont pas négligeables ; mais les résultats spirituels, où sont-ils ? Qui se repent, qui croit, qui se convertit dans nos missions intérieures, dans nos œuvres d'évangélisation ou de tempérance, nos unions chrétiennes, nos catéchuménats, nos hôpitaux, nos hospices ? Cent hommes ne font plus aujourd'hui ce qu'un seul faisait autrefois. — D'où vient cela ?

Avez-vous remarqué de plus combien nos œuvres vieillissent vite, et rapidement se dénaturent ? Non seulement elles se font concurrence, se chassent les unes les autres, mais elles se transforment et s'altèrent. Spirituelles, proprement chrétiennes, à l'origine, il faut bien peu d'années pour que, perdant ce caractère, elles ne soient plus que bienfaisantes, philanthropiques et sociales. Leur saveur et leur sel se perdent et s'affadissent par leur exercice même. L'esprit qui les animait au début leur fait défaut à la fin ; elles perdent leur pouvoir, leur attraction, leur effectivité religieuse. Et si la société temporelle en bénéficie encore, le Royaume des cieux n'en reçoit plus aucun secours. — D'où vient cela ?

Et d'où vient encore — symptôme plus grave — que l'Église, loin d'être accrue et fortifiée, s'en trouve appauvrie et comme dissipée ? Elle ne porte point allégrement, aisément, naturellement le poids de ce fardeau. L'exercice de sa propre charité l'épuise, la déborde, la distrait, l'enfièvre. Les organisations qu'elle crée, désorganisent sa propre vie ; les remèdes qu'elle porte aux autres, agissent sur elle comme un poison ; les chrétiens de nos jours sont haletants, surmenés, fatigués ; l'action qu'ils produisent les dévore à son tour. Ce ne sont plus des hommes, ce sont des machines, machines à donner, machines à parler, machines à soulager, — mais où est l'âme dans tout cela, et sa paix, et sa joie, et son recueillement ? — D'où vient cela ? oui, d'où vient cela ?

Je réponds : de l'absence ou de l'insuffisance de la vie intérieure. On a tout, sauf l'essentiel ; on ne manque de rien, sauf de la seule chose nécessaire. Fabriques et manufactures, nos œuvres ont cessé d'être les fruits naturels et spontanés d'une vie qui les porte et les produit sans effort. Faut-il s'étonner qu'elles soient stériles, fatigantes et qu'elles se dénaturent ? On a fait au delà de ce qu'on était ; on a cru qu'il importait moins d'être que de faire. Or, je vous dis, l'Évangile à la main, et le spectacle de l'expérience chrétienne sous les yeux, que, dans le domaine de l'Esprit, il faut être pour agir, et qu'on ne fera jamais rien au delà de ce que l'on est soi-même devenu. Ce n'est pas la multiplicité des actes et des paroles qui opère, c'est l'Esprit et la puissance de l'Esprit qui les dicte ; ce n'est pas le nombre et l'excellence des organisations qui agissent ; c'est la qualité de la personne. Un acte accompli dans la puissance de l'Esprit en vaut mille qu'inspire la seule bonne volonté ; une parole prononcée dans la discipline de l'Esprit en vaut mille que dicte la seule philanthropie.

Paul a fondé plus d'Églises et amené à la foi plus de croyants que ne font aujourd'hui des centaines d'évangélistes, et Jésus a suffi au salut du monde.

C'est pourquoi le devoir actuel entre tous, le devoir urgent, celui qui grandit dans la mesure même où grandissent les tâches ultérieures, dans la mesure où elles deviennent impossibles, est moins un devoir d'expansion qu'un devoir de concentration ; moins un effort vers le faire qu'un effort vers l'être. Et puisque les lois du royaume de Dieu nous interdisent de faire quelque chose avant d'être quelqu'un, devenons quelqu'un afin de pouvoir faire quelque chose.

Ai-je tort de penser que c'est là notre faiblesse, que si nous avons manqué de force, c'est parce que nous avons trop ignoré la puissance ? que si les paroles de la délivrance n'ont pas été suivies d'effet, c'est que nous ignorions trop nous-mêmes ce qu'est la délivrance ? Que si notre prédication du péché, de la justice et du jugement restait sans écho dans les consciences, c'est que notre propre conscience était sourde elle-même à ce tragique message ? Que si l'épée de l'Esprit tombait de nos mains débiles, c'est que nous la maniions d'un bras charnel, et que si la Croix ne conquérait plus le monde, c'est qu'elle ne nous avait pas nous-mêmes conquis?

I

Or, comment être quelqu'un? Vous le savez, ou du moins vous le pressentez. Votre cœur vous le dit avant moi.

Désireux de ne point multiplier les paroles inutiles, je ne chercherai pas longuement les raisons pour lesquelles Dieu a lié la vie intérieure du chrétien à la personne même du Christ.

Comment donc devenir quelqu'un, au sens que nous donnons ici à ce terme, quelqu'un par l'intensité et par la qualité de notre vie intérieure, quelqu'un dans le royaume de Dieu, quelqu'un dans la puissance et la réalité de l'Esprit? — Comment, si ce n'est par celui-là seul qui fut *quelqu'un* au sens absolu, par Jésus-Christ, le Sauveur de la vie et de la personne humaine, et pour chacun de nous le consommateur de la vie selon l'Esprit.

Je ne parle point ici à des indifférents, nous sommes chrétiens ou nous tendons à l'être ; nous croyons à l'Évangile, comme à la bonne nouvelle du salut de Dieu ; nous saisissons en lui les promesses et le gage de notre vie éternelle ; les déclarations évangéliques relatives au pardon, à la réconciliation, à la bienveillance, à l'amour, à la grâce de Dieu ne sont point pour nous lettres mortes ; de cette grâce peut-être avons-nous déjà ressenti les effets intermittents, la sporadique influence. La personne de Jésus-Christ nous attire ; sa beauté, sa grandeur, sa sainteté, ses paroles enchaînent notre conscience ; l'idéal moral qu'elle fait briller devant nous éveille notre assentiment, suscite nos ambitions, provoque nos efforts...

Tout cela c'est quelque chose, et même beaucoup. Plût à Dieu que nous fussions tous dans ces dispositions et que ces dispositions fussent générales dans notre Église ! Et cependant, vous le sentez, ce n'est rien au prix de ce que commande la nécessité des temps, au prix de ce à quoi vous aspirez encore, au prix de ce que Dieu nous destine. Cet Évangile de promesses et de commandements, cet Évangile de déclarations et de croyances, cet Évangile qui est devant nous, hors de nous, qui agit sur nous sans nous et du dehors ; cet Évangile extérieur, en un mot, qui laisse entre lui et nous une distance, qui même creuse un abîme, cet Évangile qui éveille notre âme sans la faire vivre, qui nous donne faim sans nous rassasier, soif sans nous désaltérer, — cet Évangile a pu suffire peut-être à d'autres temps et à d'autres époques, — il ne suffit plus à la nôtre. Est-ce le mal devenu plus puissant ? Est-ce ébranlement et ruine des traditions chrétiennes générales qui soutenaient autrefois les peuples et qui ont cessé de les soutenir? Sont-ce d'autres raisons encore? Il n'importe. Cette manière de concevoir et de pratiquer l'Évangile est aujourd'hui trop faible pour soutenir l'assaut de puissances adverses : elle ne sauve ni le monde ni l'Église parce qu'elle ne sauve plus l'individu.

Que faut-il donc ? Que l'Évangile extérieur devienne l'Évangile intérieur. Il faut qu'après avoir été le cadre de notre existence, il devienne le principe de notre vie, et que, sans cesser d'être l'atmosphère où nous respirons, il devienne la respiration même de notre âme.

Ses réalités futures doivent devenir en nous des réalités actuelles. Le pardon, la paix, la joie, la sanctification, la grâce promises, doivent devenir le pardon, la joie, la paix, la sanctification, la grâce vécues.

Tout ce que nous trouvions en lui, hors de nous et devant nous, nous devons le trouver en lui toujours, mais en nous-mêmes aussi. Car les temps ne sont plus, s'ils ont jamais été, où l'idéal chrétien était de faire une belle mort; le devoir actuel est de vivre une belle vie, une vie forte, sainte, conquérante et fructueuse !

Or, comment l'Évangile extérieur deviendra-t-il l'Évangile intérieur ? Au premier abord, cela semble impossible. Et cela pour deux raisons au moins :

1. L'Évangile est un fait, dont dix-neuf siècles nous séparent; un fait lointain, un fait passé, un fait accompli, un fait historique que l'histoire place

derrière nous, et que par l'histoire nous pouvons bien rejoindre encore, mais dans lequel nous ne saurions plus entrer.

2. Et s'il est derrière nous par l'histoire, l'Évangile est devant nous par la perfection même de son idéal, un idéal qui peut bien nous guider, comme les étoiles guidaient les mages, mais qui n'est pas plus accessible à notre imperfection que l'étoile ne leur était accessible.

Ainsi séparés de l'Évangile, derrière nous par le temps qui chaque jour l'éloigne davantage, devant nous par l'infinie distance qui sépare l'idéal du réel, — comment cet Évangile ne nous resterait-il pas extérieur ? Comment le rejoindre ? Comment y entrer ? Comment nous établir en lui et l'établir en nous, de façon qu'il devienne le principe de notre vie, la respiration de notre âme, une réalité actuelle, vivante et vécue ?

L'Évangile, il est vrai, est un fait historique, irrévocablement accompli, indestructiblement inscrit dans les annales de l'histoire, — et nous en bénissons Dieu ! L'Évangile, il est vrai, plane au-dessus de nos têtes comme un inaccessible idéal et, dans les ténèbres de l'avenir, guide à jamais les destinées de la race — et nous en bénissons Dieu ! Mais l'Évangile est autre chose et bien plus encore : l'Évangile est essentiellement une personne : la personne de Jésus-Christ. Oui, l'Évangile, tout l'Évangile, l'Évangile comme fait historique, l'Évangile comme idéal éternel, l'Évangile qui est hors de nous, parce qu'il est devant nous, l'Évangile se ramasse, se condense, se résume en une personne et, par cette personne, nous devient actuel, accessible, intérieur.

Que l'Évangile soit une personne, voilà une vérité qui n'est peut-être pas habituelle à nos esprits et qui pourtant est certaine. Il est aisé de s'en convaincre. Supposez qu'on enlève de l'Évangile la personne de Jésus-Christ, qu'en reste-t-il ? — Rien. Non seulement la bonne nouvelle n'aurait jamais été crue, prêchée, annoncée, mais elle n'aurait jamais existé, car elle n'aurait pas été vécue, et la personne de Jésus-Christ manquant à l'Évangile, l'Évangile lui-même aurait manqué à l'homme. — Doutez-vous encore, et, tout en m'accordant que sans Jésus-Christ il n'y aurait pas eu d'Évangile, pensez-vous néanmoins — comme tant d'hommes aujourd'hui — que l'Évangile est distinct de Jésus-Christ ? Pensez-vous que l'Évangile, après avoir été une fois énoncé, se soutienne par lui-même à la façon d'une vérité pure, d'une loi qui n'a plus besoin de son législateur, d'un ouvrage qui n'a plus besoin de son ouvrier et dont chacun bénéficie comme d'une œuvre anonyme ? Alors, je vous prie de bien considérer cet Évangile, tel que vous le concevez encore, et de dire, au plus près de votre conscience, à quoi donc il se réduit. — A une doctrine, pensez-vous ? — Mais qui la prouve, qui l'atteste, qui la garantit ? A quoi ou à qui se rapporte-t-elle ? Quelle en est la substance et quel en est le centre ? Combien irréelle cette doctrine, combien vague, paradoxale, prise en elle-même, et combien incapable de convaincre les esprits et de toucher les cœurs ! — A des préceptes de morale ? — C'est possible. Mais, avouez-le, d'une morale irréalisable et contradictoire, en face de laquelle nous demeurons impuissants et accablés, à moins que, en prenant à notre aise, c'est-à-dire lui étant infidèles, nous en conservions seulement ce qui s'adapte à nos convenances, la réduisant ainsi à notre taille. Mais alors reste-t-il plus de l'Évangile que de toutes les morales humaines qui ont inutilement tenté de transformer les hommes ? — A une espérance ? — Sans doute, mais citez-moi une espérance évangélique que l'on puisse impunément séparer de Jésus-Christ, qui n'ait en lui sa source et son objet, et hors de lui ne s'évanouisse aussitôt ? — A une révélation ? — Je l'accorde, mais supprimez la personne de Jésus, que reste-t-il de la révélation évangélique ? N'est-ce pas en lui, et en lui seul que nous apprenons à nous connaître nous-mêmes et à connaître Dieu ?

Non, tenter de recevoir l'Évangile indépendamment de la personne de Jésus, c'est tenter une entreprise vaine. Ou bien l'on y réussit, mais alors c'est au prix de l'Évangile lui-même qui peu à peu se disloque, s'effrite, et, sous les mains qui le manipulent, tombe en morceaux, se réduit en poussière. — Ou bien on se fait illusion à soi-même et sans le savoir, sans en convenir, c'est encore et toujours à la personne de Jésus-Christ que l'on en revient, et par elle que l'on interprète l'Évangile. Il est plus loyal, plus franc, plus fécond surtout de reconnaître que l'Évangile c'est Jésus-Christ et que Jésus-Christ c'est l'Évangile, qu'il en est le centre et toute la substance, qu'il n'y a rien dans l'Évangile qui ne soit en Jésus-Christ. Le but des Évangiles n'est pas de nous donner une révélation, une espérance, une morale, une doctrine, ni même une rédemption qui subsisteraient par elles-mêmes, — mais de nous apporter une personne, en qui, sans doute, toutes choses se trouvent, mais qui, les unissant ensemble, les dépasse encore : la personne même de Jésus-Christ.

Et en vérité, cela n'est pas difficile à comprendre : que sont en effet les Évangiles ? L'histoire de Jésus-Christ. — De quoi se compose cette histoire ? De ce que Jésus a fait et dit ; de *ses* actes, de *sa* parole, de *son* œuvre ; d'une œuvre que lui ont dictée *sa* pensée, *sa* volonté, *son* amour, *sa* sainteté ; d'une œuvre qui est *son* œuvre, et, dans laquelle, le retrouvant à chaque fois tout entier, nous saisirons la manifestation, la révélation de sa personne ; d'une œuvre dans laquelle sa personne se projette, se caractérise, prend forme et figure devant nos yeux éblouis — et dont chaque détail comme l'ensemble nous importe, parce que c'est lui, lui agissant, aimant, vivant, luttant, mourant, triomphant, qu'elle nous donne à connaître.

Ne serait-ce pas la raison pour laquelle tant de nos contemporains manquent à comprendre l'Évangile et s'en détournent ? Ils y ont cherché autre chose que celui que l'Évangile leur offrait, quelque chose au lieu de quelqu'un, et n'ayant pas trouvé ce qu'ils cherchaient, ils s'en sont détournés.

Mais, s'il est vrai que l'Évangile soit une personne, peut-être aussi commencerons-nous à comprendre comment et pourquoi il peut nous devenir intérieur. Il n'y a rien de plus intime, de plus pénétrable à la personne que la personne. Les corps et les objets sont irrémédiablement extérieurs les uns aux autres, mais non pas les personnes. Ne parlons-nous pas de la « communion des âmes », et ne l'avons-nous pas sentie en de certaines heures dont le souvenir béni reste inoubliable ? Ne se produit-il pas de l'homme à l'homme un phénomène que nous appelons l'unité de l'esprit, et que tendent à produire toutes les émotions fortement ressenties ? Et qu'est-ce que l'amour, cette manifestation suprême de la vie personnelle, si ce n'est le don de la personne à la personne, la pénétration de la personne par la personne, le don, dis-je, et en même temps l'abandon de la personne à la personne ? Ne mesurons-nous pas nos progrès dans la vie personnelle par ceux que nous faisons dans le pouvoir de sympathie ? Et qu'est-ce que la sympathie, sinon la capacité singulière de souffrir et de jouir avec les autres, d'entrer tout vivants dans la vie des autres, de laisser la vie des autres entrer dans notre vie, et, donnant et recevant, mêlant ainsi nos vies, de réaliser notre fin dernière ? — Les corps se touchent, les âmes se pénètrent. L'âme de l'Évangile, c'est Jésus-Christ : en nous ouvrant à lui, nous nous ouvrons à l'Évangile tout entier ; en recevant Jésus-Christ, nous recevons l'Évangile tout entier, qui nous devient ainsi actuel, accessible, intérieur.

La communion avec Jésus-Christ, la communion de notre personne avec la personne de Jésus-Christ, voilà la fin de l'Évangile et son moyen suprême. Jusqu'à ce que nous y soyons entrés, jusqu'à ce que nous l'ayons pratiquée, j'ose le dire, l'Évangile n'est pas encore pour nous l'Évangile et nous ne sommes chrétiens que de surface. Car le salut auquel nous aspirons ne s'accomplit pas en vertu d'un décret divin, arbitraire ou magique ; il ne plane pas comme l'arc-en-ciel dans les nuées, sans que jamais nous puissions l'étreindre. Il est si réel, si concret et si vrai, qu'avant de nous sauver et afin de nous sauver, il nous fait devenir ce que nous n'étions ni ne pouvions être par nature. Il nous sauve en nous faisant naître à une vie nouvelle, qui est la formation et la construction en nous de l'homme intérieur, dont la personne de Jésus-Christ est à la fois le modèle, la « parfaite stature », pour employer le langage apostolique, et dont la communion avec Jésus est la force vivifiante.

Et voilà pourquoi l'Évangile qui nous sauve c'est la personne de Jésus-Christ, et pourquoi nous avons besoin, pour être sauvés, d'être en communion avec la personne de Jésus-Christ.

Dieu nous a donné Jésus-Christ, non seulement pour qu'il devienne notre frère et notre ami, le compagnon le plus intime de notre vie intérieure, le Seigneur de notre liberté et en quelque sorte le directeur de notre conscience, mais surtout pour que, unis à lui par un lien vital, nous croissions en lui et lui en nous ; pour que, vivant de sa vie qu'il nous communique, nous puisions en elle les sources et les énergies de la nôtre ; en un mot, pour que nous croissions à sa ressemblance, et que, dans le royaume de Dieu, nous devenions une personne véritable, *quelqu'un*, capable de faire quelque chose.

II

En parlant ainsi, en caractérisant de la sorte l'essence du christianisme, fais-je tort à la foi, à ce qu'il y a dans la foi de foi proprement dite ? Saint-Paul a dit : « Nous ne sommes sauvés qu'en espérance » et « le juste vivra par la foi ». — Serait-ce que je m'inscris en faux contre ces paroles ? — Nullement. Il me semble plutôt que je décris l'œuvre même de la foi et lui donne son vrai nom. La communion vivante avec Jésus-Christ n'est pas autre chose que la foi, dans son exercice et dans son résultat.

En quoi consiste la foi ? A se confier et à obéir.

Croire, c'est accorder confiance et donner obéissance. Or, qu'est-ce que se confier, se confier à Jésus-Christ? C'est lui abandonner la direction de sa vie. Et dans la sphère tout intérieure où Jésus-Christ l'exige, c'est lui abandonner la direction de ce qu'il y a de plus intime, de plus personnel en nous : notre cœur, notre conscience. Pouvons-nous le faire sans réaliser par là-même, avec Jésus-Christ, une communion, la plus intime, la plus vitale des communions, celle grâce à laquelle on peut dire que, transportant en lui le point de départ de notre vie personnelle, nous ne vivons plus en nous-mêmes, mais réellement, littéralement *en lui* ? — Et qu'est-ce d'autre part qu'obéir? N'est-ce pas renoncer à notre propre volonté, abdiquer notre vouloir personnel, livrer à Jésus-Christ notre vouloir personnel, c'est-à-dire le fond de notre personne au vouloir personnel, au fond de la personne de Jésus-Christ. Et de nouveau, je demande : pouvons-nous faire cela, obéir de la sorte, sans entrer avec Jésus-Christ dans une communion vitale, dont on peut dire que Jésus-Christ entre en nous, que nous nous ouvrons, que nous nous livrons à lui, pour qu'implantant sa volonté dans la nôtre, il réalise sa personne dans notre personne?

Il n'y a donc pas d'opposition, il n'y a pas même de différence entre l'acte de croire et le fait de vivre en communion avec Jésus-Christ. L'un est le résultat, l'effet, le fruit de l'autre. Notre communion avec Jésus-Christ commence avec notre foi et s'arrête avec elle. Nous ne pouvons croire, si peu que ce soit (d'une foi authentique) sans commencer à réaliser cette communion ; et la perfection de la foi entraîne après elle la perfection de cette communion.

En nous montrant la communion avec Jésus-Christ comme le but même de l'Évangile, et comme le suprême besoin de notre vie intérieure et de notre salut chrétien, je ne vous appelle point à je ne sais quel mysticisme malsain, quelle existence contemplative, quel inerte quiétisme, mais simplement à la vie de la foi, de la foi la plus virile et la plus agissante qui soit, à la foi que donne l'objet même de la foi : une personne sainte, la personne de Jésus-Christ. — Nous en lui par la confiance de notre foi, lui en nous par l'obéissance de notre foi.

Mais peut-être, est-ce précisément cette foi qui manque à quelques-uns d'entre nous. Ils voudraient l'avoir, ils ne l'ont pas et demandent comment l'acquérir. Ne sachant comment croire, peut-être même est-ce surtout l'objet de la foi qui leur fait défaut ? — Jésus-Christ, où le trouver ? Comment le saisir ? Comment l'approcher ? Il est si loin, si vague, si confus et comme disséminé, enseveli, perdu dans les Évangiles ! Pour lui accorder la confiance et lui donner l'obéissance entière de notre cœur, ne faudrait-il pas qu'il apparût là, présent, tout proche, et que nous puissions en quelque sorte voir sa figure et contempler sa personne vivante et réelle !

En effet, c'est bien là ce qu'il faut, et c'est moins

notre foi qui nous donnera la vue de son objet, que la vue de son objet qui nous donnera notre foi. Jésus-Christ lui-même, sa personne vivante, sa réelle présence, voilà donc l'origine et la condition première et de notre foi et de notre salut. Comment l'obtenir ?

Je réponds que puisque Jésus-Christ est l'Évangile lui-même, c'est donc dans les Évangiles qu'il le faut chercher, l'y chercher de manière à l'y trouver. Il faut les lire dans ce but, avec cette intention spéciale. Il faut les lire, non comme un ensemble de textes ou de récits qui auraient en eux-mêmes leur valeur, mais comme la biographie de Jésus-Christ ; ce qu'ils nous racontent, il faut le considérer toujours comme se rapportant à Jésus-Christ ; chercher dans les paroles, dans les actes, dans les scènes diverses, la manifestation de Jésus-Christ, de son caractère, de sa pensée, de sa conscience ; il faut lire et relire avec recueillement, avec méditation, avec intensité, jusqu'à ce que quelque chose de la personne de Jésus-Christ nous devienne discernable, actuel et présent. Faites cela longuement, assidûment, solitairement ; prenez le temps qu'il faut ; faites-le obstinément, patiemment. Et peu à peu, derrière ce que les Évangiles racontent de Jésus-Christ, par le moyen même de ce qu'ils en racontent, vous verrez la figure du Christ se dessiner, se dresser, toujours plus précise, plus accusée, plus lumineuse. Ne vous arrêtez point dans ce travail, persévérez ; il vous deviendra, par son exercice même, toujours plus facile, toujours plus fructueux, toujours plus cher. Ce sera comme un crépuscule qui se dissipe, comme une aube naissante. Une lumière ravissante se lèvera, que tour à tour les Évangiles projetteront sur Jésus-Christ et Jésus-Christ sur les Évangiles, jusqu'à ce que, indissolublement liés à nos yeux et s'interprétant l'un par l'autre — la personne par les Évangiles et les Évangiles par la personne — vous ne puissiez plus voir dans tout l'Évangile que Jésus-Christ seul, Jésus-Christ lui-même. Alors vous aurez trouvé l'objet véritable de l'Évangile et l'objet de votre foi.

Alors aussi, vous commencerez à connaître Jésus-Christ et à le pouvoir contempler : la sainte et suprême beauté de sa personne vous apparaîtra derrière les Évangiles, et il n'y aura point de fin au progrès de cette connaissance et de cette contemplation. Alors vous éprouverez la vérité de cette parole : *Quiconque contemple le Fils a la vie éternelle*, et vous comprendrez que l'Évangile vous offre moins un livre à étudier qu'une personne à contempler ! Vous porterez sur elle le regard de votre âme, ce « regard attentif, sérieux, prolongé;... regard naïf, regard d'enfant, regard où toute l'âme se porte, regard de l'âme et non de l'esprit », regard qui la reçoit toute entière dans l'âme par les yeux.

Les paroles que vous lisez, considérez-les moins en elles-mêmes que dans leur relation avec celui qui les prononce : ne les lisez pas, écoutez-les. Écoutez-les jusqu'à ce que vous en perceviez l'accent, jusqu'à ce que vous en entendiez le timbre, jusqu'à ce qu'elles sonnent à vos oreilles comme une voix, la voix de Jésus qui les prononce. Cette voix à son tour, écoutez-la, écoutez-la longuement, comme on écoute la voix d'un être que l'on veut apprendre à connaître ; écoutez-la jusqu'à ce que celui de qui elle émane vous soit révélé par sa voix ; jusqu'à ce que, subitement ou peu à peu, à force d'écouter, il y ait dans la voix plus que la voix, il y ait l'âme de la voix, Jésus-Christ lui-même, tout entier dans sa voix.

De même pour les scènes évangéliques : ne les lisez point, regardez-les ; ou plutôt lisez-les jusqu'à ce que vous les ayez vues ; jusqu'à ce que, se détachant du texte où elles sont enfermées, elles se lèvent devant vos yeux, concrètes, réelles, vivantes, comme elles ont été vécues, réelles et concrètes ; jusqu'à ce que tous leurs détails, convergeant vers l'ensemble, vous en donnent une vue harmonieuse, exacte, complète. Prolongez cette vue ; plongez-vous dans cette vision dont le centre est une personne, la personne de Jésus-Christ, et vous ne demanderez plus alors où est Jésus-Christ et quel il est, vous le saurez. Vous le saurez d'une manière immédiate et certaine ; vous le saurez au delà des mots et des formules qui pourraient exprimer votre certitude ; vous le connaîtrez autrement qu'on ne peut le connaître par les doctrines ou les catéchismes, vous le connaîtrez comme un homme connaît son frère, par le contact de l'âme à l'âme, de l'esprit à l'esprit. Et cette connaissance qui commence dans un regard et se continue par le regard, qui est née d'une contemplation recueillie et intense, cette connaissance entraînera votre foi. Vous ne demanderez plus comment croire ni pour quelle raison il faut croire en Jésus-Christ; vous croirez parce que vous l'aurez entendu lui-même, vu lui-même; parce que son regard aura cherché, aura rencontré votre regard, et que ce regard vous aura pour jamais enchaîné à sa personne. Vous croirez parce que c'est lui, lui le vivant, lui l'amour, lui la sainteté, lui le Sauveur, lui le frère et le Roi; vous croirez parce qu'en sa présence vous ne pourrez plus ne pas croire, c'est-à-dire obéir et vous confier. Oh ! si l'humanité pouvait le voir ainsi, il semble qu'elle serait définitivement gagnée; l'incrédulité deviendrait impossible ! Pas un homme, pas un pécheur, ne pourrait résister !

III

Toutefois, lorsque réalisant ainsi le but des Évangiles, et sortant du livre où elle était enfermée, la personne du Christ se lèvera, surgira, vivante et rayonnante à vos côtés, vous accompagnera de lieu en lieu, sera devenue la confidente de vos pensées, le compagnon de votre vie intérieure, ne vous imaginez pas que la tâche soit achevée. — Jusqu'ici c'était vous qui cherchiez, vous qui écoutiez, vous qui regardiez.

vous qui croyiez; maintenant ce sera lui. En contemplant le Fils, vous êtes né à la vie éternelle; à lui maintenant de construire en vous l'homme de la vie éternelle. Jésus n'est pas une figure immobile, il marche et il agit : lié désormais à votre vie d'un indissoluble lien, il va l'entraîner avec lui vers le but auquel il tend, et les chemins qu'il a suivis vont devenir les vôtres. Vous êtes monté des Évangiles jusqu'à lui; vous vous êtes uni à lui par le centre de votre être, il va maintenant vous faire redescendre dans ces Évangiles mêmes qu'il a vécus, et désormais vous unir à lui dans l'œuvre de sa personne.

Les Évangiles se présentent à vous sous un autre jour : comme un programme vivant de vie. Vous les aviez lus pour y chercher le Christ et ils vous l'ont fait trouver, vous allez maintenant, non plus les lire, mais avec lui, les vivre; oui, les vivre vous-même. Comme Jésus a marché, vous marcherez vous-même, car, dit-il, « celui qui veut être mon disciple, qu'il *me suive* ».

Ce « suivre » ne s'entend pas seulement, ne s'entend pas d'abord, des actes de notre existence extérieure, mais surtout et d'abord d'un mouvement intérieur de notre âme que Jésus oriente et détermine. Avant d'être le guide de notre conduite parmi les hommes, il sera, il faut qu'il devienne le guide d'une action plus intime dont Dieu seul peut être le témoin : l'action qui portera tous nos actes ultérieurs comme un arbre porte ses fruits, qui décidera de toute notre conduite, l'action mystérieuse et féconde par laquelle un homme se décide à faire l'œuvre de Dieu dans l'obéissance et le sacrifice.

Vous redescendrez donc avec Jésus vers ces Évangiles qui ont été sa vie même, et les revivant avec lui, ils prendront une signification nouvelle, une réalité, un réalisme suprême. Or, que sont les Évangiles ? — L'histoire d'un homme qui donne sa vie pour servir ; l'histoire d'une âme qui n'a qu'un principe : obéir, aimer, servir ; qui obéit jusqu'à en mourir, qui sert jusqu'à en mourir, qui aime jusqu'à en mourir ; l'histoire d'un cœur qui embrasse le monde, les souffrances du monde, le péché du monde, qui meurt de les porter et les guérit en mourant ; l'histoire du Fils de l'homme qui s'abaisse, se dépouille, se sacrifie à force d'aimer et qui triomphe par cette mort même ; une histoire dont tous les chemins sont des souffrances et des renoncements, et dont le terme est la croix.

Voilà l'Évangile nouveau, dans lequel, à la suite de Jésus, vous entrerez par votre vie intérieure, c'est-à-dire par l'attitude profonde et les dispositions intimes de votre âme. — Oh ! qu'il est différent de celui que vous aviez d'abord connu ! Qu'il est loin du catéchisme qu'on vous avait enseigné, loin de la morale, loin de la doctrine qu'on appelle évangélique, et cependant combien il explique celle-ci, quelle intelligence il en donne ! et comme il est plus beau dans l'austérité sévère de son programme ! Quel air pur des hauts sommets vous y respirez ! quelle paix, quelle joie, quel héroïsme sublime et tranquille, quelles certitudes et quelle lumière de l'Esprit l'enveloppent et le pénètrent !

Je ne dis pas que vous y entriez, dans cet Évangile, d'un coup et sans luttes. Il y aura des craintes, des combats : celui-là même qui vous y guide et vous y introduit, deviendra votre adversaire ; il y aura des heures où vous résisterez à Jésus-Christ, vous lutterez avec lui... Mais il vaincra.

Et lorsqu'il a vaincu commence une vie étrange, qui ne ressemble à aucune autre qu'à la sienne ; elle est une, tout l'ordre des grandeurs habituelles aux hommes s'y trouve interverti : la souffrance est aimée, le renoncement devient joyeux ; c'est une vie qui monte et une vie qui descend pour servir — qui monte par le service même ; une vie qui se donne et qui se renouvelle en se donnant ; qui s'accroît, s'exalte de son propre et perpétuel sacrifice ; une vie d'absolue pauvreté, d'entier dénuement, car elle ne possède plus rien en propre, elle est toute à Dieu et aux hommes, et cependant une vie d'insondable richesse, car elle reçoit à mesure toutes choses de Dieu ; une vie d'abnégation, d'humilité, de support, et cependant d'intraitable dignité et de royale grandeur ; une vie de repos et de violence, une vie qui est une lutte sans trêve, faite de souffrance continuelle en même temps que de joie souveraine et de paix profonde ; une vie d'isolement, dans laquelle rejetant les vaines traditions reçues et apprises des pères, on ne pense plus comme pensent les hommes, on n'aime plus comme ils aiment, on ne veut plus comme ils veulent, et dans laquelle pourtant on est plus que jamais solidaire de l'humanité tout entière ; on la sert, on se donne à elle, réalisant de la sorte cette haute et rare destinée qui toujours se termine par la gloire et l'ignominie de la Croix.

Il faut certes à cette vie — vie cachée avec Christ — une initiation prolongée, douloureuse... et cependant elle n'est pas une chimère ! Des âmes, ici-bas, l'ont connue, possédée, vécue. Écoutez plutôt ce témoignage : « Bien des personnes, écrit Madame Butler, envisageant les choses du dehors, s'imaginent de bonne foi que, parmi les souffrances qu'une entreprise comme la nôtre rendait inévitables, la plus grande nous vint des persécutions de tous genres que nous eûmes à endurer : le ridicule dont la presse ne cessa de nous couvrir, l'ostracisme de la société et la froideur d'anciens et chers amis, les calomnies, les insultes et les violences qui se prolongèrent pendant des années. Ceux qui jugent ainsi se trompent. Toutes choses me parurent légères à supporter en comparaison des tourments que j'endurai, dans l'amertume et le secret de mon âme, pendant les années précédentes... Ceux-là seuls pourront me comprendre, qui ont gravi le chemin silencieux et solitaire du Calvaire. Pour les autres, pour ceux qui n'ont pas fait cette expérience, les persécutions et les violences du dehors peuvent sembler une discipline autrement sévère et pénétrante de l'âme, elles sont les bienvenues. » — Et Madame Butler ajoute : « Ces souffrances intérieures étaient nécessaires, j'en ai la conviction, pour donner à notre œuvre de justice sa vitalité, pour lui assurer la profondeur, la solidité et la durée. »

Voilà ce que j'entends. Dieu nous donne de faire les mêmes expériences et d'atteindre au même sommet ! Alors, mais alors seulement, nous serons prêts pour l'action, pour l'œuvre du dehors, nous pourrons être à la hauteur des tâches ; nous serons quelqu'un pour faire quelque chose. Et s'il se trouvait parmi nous dix, vingt, cent hommes pour vivre cette vie-là, alors le Réveil que tant de nous demandent, pour lequel tant de nous s'agitent — hélas ! vainement — le Réveil viendra, parce qu'il pourra venir. Dieu nous l'accorde !

1905.

TABLE DES MATIÈRES

Franche explication 1

LA FOI

Des conditions actuelles de la foi chrétienne . 29
Confiance humaine et foi chrétienne 72
Psychologie de la foi 108
    I. *Les origines de la foi* 110
    II. *La crise de la foi* 127
    III. *L'épanouissement ou la résurrection de la foi*. 136

LA VIE INTÉRIEURE

Une crise dans la vie de l'esprit.
    I. *Les raisons de la crise : le mal moral* . . 145
    II. *L'issue de la crise : la foi rédemptrice* . . 173
La victoire de la foi 201
Le témoignage chrétien 226
    I. *L'objet du témoignage* 227
    II. *Les conditions du témoignage* . . . 232
    III. *Le but du témoignage* 241
La psychologie du pardon dans ses rapports avec la croix de Jésus-Christ 248
    I. *Les conditions objectives du pardon : le repentir* 259
    II. *Les conditions subjectives du pardon : le sacrifice* 275

La vie intérieure.
   I. La prière 308
      I. *La prière biblique et chrétienne.* . . 309
      II. *Les conditions morales et psychologiques de la prière chrétienne* . . 319
      III. *Conditions et règles de la vie de prière chrétienne.* 333
   II. La communion avec Jésus-Christ 345

www.ingramcontent.com/pod-product-compliance
Lightning Source LLC
Chambersburg PA
CBHW070449170426
43201CB00010B/1273